JN093044

Minerva Shobo Librairie

教育を読み解くデータサイエンス

データ収集と分析の論理

耳塚寛明
|監修|

中西啓喜
|編著|

ミネルヴァ書房

まえがき

この本が読者として想定しているのは，社会調査法の基礎とデータ分析法を学ぼうとする，すべての学習者である。けれどもその中で，とくに学校教員やその志望者，教育行政の関係者を念頭に置いて，本書は編まれている。

教育界は，ほぼすべての構成員が高等教育学歴を持つ，高学歴社会である。高等教育は，基本的に，単に与えられた知識を吸収する人間ではなく，自ら知識を生産する術を身に付けた人間を生み出すための教育にほかならない。自ら知識を生産する術には，大雑把に分けて，読む力，書く力，知識を生産するための方法論の３つが含まれている。大学教育の3R‘sといってよい。今日，知識を生産するための方法論の中で，もっとも強調されてよいのは，統計データを読み解く能力，いいかえれば統計リテラシーであろう。それゆえ，高等教育学歴をもった高学歴社会である教育界は，統計リテラシーをもった人々で溢れているはずである。しかし，長く教育界を見てきた私には，そうは見えない。むしろ，教育界最大の弱点の１つが，統計リテラシーの欠如であるように思われてならない。

毎年夏，全国学力・学習状況調査の結果が小中学校の現場に返却される。返却される資料には，大量の統計表やグラフが含まれている。うまく使えば，指導改善に活かすことができるはずである。だが，（例外はむろんあるが）多くの学校や教員は，都道府県平均や全国平均とわが校の平均を比較するといった使い方に終始しているように思われる。全国学力・学習状況調査のデータにとどまらない。教育界には，大量のデータが存在する。たとえば文部科学省がほぼ毎年公表する基幹統計調査は４種類，一般統計調査は17種類に及ぶ。都道府県や市町村が実施する調査や，学校独自に蒐集したデータなどを加えれば，膨大なデータ量となるだろう。本書の願いは，教育界に住む人々が，教育政策の立案や教育指導の改善に，データを活かす術を修得されることである。

本書以前に，教育調査の実施や教育データの分析に関する多くの書籍が出版されている。本書が類書から区別されるのは，以下の２点である。第１に，本書は，社会調査法の基礎とデータ分析の論理と方法の，双方を扱っていることである。社会調査法（あるいは教育調査法）のテキストや統計学のテキストは枚挙にいとまがない。だが，社会調査法の基礎とデータ分析の方法の双方をカバーしたテキストは珍しい。第２に，各章で使われているデータは，一部を除いて実際の社会調査で得られた本物のデータである。したがって，分析の手法を学ぶ作業は，同時に，新しい知見を知ることにつながる。

本書は，序章から第15章まで補論を含めて17の章から構成されている。このうち，第13章までを理解すれば大方のデータを読むことができるようになるだろう。第14章と第15章は高度な分析法であるので，必要に応じてお読みいただくことをお薦めする。

著者の多くはいずれも大学教育の現場で社会調査法や社会統計学を教えた経験を持っている。学生はどこでつまづきやすいのか，この分析法の肝はどこか――経験に裏打ちされた工夫が，随所に見られる。エビデンスに基づく教育政策の立案や教育指導の改善に，本書が活用されることを期待している。

2020年暮れ

耳塚寛明

教育を読み解くデータサイエンス

データ収集と分析の論理

目　次

まえがき

第Ⅰ部　リサーチ・クエッションを立て，データを集める

第Ⅱ部　記述統計と推測統計の基礎

第Ⅲ部　教育データを読み，解釈する

コラム一覧

序　章
教育とデータを結び付ける

1　データで教育を考える

“良い”教育をどう考えるのか？

筆者の恩師は，よく「ラーメンと教育は誰でも評論家になれる」というジョークを授業で言っていた。その言葉が意味するのは，「教育はみんなが経験するので，誰でも『理想的な教育』を語れてしまう」というものである。それゆえに，「あの時，先生に殴ってもらえたから今の自分がある」のような体罰賛美者が現れたり，「大学受験で追い込まれたことで，努力と成功を経験できたのだ」のような受験競争を称賛する者が現れたりする一方，体罰や受験競争にひたすら反対する者も現れる。つまり，これら登場人物はそれぞれに自身の経験から「理想的な教育」を評論できているのである。しかし，その評論には精巧なデータ分析もエビデンスも必要ない。経験に裏打ちされる好きな教育と嫌いな教育という感情が存在するのみである。そして，「だから，教育を専門的に議論できるように勉強しよう！」と恩師の授業は展開する。

図序－1は，教育学者の田中智志が提示する**教育学（教育諸科学）の分布図**である。ここでは，まずは田中（2003：232-235）の解説に依拠しつつ教育学の類型を解説したい。そうすることによって，たくさんの「教育○○学」や「○○教育学」の位置づけを把握し，初学者に教育を「研究する」ということの手がかりを知ってもらいたい。

一般的な「教育学」の範疇は，教育哲学，教育社会学，教育史，教育方法学，学校教育学，（教育制度論・教育行政学），社会教育学（生涯教育学）あたりである。その根拠は，歴史的な経緯と，文部科学省によって大学の教職課程の必須科目に認定されているか否かである。これら6領域のうち，前者の4つ（教育哲学，教育社会学，教育史，教育方法学）を**「教育基礎学」**，後者の2つを**「教職教育学」**と呼び区別している。

なお，田中（2003：234）は，教育心理学の研究者は自身の専門を心理学の1分野と位置づけ「教育学者」と呼ばれることを嫌がっているように見える，という理由から「教育学」の範疇から外して説明する。しかし，教育心理学は教職課程の必須科目に指定されているだけでなく，教育現象をデータで把握するのに教育心理学の貢献は大きいため，本書では扱うことになる（教育心理学者が，"「教育学者」と呼ばれることを嫌がっているように見える"という意見には，経験的に筆者も同意する）。

教育社会学者の広田照幸は，図序－1を眺めて，教育学を「寄せ集めの学問にすぎない」とも「たくさんの人文・社会科学の組み合わせが必要な学問」とも両方にとらえることができるとしつつ次のように前向きな意見を示す。すなわち，「教育学について学問的に考えようと思ったら，実は多様な入口（関心）や，多様な出口（深めていくべき方向）がある」のだと（広田 2010：iv）。しかし，これだけ多くの入口も出口もあると「教育学にはいろいろありますよね」のような話で終わってしまいそうである。そこで，まずは学問を大まかに把握するための視点を理解してもらいたい。

学問は基本的に，**対象**と**方法**によって類型化される。たとえば「教育社会学」であれば，何かしらの教育現象（たとえば，学力格差）を対象に，社会学的な方法で解き明かす学問，ということになる。「教育心理学」であれば，同じく教育現象（たとえば，学級集団の凝集性）を対象に，心理学的な方法を用いて研究する，ということになる[(1)]。

では，学問における「方法」とは何か。そこで，**ディシプリン（discipline）**という考え方が登場する。ディシプリンの辞書的な意味は，「躾」や「訓練」である。同時に，ディシプリンは，「学問」「領域」「専門分野」を意味する。かつてイギリスで現地の大学院生に，"What's your discipline?"と尋ねられたことがあるが，これは「あなたの専攻する学問は何ですか？」という意味である。ディシプリンという用語はこういう具合に用いられる。

ディシプリンという用語のそもそもの原義は，「弟子」（disciple）や「門人の教育」である。つまり，学問における「方法」とは，図序－1におけるそれぞれのディシプリン（領域）で確立され，師匠から弟子へと伝達されるものなのである。

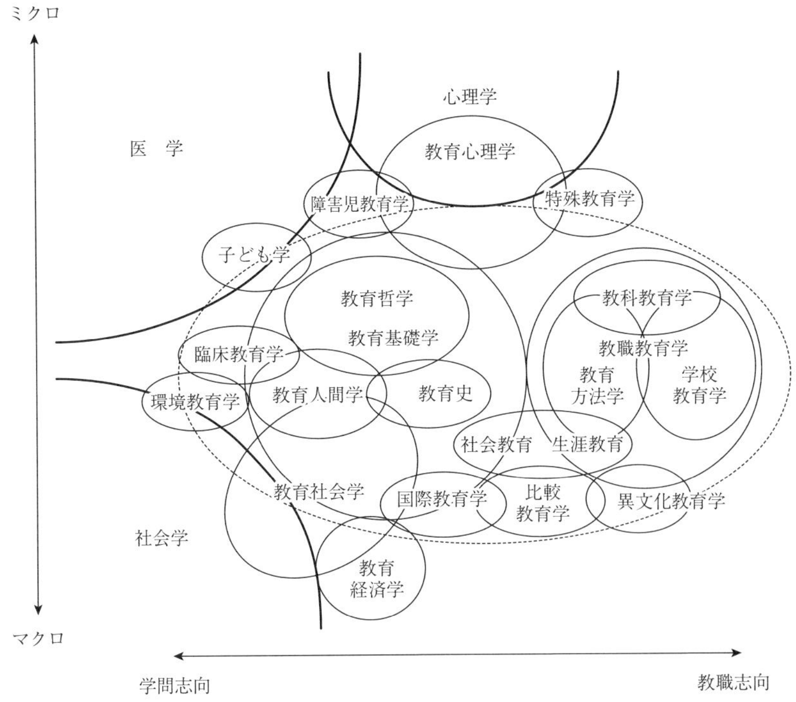

図序－1　教育学（教育諸科学）の分布図

出典：田中智志（2003：235）

そうであるからこそ，教育学がこれだけ細分化されていると，自身の関心のある「教育学」でのディシプリンこそが「教育学」の中心だと思ってしまうことがある。たとえば，授業実践に関心があり教育方法学だけに関心を持っていると，教授技術がすべてのように考えてしまう。あるいは，子どもの家庭背景による学力格差のような「社会問題としての教育」に関心を向けて教育社会学だけを中心に考えてしまえば，学級集団の中で悩んでいる子どもを救えないこともある。

いずれにしても，自身の関心のある「教育学」が教育学の中心に位置すると考えているのであれば，それは視野狭窄なのである。よって，自身の関心のある「教育学」が教育学の中心に位置すると考えることは避けなければならない。

データサイエンスと教育学

本書は，タイトルに“データサイエンス”と冠しているが，読者がどのような教育現象に関心があったとしても，データに基づいて教育を考えることが有用であるという意図を込めている。これは，教育学あるいはアカデミアだけに限定的な話ではなく，ビジネスやスポーツでも同様で，データを集めて分析・議論することは，あらゆる知識基盤を拡張させる手段なのである（メリアム＆シンプソン訳書 2010）。

それではまず，専門家によるデータサイエンスの定義を確認しよう。データサイエンティストの柴田里程（2015）によれば，データサイエンスとは，**「データを対象とした科学」**であり**「データから新たな価値を創出する科学」**であるとしている（柴田 2015：75）。さらに，竹村彰通（2018）はデータサイエンスの要素として，データ処理，データ分析，価値創造の３つを挙げる。これらより，データサイエンスの力点には，データを活用しながら“新しい価値の創造”にあることがうかがえる(2)。それでは，データサイエンスと人文・社会科学分野ひいては教育学とを結びつけるとどのような価値創造が可能となるのだろうか。

第１の可能性には，**「エビデンスに基づく政策形成」**（Evidence-Based Policy-Making：EBPM）が考えられる。EBPM とは，政策立案のプロセスを，データ分析による「エビデンス」によって体系化しようとする試みである（大橋編 2020：i）。たとえば，医療における臨床試験の結果データを重視し蓄積していけば，その後の誤診を減らしていけることが見込まれる。こうしたデータ活用を，健康，教育，税政策，貧困対策などの公共政策へ広く応用することが EBPM の考え方である（大橋編 2020）。少子高齢社会を迎え，安定的な税収が減少していく中で，教育政策もなるべく費用対効果（コスパ）の良いものを採択していくことが求められる（中澤 2016）。その際に，費用対効果の良い政策をエビデンスベースで明らかにするために，特に計量経済学を中心とした研究への期待が高まっている。

第２の可能性には，教育実践の場面への応用がある。たとえば，教育心理学者の河村茂雄は，個々の児童生徒が学級の中でどのような気持ちでいるのかをデータでとらえることによって学級経営改善のためのツールとすることを提言している。教師側から見えている児童生徒間の関係性と，実際の児童生徒間の関係性はズレていることも多い。こうした教師と児童生徒での認識のズレは，時にいじめや不登校を見逃してしまうこともあれば，最悪の場合には学級崩壊を引き起こすこともある。学級崩壊が引き起こされた後の対処療法的な介入は非常に疲弊してしまうが，事前の予防的な介入であれば比較的低いコストで済む。適切なツールと方法でデータを収集し，分析することができればよりスムーズに学級運営が可能となるのである（河村 1999，2007など）。

つまり，これまで見えていなかったり，注目していなかったり，勘違いしていたりしていた事象がデータを通じて見えてくるのである。そして，データが導く知見がより適切な政策や実践を決めるための材料となり，新たな価値が創造されていくのである。こうしたデータ活用のための最初のステップには，まずこれまで自身が“あたりまえ”だと考えてきた事柄を「本当かな？」と疑って確かめるという姿勢を持つことから始めなければならない。そうであるがゆえに，「子どもの成長や教育の成果は数値じゃ測れないでしょ！」というような姿勢はやはり良くないのである[(3)]。

あたりまえだと考えている教育現象を“神話”として疑う

それでは，データを使ってどのようにして教育の理解を高めていくことができるのだろうか。ここでは**“神話”**という言葉と手がかりとしてみたい。我々はあらゆる“神話”に囲まれて生活している。まず，“神話”という言葉の意味を『デジタル大辞泉』で調べてみよう。すると，以下のような２つの定義が見つかる。

①宇宙・人間・動植物・文化などの起源・創造などを始めとする自然・社会現象を超自然的存在（神）や英雄などと関連させて説く説話。

②実体は明らかでないのに，長い間人々によって絶対のものと信じこまれ，称賛や畏怖の目で見られてきた事柄。「地価は下がらないという神話」「不敗神話」。

１つ目が要するに「神様のお話」であるが，ここで強調したいのは２つ目の方である。つまり,「実体は明らかでないのに,長い間人々によって絶対のものと信じ」られている教育現象を“神話”と呼び,考えてみたい。

具体的な例から考えてみよう。2018年8月2日,大阪市の吉村洋文市長(当時)が,文部科学省が実施する全国学力・学習状況調査の数値目標を市として設定し,達成状況に応じて教員の手当を増減させる人事評価の導入を検討すると発表したことが話題になった。その背景には,大阪市の学力スコアが政令指定都市の中で低い水準だったことがある。結果的に,この件の導入は批判を受けつつ流れたが,ここにはひとつの教育“神話”が潜んでいることが読み取れる。すなわち,大阪市の学力が低水準なのは,学校や教師が怠けているからだ。そして,学校や教師など自治体の学校教育に関わる人間が懸命に仕事をしているのならば,学力は上がるはずだ,というものである。

しかし,実際はそうではない。2013年度の全国学力・学習状況調査では保護者調査も実施され,保護者の収入や学歴水準などと子どもの学力の関係が分析されることになった(なお,2017年度にも同様の保護者調査が実施されている)。このデータの分析はお茶の水女子大学の研究チームに委託され,報告書もウェブサイト上で公開されている(お茶の水女子大学 2014)。

お茶の水女子大学の研究グループは,まず保護者に対する調査結果をもとに,家庭所得,父親学歴,母親学歴の3つの情報から子どもの家庭背景を測定した。このように測定される子どもの家庭背景は,**「社会経済的地位」**(Socio-Economic Status : SES)と呼ばれる。こうして測定されたSESを「上位」「中上位」「中下位」「下位」に4等分し,それぞれのグループごとに学力の平均正答率を比較したものが図序-2である(4)。そして,結果を簡単にいえば,「家庭が裕福な児童生徒の方が各教科の平均正答率が高い傾向が見られる」というものであった。

こうした子どもたちの家庭背景に起因する学力格差というデータを見れば,大阪市の学力に課題があるとすれば,学校関係者の怠慢ではなく,むしろ地域の社会経済的な要因が根本にある可能性に目を向けられないだろうか。

では,もう少し教育“神話”について考えてみよう。広田照幸と伊藤茂樹(2010)は,教育問題を深く考えるために,次のような例題を示している。ぜひ考えながら読んでもらいたい。

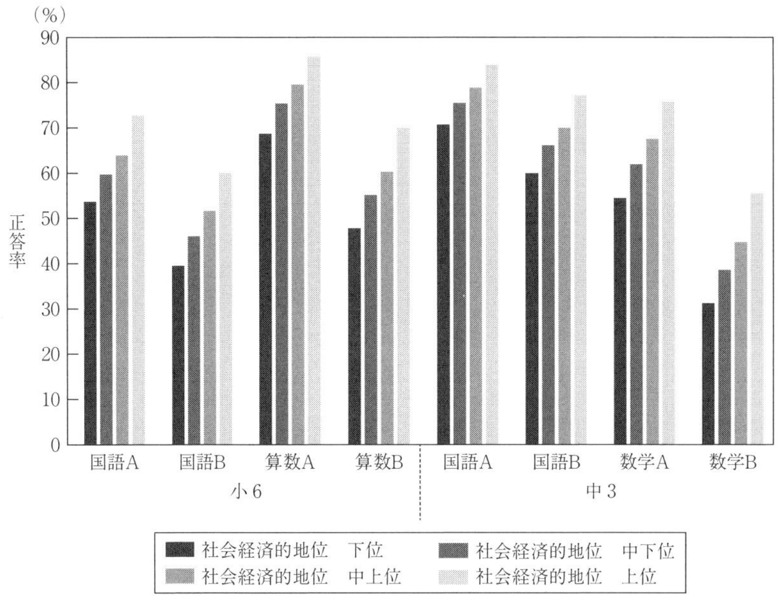

図序-2　家庭の社会経済的地位と学力の関係

出典：「平成25年度全国学力・学習状況調査（きめ細かい調査）保護者に対する調査結果概要」に掲載された表を加工した（http://www.nier.go.jp/13chousakekkahoukoku/kannren_chousa/pdf/hogosha_summary.pdf）。

- 以下のトピックについてどう考えるか？
  凶悪非行は増加している
  深刻ないじめは増加している
  ダメな親が世の中に増えている
  学校では，力量のない教員が増えている
- もう一歩踏み込んで，次のことはどう考えるか
  それぞれの問題は，増加・深刻化している
  もしそうだとすれば，その根拠は何か
  その「根拠」は，信頼に足る情報か
- さらに踏み込んで，次のことはどう考えるか
  １年前に比べて，それぞれの問題は，増加・深刻化している
  もしそうだとすれば，その根拠は何か

その「根拠」は，信頼に足る情報か

どうだっただろうか。以上の教育問題に対して明確な根拠を示せずに，「学校では，力量の無い教員が増えている！」と考えていたとすれば，こうした教育問題を“神話”としてとらえていたことになる。なので，普段から我々が「あたりまえ」だと考えていることを“神話”として疑ってみる。そして明確な根拠を示すためにデータを収集し，分析する必要があることがわかってもらえただろうか。

以上のように教育問題をデータによって把握することは，問題解決に向けた努力をどのように行うべきかを決定するファースト・ステップになる。このステップを踏まえることで，次にどのような教育的介入が適切かを考えることができるのである。こうしたプロセスは，しばしば医療の場面における**「診察」**と**「治療」**に例えられる（広田・伊藤 2010）。データを踏まえた診察がないと適切な治療行為が行えないことは，私たちが病気になったときのことを考えれば想像しやすいだろう。

2　データをベースに思い込みから脱却することは難しい

ファクトを知らないことの罪

2019年に世界的ベストセラーになった『**ファクトフルネス**』という本がある。タイトルの意味は，やや意訳だが「事実について考える」となろうか。そしてこの本の主張は，副題「10の思い込みを乗り越え，データを基に世界を正しく見る習慣」（*Ten Reasons We're Wrong About The World - And Why Things Are Better Than You Think*）に表現されている。すなわち，世界中の多くの人々（もちろん，筆者も含めて）は，現代社会における人口，教育，経済，環境，医療などについて誤った認識をしている。我々は，物事を理解する時に，自分の都合の良いように単純化したり信じたいように思いこんだり情報を集めたりするという「本能」を持っている。さらにいえば，一度仕入れた情報の更新もあまりしない。だから可能な限りファクト（事実＝データ）を正しく仕入れてキャッチアップし，それらに基づいて物事を考えるクセをつけよう，というのである。

『ファクトフルネス』の日本の教育バージョンともいえるのが松岡亮二(2019)の『**教育格差**』である。日本の教育格差の実態について，国際比較分析も含めながら就学前から学歴獲得まで実に丹念にデータに基づいた議論をしている。こうしたエビデンスを提示しつつ，日本の教育格差の現状は世界的にも「凡庸」だと指摘している。「凡庸」とは，日本の教育格差が外国と比べて特別に高いわけでも低いわけでもない，「普通に格差のある国」だということである。そして，学校教育による格差縮小機能も決して充実した国でもない。松岡は，こうしたファクトを突きつけつつ，日本では大学の教職課程で“「教育格差」を教えない”ことについて警鐘を鳴らしている。

アメリカ社会学の“巨人”であるロバート・キング・マートンが提唱する社会学概念に**「準拠集団」**(reference group) というものがある。厳密な定義は専門書に譲るが，準拠集団とは，自分の意思，判断，理解の決定をする際に基準とする集団のことである(早川編 2011)。要するに我々がなんとなく言う「普通は～……でしょ」という意見は，自分や自分の周りの他者が準拠する集団(国，コミュニティ，宗教，経済状況，性別，人種など)を基準にして判断しているに過ぎず，社会的なバランス感覚を欠いていることがほとんどだというのである。

では，教師が子どもたちの格差を知らずに，学校教育に携わるとどうなるだろうか。これまでの教育社会学の研究が明らかにしてきたのは，教師は学校的価値に親和的な家庭背景・文化レベルの子どもを優遇するということである。換言すれば，教師は，学校が好きな子どもたちを優遇することで，社会的な教育格差を維持・拡大することに加担しているのである。詳しくは，松岡(2019)や他の専門書を参照されたいが，こうした事実に無頓着であることは，教育に携わる者として罪なのだと自覚すべきなのである。

規範と実態を区別することの難しさ

教育とデータを結び付けるということは，まず教育現象の実態が**「どうであるか」**(実態) を社会学や心理学などの方法によって明らかにし，その後，教育体系や教育政策が**「どうあるべきか」**(規範) を提言することになる。データを用いて教育現象を「理解する」ことと「どうするべきか」の2つは混同してはいけないし，その順序を間違えてもいけない。

これは医療における診断と治療のプロセスと同じで，ここまでに述べてきた通りである。この理屈はわかってもらえただろう。しかし，人文・社会科学分野の研究で実際にこれらの区別はきわめて難しい。なぜなら，人文・社会科学研究は何かしらの「望ましさ」という価値を前提とする学問だからである。

たとえば，何かしらの教育改革（ゆとり教育！）の結果，「子どもたちの学力が低下した」という仮説を検証したいとする。まず，そもそもこの仮説の設定に，分析者の価値が入り込んでいるのもわかってもらえるだろうか。そして，教育改革と学力低下について研究を始めたところ，予想に反して，教育改革の前後で学力が変わっていなかったというデータが出てきたとする。しかし，新たな教育改革こそが今の日本に必要だと考えている人は，学力低下は本当に起こっているはずだと考え，学力低下の結果が出るまで「手を変え，品を変え」分析を続けるかもしれない。あるいは，「教育改革は正しいのだ」と考えている人は，学力が低下していないというデータが得られるまで分析を続けるかもしれない。

もう1つ考えてみよう。テレビやスマートフォンでのゲームをたくさんする子どもほど学力は低いだろうか。実は，この問題もデータでエビデンスを示そうとすると困難なのである。だが，「ゲームは悪だ！」と指摘したい人は，ゲームの負の影響が示されるまで分析を続けるだろうし，反対に「ゲームに悪影響はない！」と指摘したい人は，そういう分析を続ける（コラム6も参照のこと）。

残念ながら，こうしたデータ分析の操作は，研究者コミュニティであっても実はかなり頻繁に行われる。だからこそ，教育とデータを結びつける時，分析者は価値判断とエビデンスを切り離すことに注意深くなければならない。

そのためにどうすれば良いのかというと，教育現象において「測定できるもの」と「測定できないもの」をきちんと判断することが重要なのである。ここまでくり返し触れてきたような“学力”は比較的測定しやすい（異論を唱える人も多いが）。しかし，道徳教育，特別活動，部活動の効果を測定しようとすると，途端にイデオロギカルな話に突入してしまう。少なくとも，「○○な道徳教育を受けた生徒ほど，いじめに加担しない」のようなテーマはデータサイエンスには馴染みにくいし，分析の操作も行われやすい。

3　本書の使い方

教育とデータを結びつけるには，図序－1にあるような隣接領域とのコラボレーションが必要である。その中でも，本書は社会調査の方法を学校フィールドへ応用することを中心として編まれている。教育学部（教育学科）には，たいてい教育学と心理学のコースが準備されている。そのためか，教育学部（教育学科）での統計教育は，心理統計で学ぶことが多い。むろんそれはそれでメリットはあるが，教育問題を社会調査の観点からとらえることの意義を理解していただければと思う。

繰り返しになるが，データサイエンスとは「データから新たな価値を創出する」ものである。本書では，教育とデータサイエンスを結びつけることによって，教育への理解を広げ，今まで知らずにいた教育の実態把握や価値の創出が可能となることを知ってもらいたい。しかし，そのためにはこれまでに蓄積されてきた研究成果を幅広くレビューすることは必須である。既存の研究成果を知らなければ何が「新しい価値」なのかもわからないからである。それゆえに，本書の第Ⅰ部では調査研究の始め方・進め方について解説している。

第Ⅱ部から第Ⅳ部では，教育データを“読めるようになる”ことを目指した構成になっている。第Ⅱ部では，データの収集方法と平均値や標準偏差などの基礎的な統計の知識を解説しており，調査対象者やデータとの基本的な向き合い方を学んでもらいたい。とにかく「まず分析結果表の読み方を知りたい！」という読者は，**第6章の「実際の結果を読んでみる」**（p.126）を眺めてくれても良いだろう。第Ⅲ部と第Ⅳ部では，クロス集計表やｔ検定のような基礎的な分析手法（第Ⅲ部）からマルチレベル分析や成長曲線モデル（第Ⅳ部）といったそれなりに高度な分析手法まで扱っている。人文・社会科学研究のデータ分析は日ごとに高度になっているため，本書の第14章と第15章に収録した。

ただし，本書で扱う“データサイエンス”の範囲は，**サーベイデータ**（調査データ）にとどまり**ビッグデータ**については扱わないことを明言しておく。ビッグデータとは，衛星から連続的に送られてくる各種センサの示す値や画像・

レーダーデータ，ゲノムデータ，原子炉などの複雑な実験データ，インターネットを流れるパケットデータ，電力のスマートグリッドデータなどのように，単に規模の大きさだけでなく，複雑で扱いの難しいデータといったニュアンスを含む（柴田 2015：3）。一方で，サーベイデータは，ある学問分野において確立された手法によって収集されるデータを意味する。本書で扱うのはサーベイデータであり，その詳細な説明は本書第Ⅰ部で行っている。

なお，本書で登場するデータは，「仮想データ」と記載したもの以外，全て実在するデータ分析の結果を掲載している。本書を読んでもらえれば，教育データの知見も得られるように配慮した。

---

(1) なお，対象と方法によって学問が分類されるというのは，教育学に限ったことではないので，この点は強調しておきたい。

(2) 竹村（2018）は，Hey（2009）を引きながら，データにまつわる科学的な研究が，大きくは，“理論の実験的検証からビッグデータを利用した価値の創出へ”とシフトしているという。

(3) ただし，前者の政策的関心と後者の実践的関心の両方を目的とした研究を行おうとすることは正しくない。このあたりの詳細は第1章で解説する。

(4) 2018年度まで文部科学省の全国学テはA問題とB問題に分かれていた。A問題は，主として身につけた「知識」に関わる出題，B問題は，主として知識の「活用」に関わる出題である。

参考文献

早川洋行編，2011，『よくわかる社会学史』ミネルヴァ書房。

広田照幸，2009，『教育学――ヒューマニティーズ』岩波書店。

――――・伊藤茂樹，2010，『教育問題はなぜまちがって語られるのか？―「わかったつもり」からの脱却』日本図書センター。

Hey,Tony, Stewart Tansley,and Kristin Tolle, 2009, *The Fourth Paradigm: Data-intensive Scientific Discovery*, Microsoft Research

河村茂雄，1999，『学級崩壊に学ぶ――崩壊のメカニズムを絶つ教師の知識と技術』誠信書房。

――――，2007，『データが語る①――学校の課題』図書文化。

松岡亮二，2019，『教育格差』筑摩書房。
メリアム，シャラン B. & エドウィン L. シンプソン（堀薫夫訳），2010，『調査研究法ガイドブック――教育における調査のデザインと実施・報告』ミネルヴァ書房。
耳塚寛明編，2014，『教育格差の社会学』有斐閣。
中西啓喜，2017，『学力格差拡大の社会学――小中学生への追跡的学力調査結果が示すもの』東信堂。
中澤渉，2016，「教育政策とエビデンス――教育を対象とした社会科学的研究の動向と役割」佐藤学・秋田喜代美・志水宏吉・小玉重夫・北村友人編『〈岩波講座〉教育 変革への展望 第2巻　社会の中の教育』岩波書店，pp.73-101。
お茶の水女子大学，2014，『平成25年度　全国学力・学習状況調査（きめ細かい調査）の結果を活用した学力に影響を与える要因分析に関する調査研究』。
大橋弘編，2020，『EBPM の経済学――エビデンスを重視した政策立案』東京大学出版会。
大谷信介・木下栄二・後藤範章・小松洋，2013，『新・社会調査へのアプローチ――論理と方法』ミネルヴァ書房。
社会調査協会編，2014，『社会調査事典』丸善出版。
竹村彰通，2018，『データサイエンス入門』岩波書店。
田中智志，2003，『教育学がわかる事典』日本実業出版社。
ロスリング，ハンス & オーラ・ロスリング（上杉周作・関美和訳），2019，『ファクトフルネス――10の思い込みを乗り越え，データを基に世界を正しく見る習慣』日経 BP。
柴田里程，2015，『データ分析とデータサイエンス』近代科学社。

コラム1　国際比較調査から見る日本の教育費負担意識

2020年12月現在，COVID-19（通称，新型コロナウィルス）によるパンデミックが世界各国で，疾患による恐怖とは別に様々な経済的問題を引き起こしている。これは教育にとっても無関係ではない。高等教育など（大学，短大，専門学校など）を受けている学生に注目すると，経済的な理由から修学が続けられないというニュースも広くマスメディアで報じられている。とはいえ，このような社会状況になってもいまだに，大学生に対して公的な経済的支援にネガティブな意見を向ける人もいる。本コラムでは，こうした教育費負担の意識について，国際比較調査から日本の状況を見てみたい。

国際比較データの分析は，日本の現状をよく示してくれる。現在では，PISA（ピザ）（生徒の学習到達度調査：Programme for International Student Assessment）などをはじめ，大規模な国際比較調査データも無料で公開されているため，アクセスし分析してみると得られる知見も多い。ここでは，国際社会調査の1つであるISSP（International Social Survey Program http://www.issp.org/menu-top/home/）の“Role of Government”（政府の役割）という調査データを用いた中澤渉（2014）による研究成果の一部を紹介しよう。

図は，ISSP2016のデータにおいて，“「収入の少ない家庭の大学生に経済的な援助を与えること」は政府の責任であるか否か”について，4段階で回答してもらった各国の分布である。分布が右に偏るほど「政府の責任だ」と考えている人が多い国である。これを見ると，日本以外では分布が右に偏っている国が多く，つまり「政府の責任だ」と考えている人が多い国だということである。その一方で，日本の分布は比較的に平らで，「政府の責任ではないという人」がかなりいるのである。なお，中澤によれば，スウェーデンの分布が日本に近いように見えるが，北欧は基本的に全年齢において親への経済的支援がとても厚いので，「その上に重ねて大学生に援助する必要性はあまりない」という意見だと考えるべきだという。「自由の国」として名高いアメリカであっても，分布が右に偏っており，アメリカの人々も基本的には貧しい大学生への経済的援助は正当だと考えている人が多いのである。こうした国ごとの分布の違いは，各国の人々が“教育を公的なものだと考えているか否か”についての差（の一側面）を表している。

中澤（2015）によれば，実態としても日本の教育費の家計負担が非常に重いという。初等，中等教育では公教育費がOECD平均を上回るものの，高等教育と幼児教育（就学前教育）は著しく家計に依存しているのである。また，子どもを塾や習い事に通わせるための費用も常態化している。国際的にみても，日本は教育費全体に対する私費負担が大きいが，その一方で，財政支出の教育

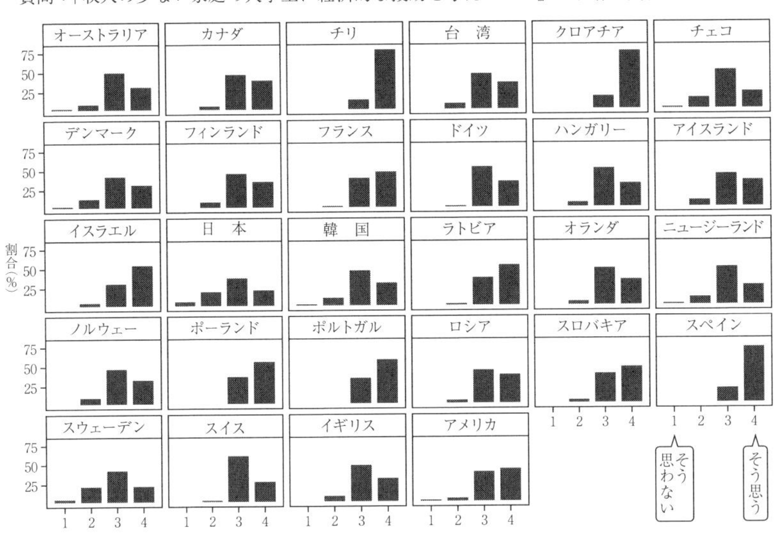

図　国際比較調査（ISSP）の大学進学費用負担についての回答分布

出典：中澤渉（2014）をもとに，ISSP2016データより作成した。
注：ただし，データがなかったカナダ，オランダ，ポーランド，ポルトガルは2006年の数値である。

費への配分は最低レベルである。それにも関わらず，図で見られるように，外国と比べると日本国民は高等教育費を公的に支出することに消極的なのである。

矢野眞和（2011）によれば，日本の高等教育の費用は，親が負担することを前提としている。日本では，大学進学に際する費用（入学金や学費）と在学中の生活費の金銭的負担は，学生本人ではなく親が負担することを前提としており，この考え方を，矢野は「親負担主義」と呼んでいる。

高等教育費の親負担主義は，教育機会が産まれた家庭の経済状況によって制限されることを意味する。しかしこうした話題には，「奨学金があるから大丈夫だろう」という意見が向けられるのだが，奨学金は外国では給付が前提であるにも関わらず，日本の奨学金はほとんどが貸与前提で実際には“教育ローン”でしかない。将来に背負うであろう「借金」を避けるために利用を躊躇することも多いだろう。2020年度より給付型奨学金制度が一部で開始され，良い方向に進んでいるとは思うが，まだまだ「奨学金は借りて返すもの」という意識は根強い。

こうした日本人の高等教育費の負担についてのシビアな意識はCOVID-19に

よる経済不況を経験したことによって変化するのだろうか。次のISSP "Role of Government" 調査は2026年だと思われるが，その結果を待ちたい。

なお，こうした教育費の問題は，ここでの文献リストに挙げた中澤渉や矢野眞和の一連の著書に詳しい。いずれも示唆に富んだ文献であるので，ぜひ一読されたい。

参考文献

中澤渉，2014，『なぜ日本の公教育費は少ないのか――教育の公的役割を問いなおす』勁草書房。

――――，2015，「教育費について我々は何を考えるべきか」『中央公論』2015年6月号，中央公論新社，pp.42-49。

――――，2018，『日本の公教育――学力・コスト・民主主義』中央公論新社。

看護師のためのwebマガジン by 医学書院「日本では，なぜ教育にお金がかかりすぎるのか？――中澤渉氏（大阪大学大学院准教授）インタビュー」(http://igs-kankan.com/article/2016/03/001002/ 2020年10月1日取得)。

矢野眞和，2011，『「習慣病」になったニッポンの大学――18歳主義・卒業主義・親負担主義からの解放』日本図書センター。

第Ⅰ部
リサーチ・クエッションを立て，データを集める

第1章
調査研究のプロセス

本章で学ぶこと

本章では，研究論文やデータ分析報告書を読む際に注目するポイントについて述べる。本書は「データを読む」こと学ぶことを目的としたものだが，データを読むための学習に必要な調査研究のプロセスを中心に解説していく。

研究のプロセスの全体像を理解していれば，示されたデータが，①何を目的として分析されたものなのか，②本当に正しい手続きに基づいて示されているデータなのか，を把握する手助けにもなるのである。

キーワード：リサーチ・クエッション，リサーチ・デザイン，実践・実験・調査の区別，先行研究の批判的検討，研究の意義

1　研究のプロセスを知る

リサーチ・デザイン

どのような論文やデータ分析報告書であっても，必ず「明らかにしたいこと」がある。これを一般的に**“リサーチ・クエッション”**（Research Question：以下 RQ）と呼ぶ。論文やデータを読むにせよ書くにせよ，RQ を明確にしておくことは，「何のためにデータ分析しているのか？」を自覚するために非常に重要である。RQ の立て方に厳密な決まりはない。しかし基本的な型はある。RQ は自身の研究関心を言語化する作業であるが，研究の最終目標に応じて問い方は変わる。ここでいう“研究の最終目標”とは，研究者が研究のために設定する状況のことであり，これを**リサーチ・デザイン**（Research Design）と呼ぶ[(1)]。リサーチ・デザインには，**外的妥当性**（研究から得られる知見を一般化できる

度合い）と**内的妥当性**（研究対象を説明する力／理解する力）があり，これらが満たされれば，自身の研究が学術的に価値のあるものとなる（南風原ほか 2001；野村 2017）。

そして，教育研究におけるリサーチ・デザインに応じた**データが収集される"場"**は，①**介入を目的とした実践**，②**厳密な測定や推定を目的とした実験**，③**なるべく対象者に影響を与えないようにしてデータ収集する調査**，の３つに大別される。

教育場面では，研究者が児童生徒などの対象者にはたらきかけるという関係を持ちながら，対象者に対する援助と研究を同時に行うことがある。教育心理学では，こうした実践ないし介入を目的としたデータ収集は頻繁に行われる。一方で，教育社会学や教育経済学のような社会科学研究におけるデータ収集・分析は介入を目的としていないことが多い（全くないということはないが）。

介入を目的としていないのであれば，教育現象についての原因を厳密に突き止めるためには，実験研究を行うことが理想的である。実験研究とは，理科の実験を思い浮かべてもらえばわかるように，原因と考えられる要因を研究者が外から操作し，結果がどう変化するかを調べるような研究デザインである（社会科学における実験研究については「コラム２」を参照のこと）。一方で本書では，学力テストなどで測定された学力や，**質問紙調査**（いわゆる，アンケート）から得られた回答に対して統計的な分析を施すような内容を紹介している。このように，実験研究ではないデータを用いる研究デザインは調査研究や観察研究と呼ばれる（星野 2009：９）。

自然科学分野での研究では，実験研究が多く行われるのだが，教育現象を対象とする場合は必ずしも実験研究ができる場面ばかりではない。そうした理由もあって，人文・社会科学の分野では古くから調査研究が多用されてきた。質問紙調査などで実際の社会場面で生じる人間の行動・意識・態度などに関するデータを収集し，それを解析することによって，関心のある現象について記述し，説明するのである。つまり，あらかじめ実験的場面を設定せず，実際の社会的場面における人間行動を対象としてデータを集めるという点において実験研究とは区別される。

教育研究におけるリサーチ・デザインも，たとえば，児童生徒へのサポート的介入を目的とした実践，厳密な授業効果の測定や推定を目的とする実験，なるべく児童生徒へ影響を与えないようにしてデータ収集する調査（観察），のように分類可能だと考えられる。むろん，これらはそれぞれ独立しているわけではなく，それぞれが相補的な関係でもある。教育臨床領域の研究では，3つの場が密接に関わっていることもある。しかし，アレもコレもと思ってデータを集めることは望ましくない。たとえば，教育社会学者の川口俊明（2018）は，文部科学省が実施する全国学力・学習状況調査が，児童生徒の指導のためという実践的側面と教育政策に資するデータ収集という調査的側面の両方が混在しており，それらを同時に達成しようとするゆえに抱える問題点を厳しく指摘している。つまり，自身がデータを集めて分析するのは，実践，実験，調査（観察）のどれを目的にしているのかに自覚的であることが必要なのである。

リサーチ・クエッションと仮説を設定する

RQの設定には，一般的に“5W1H”（When，Where，Who，What，Why，How）が使われ，リサーチ・デザインによって以下のようにこれらを使い分ける（野村 2017：42-47）。

- 実践：How? Why?（＋探索的なWhat?）
- 実験：How? Why?
- 調査：When? Where? Who? What?

実践的研究の場合は，「どのように」「なぜ」という問いおよび探索的に「何が」を問う研究に適している。おそらく，現職教員が大学院で勉強しようと思い立つ動機の大部分はここに当てはまるのではないだろうか。その際には，ありふれた事例ではなく，教育について「重要な実践例」である必要がある。

実験的研究の場合，たとえば，実際にある条件下に児童生徒を置いて“実験台”として観察することによって，ある教育効果が「どのように」「なぜ」起こるのかというタイプの問いを検証できる（当然，研究倫理の問題が大きい）。

調査研究の場合，「誰が」「何が」「どこで」「どれだけ」というタイプの問いに適している。これから人文・社会科学分野で調査研究をスタートするのであれば，“誰（who）”から始めることがわかりやすいかもしれない。たとえば，「誰が学力格差を克服しているのか？」のようである。そして，このRQの主人公を想定し，修飾語を付け足して発展させる。たとえば，児童生徒を主人公にするならば「どのような学習をしている児童生徒が，学力格差を克服しているのか？」のようになり，教師を主人公にするなら「どのような授業実践をしている教師が，児童生徒の学力格差を克服させているのか？」のようになる。自身の関心に応じて主人公を設定し，これを拡張させていくイメージである。

その時に，同時に**仮説**（hypothesis）を考えることになる。先の例で，「どのような学習をしている児童生徒が，学力格差を克服しているのか？」というRQを立てる時に，「宿題を毎日する児童生徒」や「予習よりも復習に力を入れている児童生徒」のように，ある程度は結論にアタリをつけながらRQを立ててはいないだろうか。このように正しいことが保証されているわけではないけれど，「このようになっているのではないか」と考える命題のことを仮説と呼ぶ。換言すれば，仮説は，自身の関心について，「原因」と「結果」をつなげて説明するための思考プロセスである。

注意してもらいたいのは，明らかにしたい現象を問う際に，**「記述的な問い」**と**「説明的な問い」**の２つを混同しないことである。もっと言えば，研究は，記述的な問いを明らかにした後に，説明的な問いの解明へと向かうというプロセスを踏むことになる。

序章で例示した「深刻ないじめは増加しているか？」という疑問がある。これは記述的な問いである。「児童生徒の問題行動・不登校等生徒指導上の諸課題に関する調査」という統計調査があるが，こうした統計を利用していじめ件数の推移を調べてみるなどして，「どのようになっているのかを見せる」のが記述である。そして，いじめについて状況把握ができたら「なぜそうなっているのか」を説明していく。

研究に意義を持たせる

RQを考える際に最も重要なのは，**「研究に意義を持たせる」**ということである。これには厳密なルールが存在しているわけではないが，①**社会的意義**，あるいは，②**学術的意義**のいずれかには該当している必要はあろう。社会的意義は，たとえば「子どもの教育機会がどんな家庭に生まれたかによって制限されてしまっている」のような社会的に問題とされており，解決が目指されるべきものである。学術的意義は，「小学生に宿題を課すことが学力向上に効果がないことがアメリカ社会では明らかにされているが，日本社会では明らかにされていない」のように，学術的に明らかにされておらず，解決が目指されるべきものなどである。

社会学者の盛山和夫（2004）は，**「問いの共同体」**という用語を用いているが，要するに意義のあるRQとは，多くの人にその重要性が共感してもらえて，多くの人とそれについて議論を交わすことができるものである。

ただし，RQ設定に際して，③**個人的意義**についても軽視されるべきでないだろう。自分自身にとって意味のある問いか否か，ということである。当たり前だが，自分自身が興味を持てないなのに，社会的意義，学術的意義があるからといって，そのRQを深掘りしていけるかというと非常に難しいだろう。究極的には，自分の関心があるRQを設定することが最も重要なのである。

とはいえ，研究の個人的意義を，社会的意義あるいは学術的意義に昇華させる努力は必要になる。たとえば，「いじめ」について研究したいとする。その動機が「昔，いじめられた経験があるから」であったとしても，それはあくまで動機に留めておかなければならない。それをきっかけにして，「いじめを経験した生徒は，その後の対人関係スキルを著しい低下させるからだ」のように設定すれば，社会的意義あるいは学術的意義として成立していく。

こうした研究の意義の分類については，南風原ほか（2001）が整理する以下のような文言がわかりやすい。自身のRQが以下の3つを満たしているかどうかを考えてみてほしい。

- 情報的価値：「そんなことはわかっている！」と言われない。
- 実用的価値：「そんなことを調べて何になるの？」と言われない。
- 「自己満足」で終わらせない。

ところで，近年では，**追試研究**の価値が見直され始めている。追試研究とは，すでにパブリッシュされた研究成果について別の第三者の研究者が確認のための検証（追試）を行い，同じ結果が得られた後にその既存の研究成果の“確かさ”が認められるというものである。こうした追試研究の価値が見直されるのは，人文・社会科学分野の研究も自然科学と同程度の価値を持つには**再現可能性**を高めるべきだという動向のためである（三浦 2015）。また，データ分析の技法は日進月歩であり，古いテーマを新しいデータや手法で検証すれば異なった知見となることもある。むろん，「そんなことはわかっている！」と言われないような意義のある研究への努力は「オリジナルな問いであれ」が基本である。とはいえ，追試研究の価値も軽視してはならない。

理論的概念および先行研究を批判的に検討する

論文検索サイトである“Google Scholar”のトップページには，「巨人の肩の上に立つ」と書かれている。意味は，我々は過去の偉大な知識人（＝巨人）と同じ視点から物事を見ることは難しいが，巨人の肩の上に立つことによって，我々も偉大な知識人と同じ高さから物事を眺めることができるのだ，ということである。要するに，「学問は多くの研究の蓄積の上に成り立っているのだから，きちんと調べて読みなさい」ということのメタファーである。

研究のプロセスにおいて，自身の研究が既存の研究の中のどこに位置づけられるのかを考えることは，RQ を考えるのと同じくらい重要である。むしろ，これら２つの作業は同時並行した方がスムーズである。なぜなら，自分が関心をもって研究しようと思った事柄が，過去すでに誰かによって完遂されていたのであれば自分でやる意味がない。つまり，理論的概念および先行研究の検討という作業は，まさに**過去の知識人との“対話”であり“対決”**なのである。どれだけ「誰も手をつけていないオリジナルなアイデアを思いついた！」と思っても，それは往々にして“対話”ないし“対決”を避けただけに過ぎない。

初学者による「オリジナルな RQ を思いついた！」という“思い上がり”は，しばしばニューメディアを研究対象にする際などに表れやすい。たとえば，新しい SNS やアプリが登場すると，そうしたニューメディアが学校教育に与える負の影響を調べようとしたりする。確かに，その最新のメディアを対象にした研究は誰も手をつけていないかもしれない。しかし，研究の中核をなす理論的概念や，その理論をふまえた RQ に対する先行研究は必ず蓄積されているはずである（苅谷・吉見 2020）。

教育とメディアの関係を思い起こせば，置き型テレビゲームでも，ポータブルテレビゲームでも，ケータイ電話でも，スマートフォンでも，新しいメディアが登場するたびに「子どもが危機にさらされている！」といった研究関心が勃発してきた。こうした研究の文脈に位置づければ，新しく登場した対象を研究する時でも，そこで過去の知識人との“対話”，“対決”は始まるのである。この作業は，「勉強」と「研究」として分類されることもある。南風原ら（2001）は，図1-1のように表現し，「勉強」と「研究」それぞれの円が重なる部分にこそ研究の意義があるという。

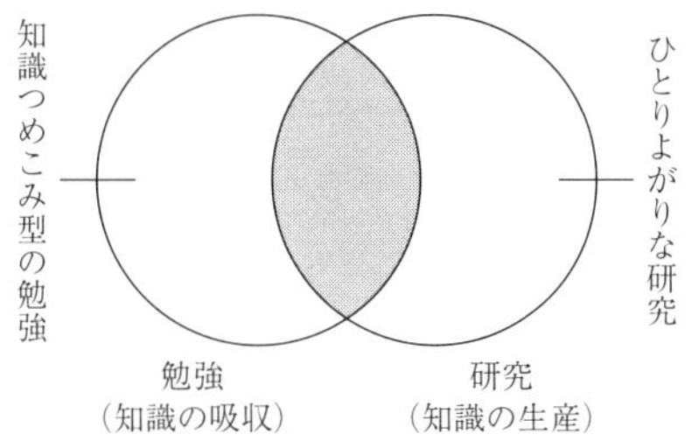

図1-1　「勉強」と「研究」の違いと相補性

出典：南風原ほか（2001：4）

要するに，「先人達が何をどこまで明らかにしているのかを把握しないと，自分自身が何をどこまで明らかにするのかは決まらない」という単純な話である。ただし，実際に自分でやろうとすると複雑で難しい作業になるのである。

2　データを吟味する

RQないし仮説を設定し，自身の研究の理論や先行研究に位置づけることができたら，それを検証する段階に入る。つまり，問いに答えるために仮説を検証するのである。これに向けた一連のプロセスを**「論証戦略」**と呼ぶ。これについては，第2章で詳細に解説する。

図1-2は，リサーチ・クエッション（仮説），理論的概念（先行研究），データ（分析結果）のトライアングル的検討と研究報告までのプロセスのイメージである。三者がそれぞれ双方向矢印で繋がれているところがポイントである。

研究のプロセスは，基本的に一方向的に進んでいかない。研究論文を読むと，【問いの設定→先行研究の検討→データ分析→結論】のように鮮やかにできあがっているのだが，あれはできあがったものを読むから鮮やかに見えているだけで，印刷された状態に至るまで思考はひたすら巡るのである。

リサーチ・クエッション（仮説）と理論的概念（先行研究）の行き来

RQの設定は，自身の関心に基づいて行うことになる。そしてすでに述べた通り，研究には意義が必要で，その意義は既存の研究との“対話”ないし“対決”を経て深まっていく。

また，RQとほぼ同時に設定する仮説とは，いうなれば「思い込み」である。本当かどうかは不明だけれど，「宿題を毎日する児童生徒は学力格差を克服している」という具合に思い込んでいるのである。しかし，単なる思い込みは学術的な意味で仮説とは呼べない。研究の意義が既存の研究との“対話”，“対決”によって深まるように，仮説も既存の研究を整理するプロセスを経て形成される。つまり，仮説とはいうなれば**「アカデミックな思い込み」**なのである。

その意味でも，前出の「問いの共同体」は非常に有用な考え方である。すなわち，自身の研究関心（RQ）に意義があるかどうかは「既存の知識や問題関心とどれだけよく関連しているかにかかって」おり，「学問や実務の共同体で共有されている知識や問題関心を修得するとともに，そこにどんな探求課題が存在しているか」を熟慮することが最も重要なのだという（盛山 2004：56）。

データを照らし合わせる

自身関心に基づいてデータを収集し，分析したとする。その後は，得られたデータ（調査結果）をリサーチ・クエッション（仮説），理論的概念（先行研究）それぞれと照らし合わせる作業を行う。

盛山（2004：58-60）は，データないし分析結果を吟味するプロセスを，①問いとの関連においてデータが何を表しているのか考察することと，②データが意味を持つような問いとは何かを自問しながらデータを徹底的に読むこと，2つに整理する。これらの作業は図1-2では主に，リサーチ・クエッション（仮説），理論的概念（先行研究）とデータ（分析結果）との双方向矢印の部分に該当する。

1つ目の，問いとの関連においてデータが何を表しているのかの考察は，自身が設定したRQや仮説に対し，分析結果は「答え」を示唆しているのかどうかを考えるプロセスである。しかし，研究を深めていくと，データが当初考えていたRQや仮説とは異なった結果を示すこともある。こうしたことは経験的

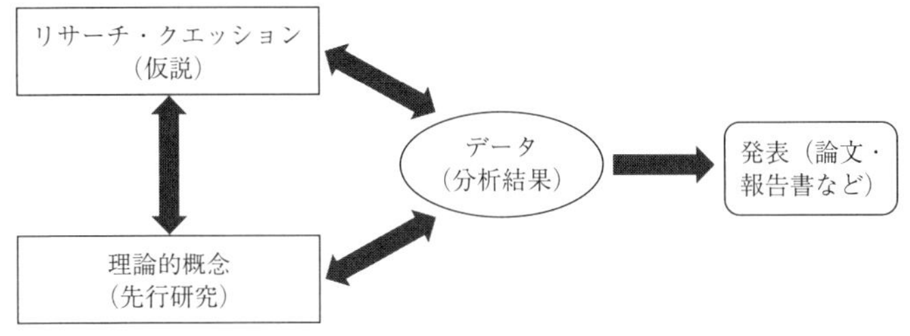

図1-2　研究のプロセスのイメージ

に少なくない。盛山（2004：59）も「望ましいとはいえないが，研究途上で問いが変わることもあるので，あながちあってはならないことではない」と書き記している。

その時，2つ目の，データが意味を持つような問いとは何かを自問しながらデータを徹底的に読む，という作業を行う。これは，「問いを設定し，答えを見つける」とは逆の作業である。「データ分析が指し示している結果は，既存の研究に照らし合わせて，どんな問いや意義を含んでいるのか」ということを考えるのである。

このように，リサーチ・クエッション（仮説），理論的概念（先行研究），データ（分析結果）は三者をグルグル回りながら研究は完成に向かい，発表・報告することになる。これは量的研究でも質的研究でも同様である（第3章補論で詳述）。

3　研究のスケジューリング

研究の目標が論文や報告書の刊行であるならば，当然，締め切りがある。それは，大学生にとっては卒業論文かもしれないし，現職教員であれば授業研究の成果報告かもしれない。いずれにしても研究発表までの締め切りは必ずある。時間は無限ではない。ゆえに，研究の開始から終わりまでのスケジュールの見通しを明確にしておく必要がある。

盛山（2004）は，研究のプロセスを，①ある関心や問題の明確化，②概念的枠組みの構築，③調査対象の状況描写，④調査方法の決定とデータ収集，⑤データの分析と報告にまとめている。本章のここまでの記述に重ねるのであれば，①がRQを立てるプロセス，②がRQに関連する理論的概念の検討と先行研究の批判的検討である。③と④がデータの吟味に相当しよう。そして，⑤が執筆や発表準備の作業ということになる。

こうした研究の流れには，相対する2つのプロセスがある。そして，それぞれがいずれも重要である。第1は，時間的な順序にしたがって研究が展開していくプロセスである。これは基本的に研究を企画し，データ収集と分析を経て，論文や報告書の刊行を目指した経路である。第2は，研究の着地点からプロセスを逆算するやり方である。どのような論文や報告をするかを考え，そのためにはどういったデータ収集を集めてどのように分析するのかを決めるのである。

もちろんいずれも重要なのだが，実際の研究の遂行には，第2の「研究の着地点からプロセスを逆算するやり方」の方が現実にはマッチしている。そうであれば，研究の完遂を可能とする一連のプロセスを知っておかなくてはならない。要するに，「何をどこまで明らかにするのか」「そのためにどのようなデータを収集しなければならないのか」「どうすればそれが可能なのか」ということに自覚的でなければならないのである。

たとえば，自身の研究関心について「理想的なデータ」が手に入るとしよう。では，それはどのようなデータだろうか。「理想的なデータ」は，多くの場合，数万人単位の児童生徒や保護者，教師に協力してもらい，しかも長期間の追跡調査によって得られるデータだったりする。しかし，それは可能だろうか。仮にデータ収集が可能であったとしても，締め切りに間に合うだろうか。それを実行するための費用はどのくらいかかりそうで，その費用は準備できるだろうか。

どんなに意義のある研究であっても，こうしたハードルがクリアできないと研究として成立しない。したがって実際の研究は，時間的制約を把握したうえで，予算を組み，予算に応じた規模データを集め，分析して執筆・発表することになることは意識してもらいたい。

---

(1)　本書で用いる“リサーチ・デザイン”という用語は，野村（2017）を参考にしている。南風原ら（2001）は，近い概念として“研究の「場」”と表現している。

参考文献

苅谷剛彦・吉見俊哉，2020，『大学はもう死んでいる？――トップユニバーシティーからの問題提起』集英社。

川口俊明，2018，「文部科学省の全国学力・学習状況調査の意義と問題点」『社会と調査』No. 21，pp.29-36。

南風原朝和・下山晴彦・市川伸一編，2001，『心理学研究法入門――調査・実験から実践まで』東京大学出版会。

星野崇宏，2009，『調査観察データの統計科学――因果推論・選択バイアス・データ融合』岩波書店。

メリアム，S.B. & シンプソン，E.L.（堀薫夫訳），2010，『調査研究法ガイドブック――教育における調査のデザインと実施・報告』ミネルヴァ書房。

三浦麻子，2015，「心理学研究の「常識」が変わる？――心理学界における再現可能性問題への取り組み」『心理学ワールド』68号，pp.9-12。

野村康，2017，『社会科学の考え方――認識論，リサーチ・デザイン，手法』名古屋大学出版会。

盛山和夫，2004，『社会調査法入門』有斐閣。

第2章
仮説検証のための論証戦略

本章で学ぶこと

本章では，仮説検証のための論証戦略について学ぶ。人文・社会科学における研究の対象は，自然科学とは異なり，人の心や社会現象など直接測定できるものばかりではない。そのため，人文・社会科学の実証研究には，いくつかの思考のステップを踏むことになる。こうした実証に向けた一連の検証プロセスを論証戦略と呼ぶ。

また，測定が困難な対象を扱うため，「どんな定規を当てれば測定できるのか？」「その定規で本当に測定できているのか？」を十分に考える必要がある。そのために不可欠な考え方についても取り上げる。

キーワード：論証戦略，変数，尺度，妥当性と信頼性，理論仮説と作業仮説，関連・相関・因果

1　データの形式と変数の種類

調査データの分析と実験データの分析は多くの点で異なっている。調査は実験のように状況を人工的に制御していない。それゆえに，調査データによる分析結果は，制御されていない様々な要素が混ざり合ったものなのである。ゆえに論証戦略が重要になってくる。

従属変数と独立変数

調査研究において得られる量的データは，典型的には表2-1のような形式に整理して分析する。これは**“関係形式テーブル”**と呼ばれる。この関係形式テーブルには，ある児童10人について，成績，算数得点，性別，家での学習時

表2-1　関係形式テーブル（仮想データ）

児童ID	成績	算数得点	性別	家での学習時間（分）
1	2	55	1	60
2	3	85	2	70
3	1	47	1	65
4	2	69	1	40
5	2	55	2	30
6	2	65	2	45
7	3	72	2	70
8	2	69	1	65
9	1	43	2	40
10	1	41	1	20

間の情報が収められている（仮想データ）。各児童の情報が1行に収まっているおり，それぞれの項目の情報が1列に収まっている。

成績，算数得点，性別等は，各児童によって値が異なる。こうした変化する値をとる概念のことを**変数**（variable）と呼ぶ。統計的分析に際して，これらはまず**従属変数**（dependent variable）と**独立変数**（independent variable）に分けられる。従属変数が説明される側，独立変数が説明する側の要因である。たとえば，表2-1の情報から，「家でたくさん勉強する児童ほど算数得点が高い」という分析をしたいのであれば，算数得点が従属変数，家での学習時間が独立変数である。

なお，従属変数は，目的変数や被説明変数とも呼ばれ，独立変数は，説明変数とも呼ばれる。どれも同じ意味なのでおさえておいてもらいたい。

変数の尺度

集めたデータは，統計的に扱えるようにするために，表2-1のようにもともと数値で表されていなかったデータを数値に置き換えることが一般的である。たとえば，性別は男子を1，女子を2で表している。同じように成績は，「◎，○，△」をそれぞれ「3，2，1」で表している。

表2-1のようにすべての変数のデータを数値にしてしまうと，すべての変数を同じように扱えるような気分になってしまうが，それは誤りである。変数の特徴によって，その変数の扱いを変える必要がある。その際に，**量的変数**

(quantitative variable) と**質的変数** (qualitative variable) を区別する必要がある。なぜなら，それぞれの特性に応じて分析手法が異なるからである。

量的変数は，その数値を用いて数量的な計算（加減乗除）が可能な変数を指す。これに対して，質的変数とは，数値に数量的な意味がなく計算ができないような変数を指す。表2-1では量的変数と質的変数は次のように分けられる。

- 量的変数：算数得点，家での学習時間
- 質的変数：成績，性別

たとえば，性別は男子が1，女子が2である。しかし，これらは便宜的に与えた数値であって，「女子が男子の2倍～～だ」のような数字的な意味は持たない。成績の数値についても同様に考えてみてほしい。成績1（△）と成績2（○）は2倍の差があるわけではない。また，成績3（◎）と成績2（○）の差は1という具合に計算ができそうだが，してはいけない。なぜなら，成績2（○）と成績1（△）の差も引き算すれば同じように1になるが，この「1」の差の意味は，成績3（◎）と成績2（○）の間の「1」の差の意味と同じではないからである。このように，数値が同じなのに意味が異なるというような場合には，質的変数だと判断できるのである。

ある変数が質的変数なのか量的変数なのかを弁別するためには，変数の値を決める基準となる物差しである**尺度** (scale) を理解する必要がある。尺度は，どこまで数量的な意味を持つかによって，その水準が次の4段階に分かれている。なお，前者2つが質的変数（数量的な計算ができない），後者2つが量的変数（数量的な計算ができる），と一般的には分類される（岩井・保田 2007）。

- **名義尺度** (nominal scale)：名義尺度とは，カテゴリーを区別するためだけに，便宜的に与えた数字を用いる物差しである。表2-1の中では，性別がこれにあたる。男性を「1」，女性を「2」としているが，これらの数値は，ただの文字であり数量としての意味はない。名義尺度の変数例としては，都道府県，所属する小学校などが挙げられる。四則計算については，全くできない。

表2－2　変数の特性と分析方法の基本的な分類

従属変数	独立変数	分析手法	本書で対応する章
質的変数	質的変数	度数や割合の把握と比較 ・クロス集計および χ^2 検定	第5章，第7章，第8章
量的変数	質的変数	平均値や分散の把握と比較 ・t 検定 ・分散分析	第5章，第9章，第10章
量的変数	量的変数	データの散らばりの傾向把握 ・散布図 ・相関係数	第5章，第11章

- **順序尺度**（ordinal scale）：順序尺度は，数値の順序に意味がある。表2－1の中で順序尺度にあたる変数は，成績である。「◎，○，△」という成績に対して「3，2，1」という数値を与えているが，この数値の順序を入れ替えて「2，3，1」とすることはできない。数値の順序には「大きいほど成績がよい」という意味があるからである。四則計算は，ほとんどできない。
- **間隔尺度**（interval scale）：間隔尺度は，順序だけではなく数値の間隔（差）が数量としての意味を持つ。学年が間隔尺度にあたる。学年の値が1つ大きければ，1年長く小学校にいることを表しているので，学年の値の間隔（差）には数量としての意味がある。例としては，生まれた年などである。四則計算は，加法・減法の計算のみ可能である。
- **比例尺度**（ratio scale）：比例尺度は，表2－1では家での学習時間（分）がこれにあたる。家庭学習時間の値が60分であることは30分の2倍の時間，勉強したことを表している。身長などもこれに該当する。四則計算は，加減乗除すべて可能である。

データ分析の方法を大まかにまとめると表2－2のようになる。詳細は各章を見てもらいたい。なお，回帰モデルとその応用（第12章～第15章）については，バリエーションが多いので表2－2からは省いている。いずれの分析を行う時も，記述統計量や基礎集計が基本である。その意味でも，まずは第5章を一読してほしい。

直接測定と間接測定

質的変数と量的変数の弁別と関わって，変数が直接測定できるのか間接的に測定するのかの違いがある。**測定**とは，ある規則に従って，対象に数値を割り当てることである。**直接測定**は，測定の対象を直接的に観測することである。**間接測定**は，直接的に観測せず，それと密接に関連していると思われる他の観測可能な対象を用いて測定とみなすことである。

直接測定は，直感的にもわかりやすいだろう。たとえば，身長や体重などは身長計や体重計を使えばそのまま数値情報を得ることができる。労働時間や睡眠時間，収入であってもアンケート調査や聞き取り調査などによって情報を得ることができる。

注意しなければならないのは間接測定の時である。たとえば，我々は日頃から人のことを「運動神経が良い」や「芸術センスがある」や「地頭が良い」などと評価する。しかし，運動神経も芸術センスも地頭も直接は測定できない。なので我々は，足が速かったり高く跳べたりする人を「運動神経が良い」，絵が上手かったり歌が上手かったりする人を「芸術センスがある」，学校での成績が良い人を「地頭が良い」などと表現しているのである。

こうした間接測定の際に検討課題になるのが，**妥当性**（validity）と**信頼性**（reliability）である。これについては，後で詳述することになる。

2　論証戦略と仮説検証

理論仮説と作業仮説

それでは，リサーチ・クエッションを設定し，研究の位置づけも明確になり，データも手に入れたとしたら，どのように仮説検証を行っていけば良いのだろうか。そこで登場するのが，**理論仮説**と**作業仮説**（操作仮説）という考え方である。

第１の手順は，独立変数と従属変数の関係についての仮説を決めることである。その時の仮説は，たとえば，「成績の悪い生徒は私語が多い」でも「私語の多い生徒は成績が悪い」でもどちらでも間違いではない。どちらを独立変数にするかは，自身のRQや問題意識によって決まるので絶対的な正解はない。

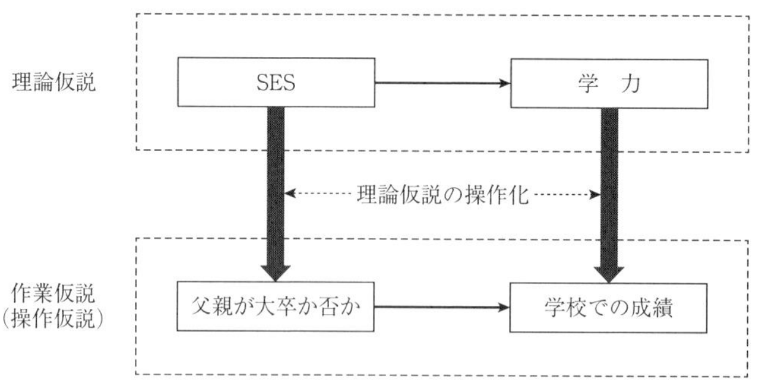

図2-1　理論仮説と操作仮説の対応イメージ

出典：筆者作成。

やや複雑なモデルになるが，両方が影響し合っているという仮説を想定しても良い。

第2の手順は，概念間の関係を特定化し，理論仮説を設定することである。たとえば，「家庭の社会経済的地位（SES）が高い児童ほど学力が高い」という仮説を設定したとしよう。その時に，SESと学力という理論概念を定義しなければならない。

第3の手順は，操作仮説の設定である。理論概念上で構築された仮説は，それ自体では観察データでは検証できない。なので，抽象的な概念同士の関連で構成される理論仮説を，実際に調査・分析できるようなレベルまで“降ろす”必要がある。これを理論仮説の操作化といい，操作化された仮説を作業仮説と呼ぶ。つまり，操作概念の水準とは「データの水準」なのである。

図2-1として表示したのが，理論仮説と作業仮説の対応のイメージである。先の「家庭のSESが高い児童ほど学力が高い」という理論仮説を検証しようとしたとき，SESと学力を「変数」として実際の調査のなかで「測定」が可能なものとしなければならない。そのために具体的な質問項目（＝指標）を考える必要がある。

では，SESを操作的に定義してみよう。SESの概念的定義は実は非常にあいまいなのだが，職業的な階層構造（職務内容，従業上の地位，企業規模など）を中心としながらも（社会調査協会編 2014：370-371），教育的地位や所得水準，文化的な所有物なども勘案されている（お茶の水女子大学 2014；松岡 2019など）。

PISAでは生徒のSESの情報を，両親の教育年数，職業的地位，家庭の所有物によって構成されたSES得点（変数名：ESCS〔Economic Social Cultural Status〕）が準備されている。そこで，「父親が大卒か否か」の変数をSESの指標として用いてみる。

続いて，学力を操作的に定義してみる。学力も論者によってかなり定義が広い。何気なく考えてみれば，筆記試験の結果スコアなのだが，これが「真の学力ではない！」と反論する人もいる。仮に筆記試験の結果スコアだと定義したとしても，教科・科目によって違うかもしれないし，実際のスコアデータが手に入らないかもしれない。そこで，「あなたの成績は，クラスのなかでどのくらいか，上・中・下で答えてください」のようなアンケート調査の結果を用いることにする。

最後の手順は，作業仮説で検証された分析結果を理論レベルまで“上げる”ことである。先のように操作化した変数同士を分析し，「父親が大卒の児童ほど，成績が上である」という分析結果が得られたとする。これを理論レベルまで上げれば，「家庭のSESが高い児童ほど学力が高い」という理論レベルでの仮説が検証されたことになるのである。

妥当性と信頼性

このように，理論的概念を測定できるレベルまで降ろしてきてから分析するわけだが，そのためには，分析に利用する変数がきちんと理論的概念を測定できているかどうかが非常に重要になる。その時にカギになるのが，妥当性と信頼性である。

まずは測定の妥当性から説明しよう。測定の妥当性で注意すべきは，①測定法は問題の理論的概念を実際に測定しているか，②その理論的概念は正確に測定されているか，の2点に答えているかである（直井 1983：25-28）。

測定では，概念の理論的な定義に合意がない場合に，測定されるべき対象自体が異なることがある。たとえば，「学校教育では，子どもたちの〈人間力〉を育てることが大事だから，〈人間力〉が育っているかを検証したい」のようなリサーチ・クエッションを立てたとする。しかし〈人間力〉とは果たしてどのようなものだろうか。ある人は「挨拶ができること」が〈人間力〉と言うかもしれないし，別の人は「模試での偏差値が高いこと」と言うかもしれないし，また別の人も違ったことを言うかもしれない。こうした議論が落ち着かないうちは，妥当性が揺らいでいるということなので，「〈人間力〉の育成」のような仮説検証はできないことになる。

また，図２－２におけるSESと父学歴の対応に見られるように，下位概念が上位概念を正確に測定しているとは限らない。子どもの家庭背景の測定を例に考えてみると，親の職業的地位，教育水準，所得水準など多様であるし，もっと言えば父親と母親のどちらの情報を使うかによっても注目したい現象が異なる。先の図２－２の例でいえば，「父学歴だけで子どもの家庭背景を測定できているといえるのか？」という点で妥当性を疑うこともできるのである。

次に，測定の信頼性である。信頼性とは，その尺度によって，特定の対象から同じ結果が一貫して得られることである。身長や体重の測定は，身長計や体重計を用いて，繰り返し測定しても一貫して同じ体重が表示される。これは，こうした機器を利用した身長や体重の測定には信頼性があることになる。しかし，模擬試験の結果について，ある会社の模試では合格判定Ａだが，別の会社の模試では判定がＤ，さらに別の会社の判定ではＢだったとしたら，どれを信じたら良いだろうか。測定の信頼性は，しばしばこうした問題が発生するので，信頼性を検討する方法がある。**再テスト法**（同一の項目・尺度を同一の人に比較的短い期間内に二度試みる方法），**平行テスト法**（形式・難易度・平均点などが等質な２つのテストを作り，同時に２つのテストを実施して２つのテスト間の相関係数を算出する方法），**折半テスト法**（１つのテストを等質な２つのテストに折半し，２つのテスト結果の相関係数を算出する方法）などが用いられる（南風原ほか編 2001）。

心理測定や教育の**テスト理論**における測定は高度に標準化されており，妥当性と信頼性に対する関心が高い。サイエンス社から発行されている『心理測定尺度集』シリーズを見ると，紹介されている心理尺度それぞれに，妥当性と信頼性が確認されているかどうかが記載されている。たとえば，妥当性と信頼性が確認され，学校教育における心理尺度で広く利用されているもののひとつに教育心理学者の河村茂雄が開発した**「Q-U」**がある。Q-Uは，学級集団をデータによって可視化し，どのような介入を行うのが適切かを検討するための補助ツールである（河村 2007など）。

また，テスト理論には，①**古典的テスト理論**（Classical Test Theory：CTT）と②**項目反応理論**（Item Response Theory：IRT）の２つの理論体系がある。詳しい解説は専門書（豊田 2005など）に譲るが，CTT は素点（100点満点のテストでの得点など）に焦点を当てるシンプルなテストのイメージである。一方で，IRT は，スコアの調査年次的での変化や，異なる問題を受けた被験者集団同士を比較できるように設計されており，OECD が実施する PISA や英語の資格試験である TOEFL，TOEIC などで利用されている。日本の学力研究に目を向ければ，既存の研究のほとんどはCTT によるものだが，川口俊明ら（2019）による項目反応理論を用いた学力格差研究は非常に示唆に富む。学力研究における CTT の限界と IRT を用いる有効性もまとめられているので一読いただきたい。

以上のような心理測定や教育のテスト理論と比べると，社会科学分野の測定法は標準化されていることがきわめて少ない。しかし，それは当然，社会科学分野の測定における妥当性と信頼性がいい加減であって良いということを意味していない。むしろ，それゆえに理論仮説と作業仮説の対応関係を考えることに，より慎重な姿勢が求められているということを肝に銘じてもらいたい。

データ収集の難しさ

さて，以上のようなプロセスを経て仮説検証を行うのだが，必ずしも理想的なデータと変数が手に入るわけではないことを理解しておく必要がある。調査研究は多くの場合，調査を企画，実施してデータを集め，分析と考察してから作文する，という具合に進む。その際に，活用できる費用と時間を見積もっておく必要がある。費用と時間が無限にあるならば問題ないが，当然だが，費用も時間も無限ではない。人脈が必要になることも多い。

先の「家庭の SES が高い児童ほど学力が高い」という理論仮説の検証に当たっては，SES を「父親が大卒か否か」，学力を「クラスでの成績の自己評価」を指標として用いた。その時に，「そんな指標では妥当性と信頼性を欠いている！」という批判はもっともなのである。しかし，「仕方がない」ことも多いのである。

たとえば，「家庭の SES と小学６年生の学力の関連」という研究テーマを立

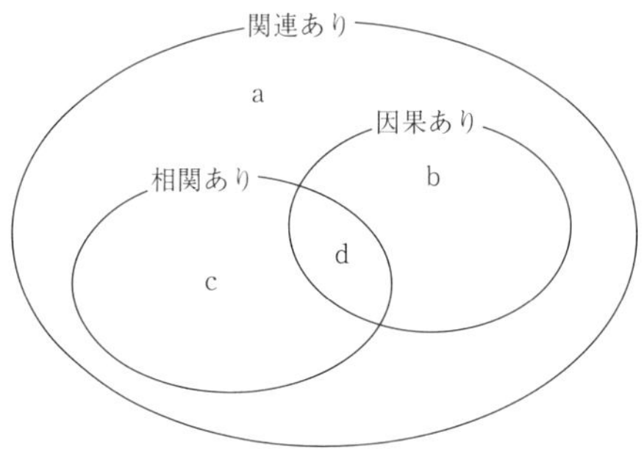

図2－2　関連・相関・因果の区別
出典：岩井・保田（2007：121）。

てたとする。理想的なデータが獲得できるのであれば，なるべく多くの小学校に調査を依頼し，なるべく多くの小学生とその保護者に回答してもらう必要がある。学力データは，学校担任に児童の学力スコアのデータを提供してもらうなどする（自分で学力調査を企画しても良いが）。SESデータの収集には，保護者に向けた調査票を準備し，そこには，職業，収入，最終学歴などを回答してもらう。当然，調査倫理の審査もクリアする必要もある。このように実際の調査工程を並べてみると，理想的なデータの獲得は誰にでも簡単にできるわけではないのである。

ただし，間違えてはいけないのは，理想的なデータが手に入らないことを「仕方がない」で終わらせて良いということではない。より適切なデータや変数が集められるように，費用を準備し，調査スケジュールを組み，調査可能性を高めるための日頃からの準備が必要なのである。

3　調査データの統計的分析における因果関係の探求

関連・相関・因果を区別する

分析の基本的な姿勢は，記述ではなく説明を目指すというのは，先に述べた通りである。それゆえに，観察データを統計的に分析する際には，変数間の因果関係を明らかにするというのが目的になる。そこで，**関連**，**相関**，**因果**の3つをまず区別して理解してもらいたい。社会学者の岩井紀子と保田時男（2007）が示した図2－2のベン図を見るとその区別がわかりやすい。それぞれの違いをまとめると以下のようである。

関連：片方の変数が変化すると，もう片方の変数も変化する（共変関係）
相関：2つの変数がリニア（直線的）に共変関係にある

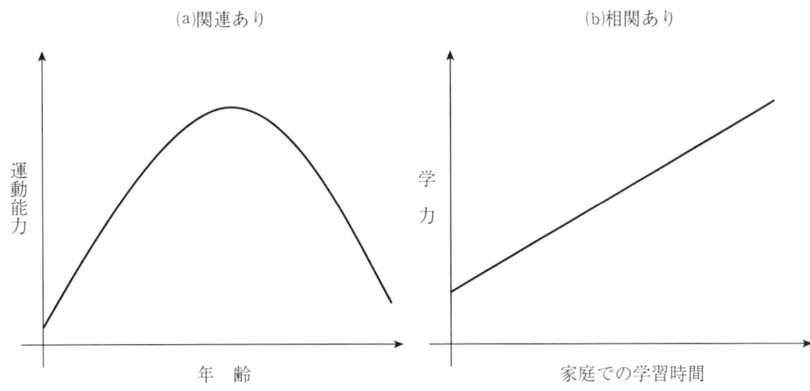

図2-3　「関連あり」と「相関」の区別の一例

出典：筆者作成。

因果：２つの変数が，原因と結果の関係にある

つまり，２つの変数の間に相関関係や因果関係があれば，関連もあるというのが前提なのである（b, c, d）。しかし，「関連はあるが相関関係がない」という場合（a, b）や，「関連はあるが因果関係はない」という場合（a, c）は非常によくあることである。

図2-2からもわかるように，関連性という概念はカバーする範囲が最も広い概念である。調査データの分析においては，まず関連性について調べ，その結果をより絞り込まれた概念（相関関係，因果関係）と混同して解釈しないように注意しなければならない。関連，相関，因果の詳細については，以下に整理した。

①「関連あり」と「相関あり」を区別する

関連と相関は割と近い。岩井・保田（2007）によるそれら２つの区別は，２変数間の関連が「直線的か否か」である。図2-3にその例を示している。

ただし，図2-3の(a)の年齢と運動能力の関係を「逆Ｕ字相関」と呼ぶこともある。こうした相関のバリエーションについては，第11章で詳細に説明する。

②「因果あり」とは

人文・社会科学分野において，現象を可能な限り「科学的」に「説明」するためには，因果関係の解明を目指すことが奨励される。因果関係の考え方は，「何かが起こった（原因）から結果がある」というように，現象が原因と結果によって説明されることである。たとえば，学力格差の原因が特定できれば，どのような社会的・教育的介入が必要なのかをより深く議論することができる。

まずは因果関係が成立するための３つの条件について改めて確認することから始めよう。社会学者の高根正明（1979）が整理しているように，因果関係の成立には以下に示す３つの条件が必要となる。

因果関係成立の３条件

①独立変数の変化は，従属変数の変化よりも前に生じている（時間的先行）
②独立変数と従属変数の間に共変関係がある
③他の変数を統制（コントロール）しても（他の変数の値を固定しても）共変関係が観察される

学力はどのような因果で説明されるのか

学力データの例で因果関係を考えてみよう。データを集計した結果，朝ご飯を食べる習慣のある児童生徒の方が，テストの点数が高かったとしよう。だがその結果だけで，朝ご飯を食べることが学力を向上させることが「立証された」とは，まだいえない。

図２-４に示したように，まず朝ごはん習慣と学力の関係には，「朝ごはん習慣があるから学力が高い」のか「学力が高いから朝ごはん習慣がある」のかというような時間的先行が不明確である。さらに，朝ご飯を食べることによって，「元気が出る」のような身体的な影響も考えられるし，朝ご飯を食べる習

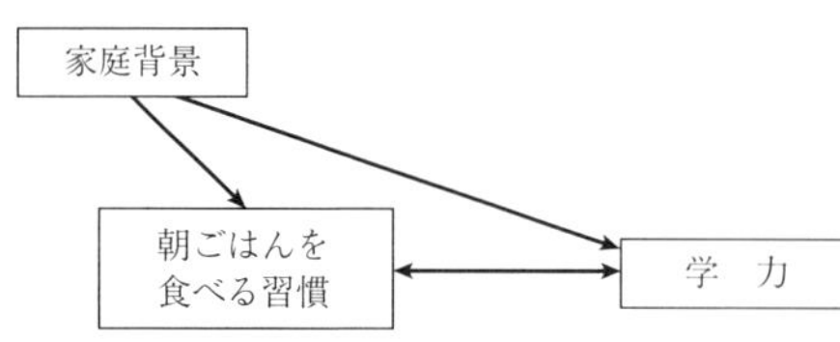

図２-４　学力と朝ごはん習慣における「見せかけの関係」ないし「疑似相関」

出典：筆者作成。

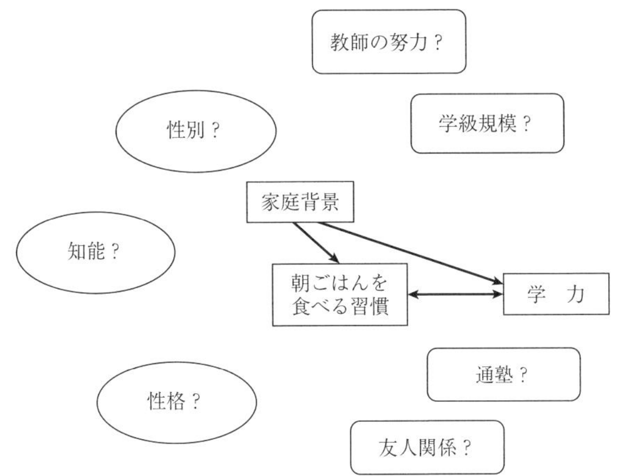

図2-5　学力の規定要因を把握する際に考慮すべき諸要因

出典：筆者作成。

慣がついているような家庭環境であること（保護者の収入や子どもと関わる余裕など）が学力と関連している，という可能性も十分に考慮しなければならない。

このように，朝ごはん習慣と学力には関連性はあるが，その間に因果関係はないという関係のことを**「見せかけの関係」**や**「疑似相関」**（spurious correlation）と呼ぶ。

さらにいえば，児童生徒の学力を決めているのは，朝ごはん習慣や家庭背景だけではない。図2-5を見てもらいたい。ここで表記した要因についても，以下のようにそれぞれ仮説的に言及することができる。

- 女子ほど学力が高い
- 知能が高いほど学力が高い
- 小規模学級に属している児童生徒ほど学力が高い

　など……

それだけではない。学力以外の要因間や図2-5に示していない要因間でも仮説的な関連を述べることができる。

- 裕福な家庭背景な子ほど知能が高い
- 性格が穏やかな子ほど良好な友人関係を築いている
- 職務熱心な教師が担任している学級に所属している子ほど家で宿題をしている

などなど……

このように，自身の分析に関心がある独立変数と従属変数の両方（片方の場合や部分的な場合もある）に対して影響する要因を**「交絡（こうらく）変数」**（confounding variable）と呼ぶ。大規模な集団を対象にして実施した質問紙調査のデータには，いろいろな人々や要因が混在しているので，交絡変数による「見せかけの関係」や「疑似相関」が起こりやすい。社会科学分野での観察データは，〈家庭背景→朝ごはん習慣→学力〉のように，何らかの要因を介して一見関連があるように見える状態になって分析結果が示されることは多い。

本書の第８章や第13章では，こうした**“第３変数”**の影響を統制して，変数間の因果関係をより詳細に知るための手法を学ぶことになる。

参考文献

南風原朝和・下山晴彦・市川伸一編，2001，『心理学研究法入門――調査・実験から実践まで』東京大学出版会。

岩井紀子・保田時男，2007，『調査データ分析の基礎―― JGSS データとオンライン集計の活用』有斐閣。

川口俊明・松尾剛・礒部年晃・樋口裕介，2019，「項目反応理論と潜在クラス成長分析による自治体学力調査の再分析 算数・数学の学力格差とその変容」『日本テスト学会誌』Vol.15（１），pp.121-134。

河村茂雄，2007，『データが語る①――学校の課題』図書文化。

近藤博之，2013，「生徒調査における回答者の非協力的態度について」『大阪大学大学院人間科学研究科紀要』39，pp.39-56。

中室牧子・津川友介，2017，『「原因と結果」の経済学――データから真実を見抜く思考法』ダイヤモンド社。

中澤渉・倉石一郎，2018，「教育政策・教育実践とエビデンス・ベースド・ポリシー――教育現場における調査のあり方を考える」『社会と調査』No21，pp.5-10。

直井優編，1983，『社会調査の基礎』サイエンス社。

大谷信介・木下栄二・後藤範章・小松洋，2013，『新・社会調査へのアプローチ——論理と方法』ミネルヴァ書房。
社会調査協会編，2014，『社会調査事典』丸善出版。
盛山和夫，2004，『社会調査法入門』有斐閣。
高根正明，1979，『創造の方法学』講談社。
豊田秀樹，2005，『項目反応理論　理論編——テストの数理』朝倉書店。

コラム2　社会科学における因果推論

データ分析において因果関係を特定するための条件は，第2章ですでに述べた通り，以下の3つである。

①独立変数の変化は，従属変数の変化よりも前に生じている（時間的先行）
②独立変数と従属変数の間に共変関係がある
③他の変数を統制（コントロール）しても（他の変数の値を固定しても）共変関係が観察される

社会科学の場合，これらのうち「③他の変数を統制」が最も困難である。この点に対し，社会科学の調査研究では多くの場合，回帰分析の枠組み（第12章，第13章）を用いて対処している。しかし，実験研究を設計すれば，より確実に因果関係を説明することが可能になる。

社会現象の因果関係について，最も疑いようのない結果が得られる方法は，RCT と呼ばれる実験方法である。RCT とはランダム化比較試験（Randomized Controlled Trial）という実験デザインで，分野によっては AB テストと呼ばれることもある。本書は質問紙調査による観察データの分析手法を中心に扱うためあまり触れていないが，近年は社会科学においても，実験やそれに準じる研究デザインが注目され始めている。

RCT の発想自体はシンプルだ。まず分析対象者をランダムに2つのグループに分け，片方のグループには効果を確かめたい施策を行い，もう片方のグループにはそれを行わないようにする。そして，最終的にこの2つのグループで結果を測定し，従属変数の平均値が異なるか比較する。この2つグループのあいだには，施策が行われたか否かしか集団の特性として違いはないはずなので，それ以外の要素がコントロールされていることになる。これが RCT が質問紙調査などよりも確実に施策の因果効果を確認できるという理由である。もちろんグループの数は2つとは限らず，もっと多くのグループに分けて複数の施策を比較することもできる。

RCT において重要なのは，グループ分け（施策の割り当て）をランダムに行うことである。つまり，調査対象者の自由意思の結果ではなく，ランダムな割り当てによって施策を受けるかどうかが決められなくてはならない（もちろん実施にあたっては協力者への説明や参加の合意などが必要である）。ランダムという言葉の意味は第3章で説明する通りで，どの対象者も同じ確率で施策の割り当てが決められるという点が重要である。

そのため，すでに施策を導入している集団とそうでない集団を比較しても，

RCT をしていることにはならない。たとえば，少人数学級という施策が学力に与える影響を知るために，すでに少人数学級を導入している学校とそうでない学校を比較しても，それは RCT ではない。なぜなら，施策を導入しやすい特性などの影響をコントロールできていないからである。少人数学級の制度を導入するかどうかは，地域や予算，教職員の気質など，組織の特性から影響を受けているはずである。これでは，仮に小集団教育を実施している学校と実施していない学校のあいだに学力差があったとしても，少人数学級の制度そのものがもたらした差なのか，少人数学級の導入を促している他の要因による差なのかが判別できない。さらに，少人数学級を導入している学校をあえて選んで子どもを入学させる親がいるかもしれない。すると，そもそも通っている子どもが全く違う集団となっている可能性もある。もし少人数学級の効果を RCT によって確かめるならば，同じ自治体の中で，少人数学級にする学校とそうでない学校をくじ引きによって決めたうえで学力の差を比較するというように，施策の有無以外は同質な集団となるようなグループ分けを工夫しなくてはならない。

因果関係を厳密に取り出すという目的においては RCT を行うことが理想だが，社会的な現象を研究をする場合，RCT が実施できる場面ばかりではない。そのような場面では，準実験とも呼ばれるリサーチデザインが用いられることもある。たとえば，自然実験，回帰不連続デザイン（Regression Discontinuity Design：RDD）などの手法が挙げられる。研究者は集めることができるデータの中で，より確実で厳密な効果を確認しようとしている。もちろん調査観察研究という点で限界はあるのだが，調査観察データの分析手法も日々発展している。

第3章
データ収集法の基礎

本章で学ぶこと

データ収集には基礎的な技法がある。本章ではデータ収集法のうち量的データを収集するための調査方法の基礎を説明する。

また，データ収集には様々な方法がある。読者自身のリサーチ・デザインやリサーチ・クエッションにとって，それぞれの調査方法のメリットを活用しつつ変数間の因果関係を把握できるようにするには，どのようなデータ収集を行うべきであるかを考えてもらいたい。

キーワード：全数調査と標本調査，無作為抽出法，集計データと個票データ，横断的調査，パネル調査，繰り返し調査，比較調査

1　サンプリング——全体像を知るために一部分を抜き出す

標本調査の目的

データ収集について説明するにあたって，まず図3-1のような場面をイメージしてみてほしい。箱の中には黒玉と白玉が入っている。箱の中身はあまりにも沢山あるため，すべては数えられない。そこで，一部を取り出して数えてみることにする。試しに箱から10個の玉を取り出して数えてみると，10個中4個が黒玉だったとしよう。さて，箱の中に入っている全ての中身は，黒玉と白玉はどのくらいの割合で入っているだろうか。

このように全体から一部分を取り出し，それをもとに全体像を推測する，というのは自然な発想だろう。全国の小学生のうち，朝ご飯を食べていない児童はどの程度いるのだろう，ということを調べるために，試しに自分のクラス30人に尋ねてみる，という具合だ（1クラスの集計結果を全国に当てはめるのは問題

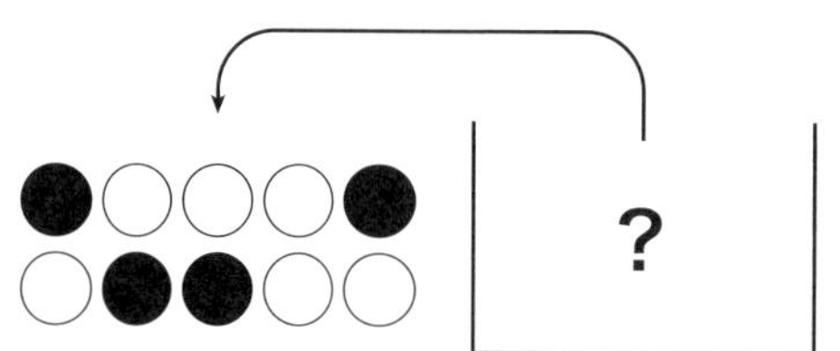

図3－1　標本調査で行おうとしていること
出典：筆者作成。

あるのだが，どう問題なのかは後で説明する)。このように，抜き出してきた一部から全体像を推論するということを高い精度で行おうという試みが，標本調査や統計分析だ。

全数調査と標本調査

我々が調査データを見る目的は，ある集団について知りたいことがあるためだ。この関心の対象となっているもの全体のことを，**母集団**（population）という。先ほどの例で言えば，箱の中に入っている全ての黒玉・白玉が母集団だ。母集団全体をくまなく調べる調査のことを**全数調査**もしくは**悉皆**（しっかい）**調査**とよぶ。それに対し，母集団の一部のみを取り出して行う調査を**標本調査**とよぶ。

そして，その取り出された一部のことを標本もしくは**サンプル**（sample）と呼ぶ。先ほどの例では，試しに取り出して数え上げた黒玉と白玉がサンプルである。また，サンプルに含まれるケース数（一般的な質問紙調査の場合，回答者の人数）のことを，**サンプルサイズ**という(1)。標本調査の目的は，取り出した一部のサンプルから，もとの母集団の全体像を知ることである。

母集団というのは必ずしも国全体を指すわけではない。たとえば，文化祭の出し物についてクラスの生徒の希望を知りたい，という場合であれば，母集団は自分のクラスの生徒だけである。これくらいならば，母集団全体に意見を聞くことも可能だ。全数調査を行うか標本調査を行うかの選択は，関心のある事柄や対象，予算などの制約によって決まる。それでも一般的には，母集団が大きくなればなるほど，標本調査に頼らざるをえなくなっていく。

母集団からサンプルを選び出すプロセスのことを**サンプリング**（sampling）と呼ぶ。標本調査においては，調査結果の信用度を左右する非常に重要な要素だ。報告書を読む際にも，サンプリングがどのような方法で行われたのかを読むことができれば，報告書の信頼度を評価する手がかりになる。

適切なサンプリングの重要性

標本調査の目的は，母集団から代表として取り出した一部のサンプルをもとに全体像を推測することである。標本調査の信頼性を評価するにあたっては，このサンプリングがどう行われたかが重要な情報となる。

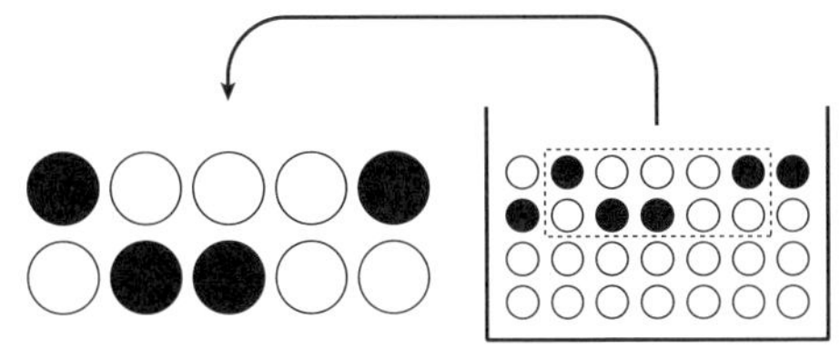

図3-2　偏った標本抽出の問題点

出典：筆者作成。

なぜサンプリングの方法が重要なのか。先ほどの図3-1の例をもとに説明すると，まず，選ばれた一部のサンプルから箱の中身の全体像を推測するには，とても重要な前提条件がある。全体を知るための代表であるサンプルが，偏って選ばれていないという条件だ。

黒玉と白玉を取り出す際，もし図3-2のように抽出していたら，どうだろう。本当は箱の中身は白玉の方が圧倒的に多く，そして黒玉は一部の場所に偏って存在している。図3-2の例では，全体からすると黒玉が多いエリアだけを対象にしてサンプルを選んでしまったことにより，箱の中の全体像からは大きく異なる結果が集計されてしまった。このように，サンプルを適切に選べていない状態では，サンプルから母集団の全体像をうまく推論することができない。実際の社会においても，ある特性が社会的・地理的に偏って存在している現象は多い。

このように母集団の中の偏った一部のみをサンプルに選んでいる場合，そのサンプルから母集団の全体像を推測することができなくなってしまう。そのため，偏りなく全体像を知ることができるようにサンプリングを行うことが重要なのである。当然ながら母集団の全体像は事前には分からないことが多いので，その分，偏りを生まない方法で抽出されたかが問われるのだ。

理想はランダムサンプリング

現在，偏りのないサンプリングを実現するために望ましいとされている方法は，無作為抽出あるいは**ランダムサンプリング**（random sampling）と呼ばれる方法である。「ランダム」あるいは「無作為」に母集団の中からサンプルが選ばれる方法のことである。だが「無作為」とは，「何も考えずに適当に選ぶ」という意味とは少し違う。本当に無作為に抽出するためには，くじ引きの原理を使わなくてはならない。母集団のすべての成員が，等しい確率でサンプルに選ばれうるという条件の下で抽出される方法がランダムサンプリングである。公平なくじ引きの下で代表者が選ばれるようにしなければならないのだ。

まずは，一部のサンプルから母集団の全体像を推測するためには，ランダムサンプリングによってサンプルが抽出されていることが前提だと理解してほしい。このランダムサンプリングが具体的にどのように行われるかを，次に紹介する。

ランダムサンプリングの方法

ランダムサンプリングを実際に行う際には，いくつかの方法が存在する。重要なのは，すべての母集団の成員が等しい確率で当選しうるようにサンプリングを行うことである。それを実現するためにはただ「くじ」というだけではだめで，すべての対象者にとって当選する確率が等しいくじ引きを行わなくてはならない。

この項ではいくつかのランダムサンプリングの方法を紹介するが，ここで紹介する手法は，どれも母集団の構成員が等しい確率でサンプルに選ばれうる条件でくじ引きをするという条件を満たしている。ここで紹介する手法で異なるのは，手間やコストだけである。

また，ここで紹介する方法では，サンプリング台帳というものを使う。母集団の成員をすべて網羅した名簿のことである[(2)]。一定の地域の住民から抽出するならば住民基本台帳を使うのが理想的だし，学校を選ぶ際には，学校の一覧表がサンプリング台帳として使えるだろう。

単純無作為抽出　最初に紹介するのは，単純に必要とするだけのサンプルのケース数分だけ，その都度くじ引きを行うという方法である。まずは，母集団の構成員１件１件に対し，通し番号を割り振る。そして，宝くじの１等を決めるときのように，「当たり」となる番号をずばり１件選ぶ。このくじ引きを，必要とするサンプルサイズの分繰り返す。1,000件必要ならば，1,000回くじをひいて1,000個の当たり番号を特定する。それを行うのが単

純無作為抽出（simple random sampling）である。

この方法には大きく2つのデメリットがある。1つは，事前にいくつもの乱数を発生させなくてはならず，この乱数の発生と管理に非常に手間がかかることである。1,000件のサンプルが必要ならば，乱数を1,000個発生させなければならない。2つ目のデメリットは，調査地が広い場合，選ばれたサンプルのもとへ訪問するのに非常に手間がかかるというデメリットである。コストがかかりすぎるのだ。

次に述べていくような方法を使えば，この2つの問題を解決しながら公平なくじ引きを実現できるため，全国規模の調査のサンプリングで単純無作為抽出が用いられることはまずない。

系統抽出（等間隔抽出）

最初に発生させた1つの乱数から，名簿順に等間隔で抽出を行っていく方法を**系統抽出**（systematic sampling）もしくは等間隔抽出と呼ぶ。これは，先ほどの単純無作為抽出の問題における，発生させる乱数が多くて手間がかかるという問題を解決する。

たとえば，母集団のうち100人に1人の割合でサンプルを抽出する場面を考えてみよう。その場合，まず1から100までのあいだで乱数を発生させ，サンプリング台帳に記載されている順番で最初の100人から1人を選ぶ。そして，次のサンプルは，今選ばれた1人からちょうど100番先の番号の人を選ぶ。そのように，名簿の順に99人飛ばしながら順に選べば，100人に1人のペースでサンプリングを行うことができる。

系統抽出には，サンプリング台帳に通し番号がなくても実行可能であるというメリットもある。先ほどサンプリング台帳として住民基本台帳などを用いるという説明をしたが，住民基本台帳というのは，あくまでも自治体が管理する住民票の原簿である。管理番号がついていることもあるかもしれないが，その番号も利用できるとは限らない。しかし系統抽出によりサンプリングを行う場合は，名簿に通し番号がなくとも，記載されている順番に一定人数を飛ばしていけばよいだけなので，サンプリングを効率的に行うことができる。

多段抽出

抽出を複数段階に分けて行う方法を**多段抽出**（multistage sampling）という。まずグループを選び，次に個人を選ぶというような方法だ。もちろん3段階以上のステップを踏んでもよい。たとえば，ランダムに自治体を選び，次にランダムに学校を選び，次に学校内で対象とする生徒をくじ引きで選ぶというような場合などである。それぞれのステップは系統抽出が用いられることも多い。

注意しなくてはいけないのは，最終的なサンプルがきちんと等確率で選ばれるようにするということである。たとえば，都道府県を５つ選んでから学校を各県10校ずつ選ぶという多段抽出をするならば，都道府県の方は同じ確率で選ばれるようにくじ引きをしてはいけない。もし都道府県を同じ確率で選んでしまうと，学校数が少ない県から10校選ぶときと，学校数が多い都市部の都道府県から10校選ぶときで，それぞれの学校が最終的に選ばれる確率が違うことになるからだ。多くの場合，グループを選ぶ段階で，人口が多い自治体が当たりやすくなるような形で当たる確率を調整するという方法がとられる。

層化抽出と層化多段抽出

何かの基準でブロックに区切り，ブロック単位で抽出を行う方法を**層化抽出**（stratified sampling）という。層化抽出を先ほどの多段抽出と組み合わせて使うと，**層化多段抽出**（stratified multistage sampling）という方法になる。

たとえば，多段抽出により自治体を選ぶ場合，くじ運が悪ければ，田舎のエリアばかりが選ばれて，都市部のエリアが全く入らない，という可能性が存在する。だがそれではあまり母集団全体の動向を正確に伝えられていないので，あらかじめくじ引きの前に，何らかの基準でブロックに区切っておくのである。たとえば，地域ごとにブロックを区切り，それぞれのブロックでサンプリングを行うなどである。全国規模の社会調査の場合，この層化多段抽出が用いられることは多い。

2　データの種類とデータ収集方法

データを収集する方法

調査にはデータの用途や目的に応じていくつかの種類がある。たとえば，①研究者が学問的な問題関心をもとに行う**学術調査**，②学校基本調査など，「統計法」に基づいて政府が実施する**官庁統計**，③ビジネスの展開など検討するために行うような**市場調査**（**マーケティング調査**），④内閣支持率などを把握するための**世論調査**，などである。

いずれの目的であっても，統計的調査には，以下の方法でデータを収集する。なお，調査方法は以下がすべてではないことは承知されたい。

個別面接法　この方法は，調査員が対象者を訪問し，インタビュー形式で質問し，その場で回答を得る方法である。収入などのプライバシーにかかわり，複雑かつ多くの質問数を収集したい場合はこの方法が適切である。調査員が直接聞き取りをしながら回答してもらうので，収集できるデータの質も高い。たとえば，複雑な設問も準備できるし，対象者以外が回答することを回避できる。

圧倒的にメリットの多い調査法だが，デメリットは何といっても実施コストが膨大なことである。まず，調査員の人件費がかかる。ともすれば，1票の調査票の回収で1万円というような金額になることもある。また，調査員の教育訓練が必要になる。複雑な設問が準備できるとはいっても，質問する側が設問の意図を理解していないと質の高いデータは取れない。細々したことだが，調査員にだらしない服装や話し方をしないように注意することなど，こうした訓練必要性も考えるととにかくコストが膨大になる。

回収率については，近年，課題が見られるようである。個別面接法による回収率は，かつては8割以上をキープしていたが，現在では5割〜6割程度に留まっている。その理由は，プライバシー意識の高まり，オートロック式の居住地の普及など様々であるという（社会調査協会編 2014：94）。ただし，調査回収率の低下は，個別面接法に限った話ではないことは付け加えておく。

教育に特化した調査で個別面接法や留置調査法（後述）が用いられることは滅多にない。むしろ，社会階層と社会移動全国調査（SSM 調査：The national survey of Social Stratification and social Mobility）のような大規模な社会調査の関心事の1つに，最終学歴などの教育現象が調査されると考えた方がイメージしやすいだろう。

留　置　法　調査員が対象者を訪問し，調査依頼をして調査票を渡し，後日回収するという方法である。調査票の配付方法を工夫すれば，個別面接法に比べて費用を抑えることが可能である。調査員が調査内容を丁寧に説明することもできるので，比較的高い回収率も見込める。ただし，回答したのが調査対象者本人かどうかもわからないなど，個別面接法よりはデータの質は低下してしまう。

なお，調査票への回答方法は大きく「自記式」と「他記式」に分類される。読んで字のごとくだが，自記式は回答者が自分で調査票に回答し，他記式は調査員など回答を聞き取りながらアンケートに記入する。その意味で，留置調査では自記式で，個別面接法は他記式であることが多い。

郵送調査法

調査票を対象者に郵送し，記入後，返送してもらう方法である。教育調査としては，たとえば，卒業生へ進路を追跡したりするために用いたりする。

一般的には，費用が安価で済むとはいわれるが，調査員を利用した調査と比べての費用であり，数十万～数百万は必要になる。

調査員を利用した調査（どこまで費用をかけるのかによるが）と比べると，広域にまんべんなく調査することが可能で，調査アタックの点では偏りは生じにくい。オートロック居住地に住んでいたり，家を不在にしがちだったり，訪問面接しにくい人にも調査票の配付が可能である。

郵送調査法のデメリットは，圧倒的な回収率の低さにある。回収率は10%～20%を見込んで行われ，もし30%を超えたら大成功である。そのため，謝礼を同封するなど調査協力要請の方法に工夫を要する。また，回収率を高めるためには，複雑だったり設問の多過ぎる調査票は避けるべきである。

電話調査法・RDD法

調査員が電話で聞き取りする方法である。教育調査で用いられることはほとんどないが，選挙前にマスコミが支持率などの世論調査で利用される。RDD法は，乱数番号法（Random Digit Dialing）であり，標本抽出手法の一種で，無作為抽出した電話番号へ通話する調査方法のことである。RDD法であれば，名簿に登録していない人への調査も可能となる。

ウェブ調査法

ウェブ調査法は，インターネットを使いウェブ上でアンケートに答えてもらう方法である。教育調査でもかなり利用される。教材開発のためのマーケティング調査を目的に利用されることもあるし，ベネッセ総合教育研究所では，研究を目的として親子調査を行ったりもしている。

回収率も比較的に高く，何より費用が安く済むのが大きなメリットである。

紙ベースの調査は，印刷費用がかなり膨大になるのだが，印刷費がかからない。印刷の必要がないので，質問項目などにミスを見つけた時の修正も容易である。回答もPCやスマートフォンを利用して集まるので，紙ベースに回答してもらったアンケートをエクセルやcsvファイルに打ち込む（データ起こしをする）必要がない。そのため，短期間での調査実施が可能である。

ウェブ調査法の問題点には，しばしば利用する年齢層が限定されることが挙げられる。具体的には，若年層からの調査は可能だが，高齢者からの回答が得られずにデータの年齢層が偏ってしまうというのだ。インターネットを利用できる環境にある人にしか調査できないことも課題とされる。

集合調査法　学校や職場など1カ所に人が集まっている場所で調査票を配布し，回答するという方法である。児童生徒を対象とした教育調査は圧倒的にこの方法が採用される。文部科学省の実施する全国学力・学習状況調査もこの方法が採用されている。そのため，学校対象の児童生徒調査は **“集合自記式調査”** と呼ばれる。

メリットは多い。まず時間，費用が節約でき，かなり高い回収数も回収率が期待できる。担任教諭に配布・回収してもらうのであれば，調査内容の説明も容易である。ただし，大前提として，未成年者を対象とした調査であるため，保護者に調査協力の許可を得ることが必要になるので，そのプロセスは調査倫理とかかわって注意する必要がある。この辺りのプロセスは，第4章で詳細に説明することになる。

欠点として自覚的でなければならないのは，高すぎる回収率への配慮である。教室で教師が配布・回収する形で実施される児童生徒対象の集合自記式調査は，回収率が100％近くになることも珍しくない。しかし，児童生徒が教室で教師から配られるアンケートは拒否しにくいことは容易に想像できる。拒否もできず，無理に回答してもらったアンケートであれば，「真面目な回答結果」ではないことも十分にありうる（近藤 2013；中澤・倉石 2018）。

また集合調査で回収したデータでの分析は，一定の配慮をしないと誤った分析結果が得られることがあることが統計学的に知られている。こうした問題点をクリアするための分析手法は，第14章で学ぶことになる。

集計データと個票データ

我々は，通常２つのパターンの教育のデータを読んだり扱ったりする。１つは，データを都道府県別などで集計して整理した**「集計データ」**（aggregate data）である。もう１つは，アンケートなどの回答者の回答を完全に含んだ**「個票データ」**あるいは**「素データ」**（raw data）である。

集計データは，都道府県，市区町村などの自治体などのグループ別に平均値やパーセントなどを算出し，調査データを要約したものである。全国学力・学習状況調査の都道府県別の平均値が公表され話題になったりすることがあるが，集計データは一般的にこういう具合に読まれる。

個票データは，集計データとして集計される前のデータである。たとえば，2019年度全国学力・学習状況調査の小学６年生国語で正答率最上位は秋田県で，47番目は愛知県であった。しかし，当然この結果は，秋田県も愛知県の回答者全員が同じ正答率だったわけはない。それぞれの自治体で，正答率が高かった児童生徒もいるだろうし，低かった児童生徒もいる。そうであれば，どのような児童生徒の正答率が高いのか／低いのかを把握したくなる。このように個票データの集計・整理がデータ分析の基本姿勢になる。

こうした集計データと個票データの読み方や基本的な整理の方法については，第５章で扱うことになる。そして，それ以降の章で扱うテーマは，個票データの分析方法についての解説である。

3　調査の種類

人文・社会科学分野における量的データの収集には，主に質問紙調査法が用いられることが多い。ここでは，「調査対象集団の数」と「調査時点」の２つの視点から調査法を分類し，それぞれの収集法のメリット・デメリットを紹介する。それぞれの調査データのメリットを活用しつつ，可能な限り変数間の因果関係を把握できるようにする。

社会学者の直井優（1983）は，「調査対象集団の数」と「調査時点」から，表３-１のように整理する。①**横断的調査**（cross-sectional survey），②**パネル調査**（panel survey），③**繰り返し調査**（継続調査，repeated cross-sectional survey），

表3-1　社会調査の分類

		調査対象集団の数	
		単一対象集団	複数対象集団
調査時点	一時点	①横断的調査	④比較調査
	複数時点	②パネル調査	③繰り返し調査

出典：直井編（1983：4）より。

④**比較調査**（comparative survey）の4つである。それぞれの調査の特徴，メリット・デメリット，どのように利用されるかについて確認しよう。

横断的調査

単一の調査対象集団に対して1回限りで実施する調査である。たとえば，小学4年生の児童を対象にアンケートを配れば，これが横断的調査ということになる。調査対象の集団の構成員の行動・意識・態度の違いや分布を分析することを目的として実施されることが多く，記述的問題関心に適した設計の調査である。

横断的調査の限界は，第1に，データの関連について，時間的な前後を把握するためのデータを収集ができない。たとえば，子どもの学力と勉強時間のデータ分析について，「たくさん勉強するから学力が高い」のか「学力が高いからたくさん勉強する」のか，というような時間的な前後関係がわからない。

第2に，「変化」について扱えない。先の例でいえば，「たくさん勉強している児童ほど学力が高い」ということがわかったとしても，「たくさん勉強するようになったから学力が上がった」というような変化が把握できない。

第3に，一度きりの調査は，得られた分析結果が調査対象サンプルにたまたま特徴的だっただけの可能性が排除できないので，分析結果が一般化できるかどうかを確かめることに向いていない。

とはいえ，横断的調査はシンプルだがデータ収集の最も基本的な方法である。以下に紹介する調査方法は，上記の限界を克服するためにあると思ってもよいだろう。

パネル調査

同一の調査対象集団に対して反復して実施する調査である。教育調査では，児童生徒を追跡的に調査することが多いが，経済学などでは同一の企業や自治体のデータを使用することもある。

メリットは，横断的調査法の限界として紹介した1つ目（時間的先行の特定）

と２つ目（現象の変化）がクリアされることである。「学力が時間の経過とともにどのように変化するか」や「どのような要因が学力の変化に影響するのか」を明らかにできるのである。さらに，同一の質問文を用いてデータを収集すれば回答の信頼性を評価できる。

ただし，大きな欠点としては，時間，資金，人手のいずれについても非常にコストが高い。さらに，調査を継続するたびに脱落者が増えるので，調査に継続して協力してくれている人しか分析対象にならないのでデータや分析結果に偏りが出る。また，同一の質問文を用いている場合にも，その意味が時間とともに変わってしまい，信頼性のあるデータ収集ができなくなることがある。

厚生労働省が，21世紀の初年（2001年）に出生した子の実態や経年変化の状況を継続的に観察し，少子化対策等の施策の企画立案，実施等のための基礎資料を得ることを目的として実施した「21世紀出生児縦断調査」などは，パネル調査の代表例の１つだろう。このように，医療や健康の研究分野については，同一の個人を追いかけないと把握できないことも多い。教育分野でもパネル調査は蓄積が増えてきた。具体例は第15章で紹介する。

繰り返し調査　繰り返し調査は，異なる調査対象集団に対して時間をおいて実施する調査である。パネル調査は，同じ対象に継続して実施する調査であり，その関心は個人内の変化である。それに比べると，繰り返し調査は，集団に含まれる対象者は毎回異なり，その目的は社会の変化を把握することに重点が置かれる。国勢調査（５年に一度実施），学校基本調査（毎年実施），全国学力・学習状況調査（毎年実施）などがよい例である。そのメリットは，横断的調査の限界の３つ目（分析結果が一般化できない）をクリアできることにある。

繰り返し調査の限界は，横断的調査の限界の１つ目と２つ目と同様である。すなわち，時間的先行が特定できず，調査対象者個人の変化を扱えないことである。

以上の①～③をまとめると，図３-３のように整理される。

比較調査　比較調査は，複数の調査対象集団に対して一時点で調査を実施するものである。具体例としては，「幸福度調査」や「世界価値観調査」などの国際比較調査をイメージするのが適切だろう。しばしば，全国学

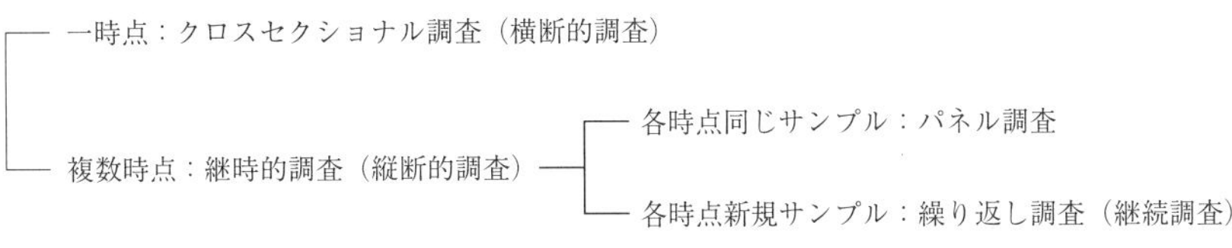

図3-3　調査デザインの分類

出典：社会調査協会編（2014：116）。

力・学習状況調査の正答率の自治体ごとのランキングを見る機会があるが，当該調査は自治体での比較を目的として実施されているわけではないので比較調査とは呼ばない。

教育分野で最も有名なのは，OECDが実施するPISAであろう。国際的な学習到達度に関する調査で，15歳3カ月以上16歳2カ月以下の学校に通う生徒（日本では高校1年生）を対象に，読解力，数学的リテラシー，科学的リテラシーの3分野について，2000年から3年ごとに調査を実施している。よってPISAは，比較調査かつ繰り返し調査ということになる。なお，調査対象がこの年齢段階なのは世界中の多くの国の子どもが15歳頃で義務教育を終えるからである。

比較調査の限界は，横断的調査とほとんど同じである。時間的先行の特定ができず，対象者の個人内での変化を把握できない，というところである。

---

(1)　サンプルサイズ（sample size）とよく似た用語にサンプル数（number of sample）というものがあるが，サンプルサイズとサンプル数は別の概念である。サンプルサイズがサンプルに含まれる個別のケース数を表すのに対し，サンプル数は，抽出されたサンプル（集団）の数を指す。たとえば，サンプリングを1回行って1,000人のサンプルを抽出した場合，サンプルサイズは1,000で，サンプル数は1となる。

(2)　実際には，サンプリング台帳が母集団の調査対象を本当に網羅しているということはまれである。住民基本台帳であっても，住民票を実質的な居住地に置いていない人は多いし，転居・死亡などの際にも，名簿に反映されるまでにタイムラグが発生することもある。

参考文献

近藤博之，2013，「生徒調査における回答者の非協力的態度について」『大阪大学大学院人間科学研究科紀要』39，pp.39-56。

中澤渉・倉石一郎，2018，「教育政策・教育実践とエビデンス・ベースド・ポリシー――教育現場における調査のあり方を考える」『社会と調査』No.21，pp.5-10。

直井優編，1983，『社会調査の基礎』サイエンス社。

大谷信介・木下栄二・後藤範章・小松洋，2013，『新・社会調査へのアプローチ――論理と方法』ミネルヴァ書房。

社会調査協会編，2014，『社会調査事典』丸善出版。

盛山和夫，2004，『社会調査法入門』有斐閣。

高根正明，1979，『創造の方法学』講談社。

轟亮・杉野勇編，2010，『入門・社会調査法―― 2ステップで基礎から学ぶ』法律文化社。

安田三郎・原純輔，1982，『社会調査ハンドブック（第3版）』有斐閣。

補　論
量的研究と質的研究をどのように使い分けるか

1　社会科学における方法論的立場

量的研究と質的研究を区別する

本書は，読者に量的なデータを読み取ることができるようになってもらうことを目的としたものである。しかし，人文・社会科学の研究手法は，一般的に，**量的あるいは定量的研究**（Quantitative Research）と**質的あるいは定性的研究**（Qualitative Research）に分かれており，研究は必ずしも量的なデータを扱ったものだけで成り立っているわけではない。人間や社会を深く理解するためには，両方の立場について理解しておく必要がある。

社会学者の佐藤郁哉（2006：76）は，それぞれの調査法的な特徴を以下のように整理している。

- 量的調査：統計データの分析やサーベイ調査の結果をもとにした社会調査のように，数値データを中心にして分析を進め，その結果については，主にグラフや数値表あるいは数式などで表現する調査法。
- 質的調査：主にインフォーマル・インタビューや参与観察あるいは文書資料や歴史資料の検討などを通して，文字テクストや文章が中心となっているデータを集め，その結果の報告に際しては，数値による記述や統計的な分析というよりは，日常言語に近い言葉による記述と分析を中心とする調査法。

とはいえ量的研究者と質的研究者は対立的な関係ではない。これらの研究手法は，リサーチ・デザインやリサーチ・クエッションに基づいて決められるものであって優劣などない。ただし，それぞれの研究には得手不得手があり，それは社会や人間に対する仮定の違いを反映しているのである。

客観主義・主観主義の区別とそれらに基づいた方法論

まずは，図補－1を見てもらいたい[(1)]。社会科学は，社会を「個人の意識を超えた外的な客観的実在」だと考える立場と，「参加者の意識や意味賦与による行為の所産である」と考える立場の２つに分かれる。前者を**客観主義**，後者を**主観主義**と呼び，それぞれを束ねる考え方を存在論と呼ぶ。これはバレル＆モーガン（1986）による二分法的パラダイムであるが，初学者にはこの図を手がかりとするのがわかりやすいだろう[(2)]。

客観主義の立場からすれば，社会的世界は我々の知識や考えは，強固な疑いのない真実として基礎の上に組み立てられるとみなすので，自然科学のように普遍的法則を探究することになる。つまり，何かしらの「社会」というものがあらかじめにあって，人々の行動・意識・態度は社会構造によって規定されるという考え方をする。

主観主義の立場に立てば，社会的事象が存在するかどうかは，我々の解釈によるものだとするから，一般的で普遍的なものより参加者の特殊な主観的世界を説明し，理解することが強調される。言い換えれば，人が行動（意識・態度）することにより，社会が作られるという立場である。それゆえに，社会的世界は参加者の意識や意味賦与による行為の所産であるということになり，一般的で普遍的なものより参加者の特殊な主観的世界を説明し，理解することが強調される。

これらの立場の違いは，どちらかだけが「正しい」や，ましてやどちらが「好きか」という話ではない。どちらの考え方に立つかによって，現象の説明の仕方が異なるためリサーチ・デザインや用いる分析手法が異なるということである。こうした社会をどのように認識し，リサーチ・デザインや分析手法を決定するための一連の手続きを**方法論**（methodology）と呼ぶ。

方法論は，分析のための**方法・手法**（method）とは異なる。メソッドは，質問紙調査やインタビュー調査のようなデータの収集や分析のテクニックに過ぎない。それに対して，方法論は，研究全体の理論的指針を提供してくれるより上位の概念であり，いわば「研究の骨組み」である（野村 2017)。ゆえに，方

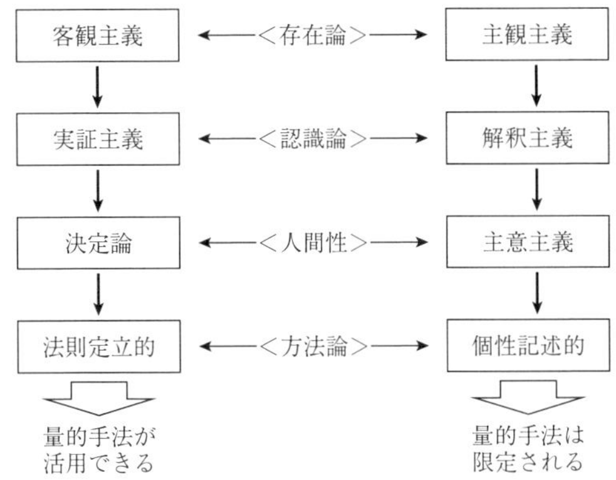

図補－1　社会科学の性質に関する諸仮定を分析するための図式

出典：バレル＆モーガン（1986訳書）をもとに作成。

法論の理解が不十分であると，どれだけ分析メソッドのテクニックに長けていたとしても，データを正しく読み取ることができない。ここでいう「データを正しく読み取ることができない」とは，これらの理論的な立場の違いを理解し，研究上の論理的一貫性を身につけないと，統計的データ分析の結果に対し個人の経験則で反論するというような議論をしてしまうということである。

研究対象が我々とは独立してそこに存在するのかしないのかという立場（存在論）が，客観主義であるか主観主義であるかによって，社会を認識する立場（認識論），人間を理解する（人間性），そしてどのように研究を進めるかという立場（方法論）も二分法的に理解することができる。図補－1を見ながら，以下を読んでいただきたい。

第1に，**存在論**の仮定である。これは，研究対象が個人の外部に確固として存在しているか（客観主義），それとも個人の意識によって作られたものか（主観主義）という仮定の違いである。具体例として考えれば次のようになる。

たとえば，「不登校」が学校基本調査において「何らかの心理的，情緒的，身体的，あるいは社会的要因・背景により，児童生徒が登校しないあるいはしたくてもできない状況にあること（ただし，病気や経済的な理由によるものを除く）」という定義でカウントされ始めたのは平成10年（1998年）である。それ以前は，「学校ぎらい」という名称で，その定義は「心理的な理由などから登校をきらって長期欠席をした者」であった[3]。では，「不登校」は平成9年までは存在していなかったのだろうか。「いや，統計的にカウントされる以前にも『不登校』は存在していた！」というのであれば，それが客観主義の立場である。そうではく，「かつては『学校ぎらい』で理解できたものが，様々な経緯から『不登校』として理解すべきように変化したのだ！」というのであれば，それが主観主義の立場である[4]。

そして第2に，**認識論**の仮定である。認識論は知識の根拠の仮定に関するものであり，人間はどのようにして世界を理解し，それを知識として伝達するかという仮定の違いである。客観主義サイドの**実証主義**は，客観主義の立場に立ちながら，「客観的」に事象の相互作用や因果関係を観察できると考える立場である。反対に，主観主義サイドの**解釈主義**は，知識はそれほど明確ではなく主観的だとする立場である。

第3に，こうした社会的世界の認識の立場を踏まえれば，人間をどのように理解するかという立場も分かれる。これが**人間性**の仮定である。客観主義・実証主義の立場においては，「人間は環境に対して機械的に反応するのだ」というのが**決定論**の立場である。反対に，主観主義・解釈主義の立場からすれば，「人間は環境に対して決定されるよりも環境の創造者である」というのが**主意主義**の立場である。たとえば，とある学級（クラスルーム）が静寂を維持しているとする。これを説明するのに，児童生徒はその場の環境に置かれたことによる反応だとする立場（決定論），静かに授業を受けるための各児童生徒の心がけが安定した学級を作っているのだという立場（主意主義）があるということである。

こうした2つの立場は，その場で変えられるものではなく，また併用できるものでもない。社会学者である野村康（2017）は Marsh and Furlong（2010）の表現を引いて，**客観主義的アプローチと主観主義的アプローチの違いは「皮膚」のようなもので，すぐに着替えたり重ね着したりできる「セーター」ではないため，使い分けには注意深くある必要がある**，と警鐘を鳴らす。

以上の3つの仮定を考えれば，研究対象へのアプローチ，すなわち方法論が変わる。方法論は，リサーチ・デザインや分析手法（method）やリサーチ・デザインの活用について理論的指針を提供するものである。存在論→認識論→人間性に基づいた方法論の理解は，リサーチ・クエッションの設定，リサーチ・デザインの選定，先行研究の批判的検討からデータの収集や分析メソッドまでをロジカルにつないでくれる（野村 2017）。

上記のように，存在論，認識論，人間性の各仮定を踏まえれば，方法論も二分法的に理解することが可能である。

客観主義の立場における方法論は，**法則定立的**である。こちらの立場からすれば，社会的世界は個人の意識を超えた外的な客観的実在とされるから，自然科学のように普遍的法則を探求することになる。ゆえに，実証主義の研究者は，量的データを積極的に収集し，客観的・科学的に物事を証明しようとする。

一方，主観主義の立場における方法論は，**個性記述的**である。こちらの立場からすれば，社会的世界は参加者の意識や意味賦与による行為の所産であるということになり，一般的で普遍的なものより参加者の特殊な主観的世界を説明し，理解することが強調される。ゆえに，解釈主義の立場をとる研究者は，「客観的な」数値データよりも，人々の行為や言説等に着目して研究を進めることになる。

客観主義における方法論は，自然科学的研究のように社会を捉えようとするアプローチである。それゆえに，その方法論の前提は，研究者の違いによって調査結果が異なるようなことはあってはならず，正しく行えば，誰が調査しても同様の結果が得られるという再現可能性が研究の信頼性を担保することになる。最終的な研究の目標は，社会現象間の（因果）関係について「説明」することである。そのため，データ分析の量的手法を大いに活用することができる。

それに対し，主観主義の研究の目標は，社会や人間などの関係性について「理解」することである。ゆえにその方法論の前提は，研究対象である社会は我々の知識とは無関係には存在し得ないというものである。主観主義の立場をとる研究者は，社会を客観的・中心的に把握できるとは考えず，調査の際には自らの「主観性」を意識し，調査対象と距離を置くことなく向き合っていくことが求められる。調査対象は客体ではなく，自らの活動や社会生活に意味を与える主体であり，時に調査者自身もその社会へ影響を与える存在である。こうした社会や人間同士の相互作用を総体的に解釈し理解することを重視するのである。そのため，データ分析の量的手法を利用することはきわめて限定的になる。[5]

本書を読むに際して重要なことは，これら**2つの立場を跨いだ議論は基本的にはできないこと**を理解することである。本書でも頻出する例だが，「子どもの学力は生まれた家庭によって格差がある」という量的データ分析の結果に対し，「私は親が高学歴ではなかったけど学力が高かった」や「友人は，貧困家庭だったが有名大学に進学できた」などの経験則を踏まえて「納得できない！」というのは，客観主義の立場の研究に対して，主観主義的な立場から反論しているのである。これでは建設的な議論はできないのである。

2　量的調査と質的調査はどのように使い分けるか

量的研究と質的研究の区別は，量的手法活用の可否と大いに関わることになる。それぞれの定義を確認しておこう。

量的研究は，質問紙調査など種々の方法によってデータを集め，統計的手法によって分析する。量的研究は，人々や集団の傾向を数量に示すために，統計的な分析手法に耐えうるだけのデータ量をある程度多く集める必要がある。どのような学問領域であっても多くの人々や事柄を調べることに労力を傾けるのだが，社会科学では個々の回答者について関心を払うことは少ない。なぜなら，社会科学の研究対象は社会だからである。それに対し，心理学的研究では，１人１人の情報をくわしく調べることがある。このあたりは，リサーチ・デザインとも関わるが，心理学は実践的研究志向があるためである。

一方で，質的研究は，単一あるいは少数の事例を対象にして，インタビュー，観察，会話，文書などから情報を集める研究である。先に述べた通り，質的研究は調査者の主観性を重視し，対象を「理解」することを目指す。それゆえに，少人数の調査対象者や集団に長期間かかわりながらインタビューや観察を重ねたりする。調査者の集めた偏った情報になりがちではあるが，主観性を大事にする研究方法であり，量的調査では見落とされがちな細かいプロセスや，調査者が思いがけない発見することが期待できる。

量的調査と質的調査は，どちらの方が正しいとか優れているといったものではなく，リサーチ・デザインやリサーチ・クエッションに応じて選択して利用するものである。そうすれば，社会や人間の理解をより深めることができる。量的研究と質的研究の使い分けについて，盛山（2004）は比喩として，量的データは「強靭な金属の素材」であり，質的データは「木や革のぬくもりある素材」であるという。「良い研究」とは，それぞれの素材を活かした製品を造形することである。木で車のエンジンを作ったり，金属で衣服を作ったりはしないのである。つまり，リサーチ・デザインやリサーチ・クエッションに応じて柔軟かつ適切に方法を選択して使い分けることを心がけるべきなのである。

量的研究のメリット・デメリット

量的研究のメリットは，高度に発達した統計的手法が利用できることである。実証主義における研究手法は，論理学，数学，統計学などを重視するため，それぞれの学問分野で発展・蓄積していく手法を利用できる。また，複雑な計算式の高度な統計手法であっても分析ソフトウェアが改善されているので，分析結果を得ること自体は容易なことも多い（これに付随する問題点はコラム 4 を参照のこと）。また，第 2 章で見たように，複数の要因間の関連・相関・因果関係を整理・要約した分析結果を示すことができるし，実験的研究に近づけるための手法も蓄積されている。これは質的研究では，ほとんど不可能である。

とりわけ，「科学的」「客観的」「中立的」に事象の因果関係を明らかにしようとする実証主義的研究は，政策研究において特に大きな力を発揮することも多い[(6)]。それは，定評ある教育社会学のリーディングスを読めば，実証主義的研究のアプローチが教育政策の決定に影響を与えてきた歴史的な変遷がわかる（カラベル＆ハルゼー 1980訳書）。

一方で量的研究のデメリットは，測定して統計的に分析できない現象は問題として存在しないかのようにみなしたり，あるいはすべての研究対象を測定して統計的に扱えると勘違いしたりしてしまうことがある。これは「道具の物神化」と呼ばれる（盛山 2004：33）。「高度に発達した統計的手法を用いることができる」という量的研究のメリットを反転させたものになるが，手法が手堅いゆえにデータを集めて既存の統計的手法で分析すれば，人間や社会を理解できるという思い込みを生じさせてしまうのである。量的データで表象されるのは，あくまで人間や社会のうちデータに表れる一側面に過ぎないということには自覚的であるべきである。

質的研究のメリット・デメリット

質的研究のメリットは，技法の限定性の少なさにある。いわば「何でもあり」に近いこともある。**インタビュー**，**参与観察**，**ドキュメントリサーチ**，**言説分析**など，どれを利用しても良いし，それらを複合的に用いることもある。解釈主義は，社会的世界が社会的・言説的に構築されているという立場を取り，研究対象は人々の信念や考え方などである。信念や考え方は単純化した形で測定が困難なため，インタビューなどの手法を使って情報収集し，研究対象が置かれている社会的・制度的文脈に応じてその「意味」を解釈するのである。そのため，その研究が「主観的だ！」という実証主義者からの批判は的外れである。そもそも解釈主義者は，実証主義者とは違って，研究対象を客観的・中立的に調査するということが可能だとは考えていない。質的研究は人々の生み出す行為，実践，制度の「意味」を深く理解するということには非常に長けており，これは量的研究には難しい。

質的研究が最もそのポテンシャルを発揮する場面は，社会的に埋もれてしまいそうな少数の人々にスポットライトを当てる時である。優れた質的研究の古典を読めば，セクシャル・マイノリティのコミュニティへ着目した研究などが見られる（ガーフィンケル他 1987訳書）。つまり，サンプリング調査ができないような研究テーマに対して適しているのである。たとえば，我々は社会全体（母集団）におけるセクシャル・マイノリティの人数や割合を把握しているということは通常ありえない（全員がカミングアウトしているわけではないため）。こうした場合には，少数の分析ケースを詳細に掘り下げることで研究の意義を高めることが有効となる。教育研究に応用するならば，生徒の非行や逸脱に対する生徒指導の場面など，学校教育制度における“弱者”へ目を向ける時に質的研究は有効である（北澤他 2011など）。

しかし，質的研究のデメリットはメリットを反転させると見えてくる。その「技法の限定性の少なさ」ゆえに方法的に脆弱でもある。先に述べた通り，量的研究で用いられる分析手法は論理学，数学，統計学などに裏打ちされている。そのため，（的外れな批判もそうでないものも含め）「主観的である！」という批判はどうしても向けられる。また，質的研究における事例研究などは「技法らしきことを何も使わなくても事例研究でありうる」ということが起こる（盛山 2004：33-34）ので，非常に周到な研究上の戦略が必要になる。また，データ収集の方法が「何でもあり」に近い一方で，質的データは分析が非常に難しい。量的データのように関係形式テーブルへ加工して統計ソフトで解析すれば結果が得られるような単純なものではない。そういった意味で，すぐれた質的研究であっても，自然科学のような妥当性と信頼性が確保されているわけではない。

研究対象との距離の取り方も非常に難しい。たとえば，フィールドへ出向き，同じ対象と何度も関わっていると愛着がわき，批判的に検討することが難しくなる。現職教員が自分の勤務する学校の児童生徒やその保護者，同僚教師へ調査した結果を踏まえて「悪く書く」ことができるだろうか。むろん，これは量的研究でも同様のことが起こる。しかし，調査対象と Face to Face になる質的研究の方がこうしたジレンマに悩まされやすい。

3　方法論のさらなる発展に向けて

分析技法が日進月歩であることは，量的研究も質的研究も変わらない。質的研究の弱点とされる「手法の脆弱性」を補い，知見をより高めるための分析ソフトウェアも開発され，安価で利用できるようになってきている。たとえば，ドイツの VERBI GmbH 社が開発した **MAXQDA**（マックス・キューディーエー）は，日本語のテキストデータも分析可能であり，わかりやすい解説書も佐藤郁哉によって多数出版されている(7)。他にも，NTT DATA がリリースしている **Text Mining Studio** も広く利用されつつある。

また，本書では扱わないが，量的研究と質的研究のそれぞれの長所を合わせて複合的に研究をデザインする**混合研究法**もある（クレスウェル&プラノクラーク 2010訳書）。

いずれにしても，ここで触れたのは，方法論にしても，量的研究・質的研究にしてもほんの「触り」である。より深く学習するためには本章での参考文献を読んでもらえればと思う。ここで理解してもらいたいことは，人間や社会を研究するのには，客観主義と主観主義の立場があり，立場をまたいだ議論は的外れになることがあるので注意してほしい，ということである。

---

(1) 本章の方法論の解説は，竹内洋（2007）と野村康（2017）による解説に多分に依拠している。また図補－1は，バレル＆モーガン（1986訳書）を基に，野村（2017）の解説を踏まえてアレンジしている。

(2) パラダイムとは，「人が世界をどのように見るか」についての最も基本的な視座のことである。

(3) 文部科学省「これまでの不登校への対応等について」を参照した（https://www.mext.go.jp/b_menu/shingi/chukyo/chukyo3/siryo/06042105/001.htm）。

(4) なお，主観主義の立場から事物を理解しようとすると，社会的・歴史的な文脈からの制約を受けるため相対的に議論せざるをえない（野村 2017）。

(5) ただし，客観主義と主観主義の対比は，量的研究と質的研究の対比をそのまま反映してはいないことは知っておいていただきたい。重要なのはデータの意義ではなく研究の意義である。たとえば，質問紙調査法で配布する調査票は，客観性をもたせるための道具であって，客観性そのものを担保するわけではない（本書第2章および第4章「論証戦略における質問紙調査の留意点」（p.93）を参照）。量的調査にも個別的事例を「量的」に扱うこともあれば，質的調査でも量的データを「質的」に扱うこともある（盛山 2004：23-39）。

こうした「誤った対比」については，本来であればより注意深く理解すべきであるが，本書の趣旨とは異なるため別の専門書に譲りたい。本書でも多分に引用している盛山和夫（2004）『社会調査法入門』の第2章「量的調査と質的調査それぞれの意義」などは非常に丁寧な解説でわかりやすい。

(6) むろん，量的な手法を用いさえすれば「科学的」「客観的」「中立的」な研究であると考えるのは全くの間違いである。

(7) MAXQDAを日本でテクニカルサポートを行っているのは，株式会社ライトストーンである（https://www.lightstone.co.jp/maxqda/index.html 2020年5月25日閲覧）。

参考文献

バレル，ギブソン＆ガレス，モーガン（鎌田伸一訳），1986，『組織理論のパラダイム――機能主義の分析枠組』千倉書房。

ガーフィンケル，ハロルド他（山田富秋・好井裕明・山崎敬一訳），1987，『エスノメソドロジー――社会学的思考の解体』せりか書房。

早川洋行編，2011，『よくわかる社会学史』ミネルヴァ書房。

カラベル，J. & ハルゼー，A.H.，1980訳書，『教育と社会変動　上下』東京大学出版会。

クレスウェル，ジョン W. & プラノクラーク，V.L.（大谷順子訳），2010，『人間科学のための混合研究法――質的・量的アプローチをつなぐ研究デザイン』北大路書房。

北澤毅編，2011，『〈教育〉を社会学する』学文社。

Marsh, D. and Paul F., 2010, “A Skin Not a Sweater: Ontology and Epistemology in Political Science”, in Vivien Lowndes, David Marsh and Gerry Stoker（Eds）, *Theory and Methods in Political Science*, Red Globe Press, pp.184–211.

大谷信介・木下栄二・後藤範章・小松洋，2013，『新・社会調査へのアプローチ――論理と方法』ミネルヴァ書房。

柴野昌山・竹内洋・菊池城司，1992，『教育社会学』有斐閣。

竹内洋，2007，『社会学の名著30』筑摩書房。

佐藤郁哉，2006，『フィールドワーク――書を持って街へ出よう　増訂版』新曜社。

盛山和夫，2004，『社会調査法入門』有斐閣。

社会調査協会編，2014，『社会調査事典』丸善出版。

第4章
学校での集合自記式質問紙調査の過程と研究倫理

本章で学ぶこと

一般的な社会調査と教育調査のプロセスに大きな差があるわけではないが，調査フィールドが異なるため，いくつか押さえておくべきポイントがある。そこで本章では，一般的な社会調査と教育現場をフィールドとする調査の方法の違いについて解説する。さらに，本章ではデータ収集において重要な研究倫理についても説明する。

キーワード：全数調査と標本調査，有意抽出法，集合自記式調査，持ち帰り調査，ワーディング，研究倫理

1　学校通しの集合自記式調査のメリットと留意点

本章では，教育調査のひとつである児童生徒を対象とした学校・教室での集合自記式調査を中心に企画からデータ創出までの調査の工程を解説していく。むろん，学校を調査フィールドとした調査は，決して児童生徒だけを対象としたものに限らない。教師の日頃の指導について調べたければ調査票を教師に答えてもらうし，学校としての取り組みなどを調べたければ校長や副校長を対象とした管理職への調査もありうる。こうした調査の場合には，郵送調査によって調査票を配布・回収することが主流で，最近ではインターネットでのウェブ調査も費用も安価で簡便で有効である。

それでも，児童生徒対象の集合自記式での質問紙調査は，教育調査の中心として機能し続けている。児童生徒を対象とした集合自記式での質問紙調査はメリットが非常に多いからである。木村治生（2009）は，学校での集合自記式調査のメリットについて，①調査実施上の利点，②データ分析上の利点，③デー

タ活用上の利点から次のように述べている。

第１に，学校での集合自記式調査の実施上の利点は，分析に耐えうるサンプルサイズを確保するには非常にコストパフォーマンスに優れているということにある。第３章でも述べているが，集合調査法は，学校や職場など１カ所に人が集まっている場所で調査票を配布し，回答してもらうという方法である。そのメリットは，時間，費用が節約可能であり，かなり高い回収数も回収率が期待できる。たとえば，１つの学校からの協力を得られれば100人以上のサンプルを得られる可能性もある[(1)]。

第２に，データ分析上の利点は，回収率が非常に高いことである。たとえば，郵送法で調査を実施した場合には，回収率が10％程度に留まることもしばしばである。しかし，学校での集合自記式調査は回収率が100％に近いことも珍しくない。また，公立小中学校は比較的にいろいろな家庭背景の児童生徒が在籍しているため，他の調査フィールドと比較しても偏りの少ないデータが得られる。

第３に，データ活用上の利点は，調査の依頼や事前打ち合わせの段階で，校長や現場教師などの教育関係者と課題を共有できる点にある。学校現場からの意見や情報を共有できれば，調査者があらかじめ考えていたリサーチ・クエッションや仮説に修正を加えることもできるし，分析結果のフィードバックのモチベーションを維持しやすい。

ただし，これらのメリットを反転すればデメリットないし留意点にもなる。第１に，教育調査は，学校関係者に適切な調査対象者を仲介してもらったりしながら調査を開始することが多い。それゆえにどうしても分析サンプルが偏ってしまう。さらに，まず学校を選び，そこに通う児童生徒へ調査票を配布するという手順で得られるデータは，データが階層構造をなしており，通常の統計的な分析を行うと得られる結果に間違いが生じることがある。なお，この問題点をクリアするための分析手法は第14章で学ぶ。

第２に，第３章でも述べた通り，100％に近いという「高すぎる回収率」に対する欠点もある。教室で教師が配布・回収する形で実施される集合自記式調査は，児童生徒が拒否しにくい。拒否もできず，無理に回答してもらった調査票であれば，「真面目な回答結果」ではないことも十分にありうる（近藤 2013；

中澤・倉石 2018)。

第3に，研究上の課題を現場教師と共有するということは，リサーチ・デザインに応じたデータが収集される場が曖昧になるということも多分にある。第1章で解説した通り，教育研究におけるデータが収集される場は，①介入を目的とした実践，②厳密な測定や推定を目的とした実験，③なるべく対象者に影響を与えないようにしてデータ収集する調査，の3つに大別される（南風原ほか 2001)。研究上の課題を現場教師と共有するのであれば，どうしても介入を目的とした実践研究の性格が強くなってしまう。むろん，はじめから介入を目的として研究をスタートさせているのであれば何も問題はない。しかし，調査研究を行いたいのであれば，課題を現場教師と共有し過ぎることは避けるべきである。当然，「介入目的の実践研究と調査研究の両方を目的としている！」のような姿勢はもってのほかである。結果的に，両方の性格を有してしまうことはあるかもしれないが，少なくとも研究のスタート時点では，リサーチ・デザインとデータ収集の場について自覚的であることが求められる。

本章では，第2節で調査企画からデータ創出までの一般的な社会調査の工程とタイムスケジュールを確認する。そして，第3節では，調査票の作成の基礎的な知識について解説する。これらを通じて，学校を通しの集合自記式調査には，以上のようなメリットと留意点があることに十分な理解を深め，どのように活用するのかを考えてほしい。

2　社会調査におけるデータ創出までの工程とタイムスケジュール

質問紙調査法による一般的な研究および調査のプロセスは，盛山和夫(2004）が一例として図4-1のように示している。図中で(2)調査票の作成と(3)サンプリングが並んでいるのは，同時並行で実施することが推奨されているためである。

図4-1の各項目と括弧内記載の作業期間は盛山（2004）によって示されている目安であり，調査の規模が大きくなるほど各工程での作業量も増え，より多くの時間もかかることだろう。単純に括弧内の期間を足し合わせても7～8カ月ほどかかり，(1)調査の企画にもっと長く時間を費やすこともあるので，調

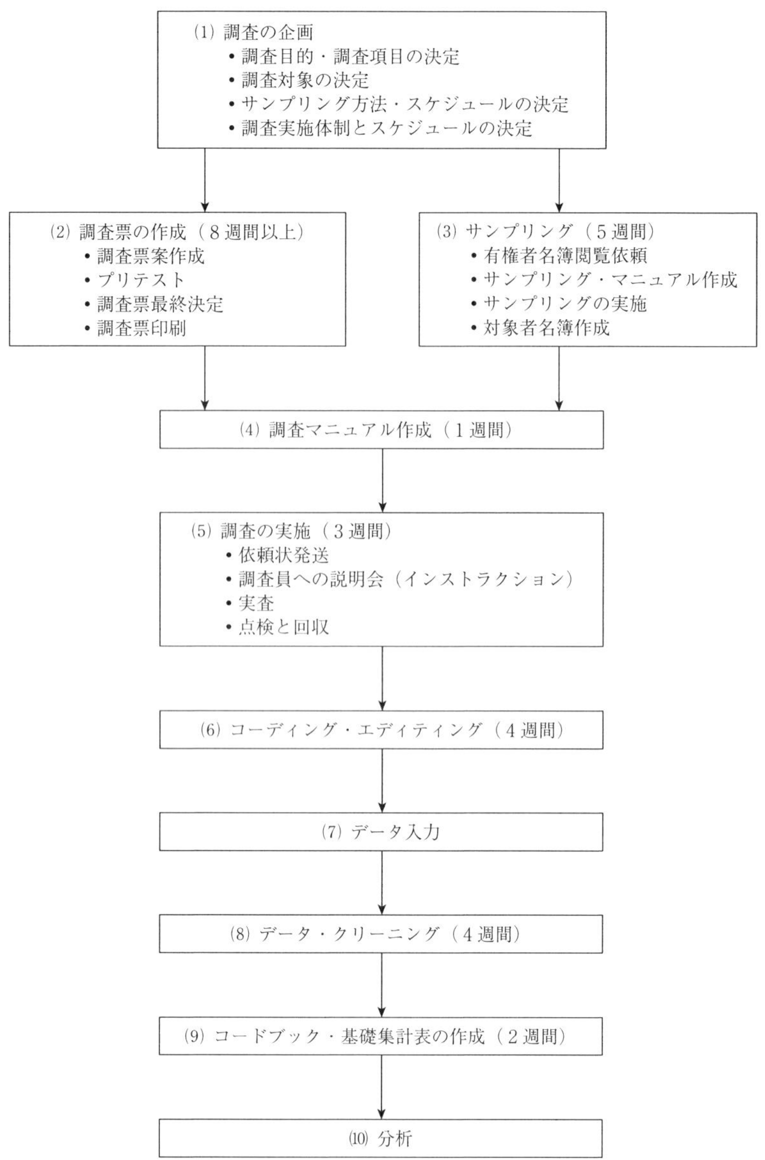

図4－1　調査の企画からデータファイル作成まで

出典：盛山（2004：66）。

査の規模にかかわらず，データを入手して分析に入るまでに1年かかると見通しておくことになる。

各工程について，調査実施前後に分けて，簡単に説明しておこう。なお，(1)調査の企画については，本書第1章と第2章ですでに詳述しているのでここでは割愛する。

調査実施前の作業

調査票の作成

質問紙調査法が成功するかどうかは，調査票の作成がきちんと調査テーマにそって適切に作られているかどうかにかかっている。ここでいう「適切に」とは，第2章で解説した理論仮説と作業仮説の行き来がうまくできているかどうか，という意味である。加えて，調査対象の特徴を捉えたり周辺的な状況を確認したりするための項目（性別，年齢などの基礎的な情報）を含める一方で，調査票の量や順番やレイアウトなどに配慮したり回答形式をわかりやすくしたりして，回答者が答えやすいように作成することが求められる。詳しくは第3節で扱う。

プリテストとは，調査票の構成や文言がおかしくないか，回答に際する負担が回答者に大きすぎたりしないか，などについて調査（小規模なことが多い）を行い確認し，調査票を再度ブラッシュアップさせるための作業である。この工程も手間がかかるのだが，省略しない方が良い。

ところで，プリテストと似た言葉として**「予備調査」**があるが，これらは似て非なるものだと盛山（2004）は警鐘を鳴らす。予備調査はパイロット・サーベイともいい，本格的な調査を設計する前に，調査地域の状況把握や調査項目の適切さ（自身の関心に応じて設定した仮説が検証できそうかなど）を検討するためのものである（盛山 2004：142）。

調査票が確定したら印刷に入るが，調査の規模によっては，印刷費が膨大になることは理解しておくべきである。そして何よりも理解しておくべきことは，印刷し終わった後には調査票の変更・修正ができないということである。これは当たり前なのだが，甘く考えてはいけない。印刷後に誤字脱字が見つかったり，分岐型の調査項目でミスが見つかったりすることはしばしばある。調査票が確定できたら，印刷の前に調査メンバー以外の人に回答してもらうなどして，いま一度ミスがないか確認することを推奨する。

サンプリング　サンプリングの基礎的な考え方は第3章でも紹介しているのため，ここで繰り返すことはしない。しかし，一般的な社会調査では無作為抽出法（ランダムサンプリング）が望ましいものの，教育調査は全数調査か関係者の仲介による有意抽出法で選定することも多いのでやや事情が異なる。詳しくは後述する。

調査マニュアルの作成　たとえば，SSM 調査のような大規模な社会調査を実施する場合には，大勢の調査員が関わることになる。こうした場合には，調査の質を高く維持することと同一規格性の確保のために調査員に**調査マニュアル**を配布する。そこには，調査の目的，調査対象者への接し方や話し方，主要な質問項目についての解説と記入の仕方の注意などをわかりやすく記載する（盛山 2004：142）。大学生や大学院生を調査員として活躍してもらう場合には，服装や言葉づかいなどの注意も調査マニュアルに記載することになるかもしれない。

調査の実施　調査対象が決まり，調査票が完成したら調査を実施する。これを実査ともいう。盛山（2004）や筆者自身の経験に照らし合わせて，それぞれの工程で注意すべきことを確認しておくと以下のようである。

①依頼状および調査票の発送：調査員による訪問調査の場合には，訪問の1～2週間前までに依頼状を発送する。郵送調査の場合には，調査票と返送用封筒も同封して送ることになる。いずれにしても，重要なのは，“目立つ封筒”を使うことを推奨する。たとえ大学名が印刷されていても茶封筒などはダイレクトメールと勘違いされて破棄されてしまう可能性も高いので，ピンク色などの目立つ色の封筒を用いた方が良い。また，回答用のペンなどを同封しておくと，封筒に異物感があり目立つし，回答しやすく回収率も高まるかもしれない。こうした工夫は必要である。

②調査員への説明会（インストラクション）：作成した調査マニュアルを用いて，調査員に調査の目的，調査対象者への接し方や話し方，主要な質問項目についての解説と記入の仕方の注意などを説明する。

③実査：作成した調査票を対象者に配布し，回答してもらう。

④点検と回収：回答済みの調査票を回収し，点検する。

調査実施後の作業

コーディング・エディティング　質問紙調査では必ずといって良いほど，記入ミスや判読の難しい回答や回答方法の間違いなどがある。そこで回収した調査票を1票ずつ点検して整理する作業が必要となる。この作業を**エディティング**という。主な作業としては，以下のような具合である（藤田・西島編 2020：48-50）。

① ほとんど回答していなかったり回答がいい加減だったりするような無効票を取り除く。
② 記入ミスや判読の難しい回答や疑わしい回答の確認と訂正・無回答処理をする。
③ 論理的に矛盾のある回答の確認と訂正・無回答の処理をする。
④ 分岐型の質問等での振り分けにより回答しない質問で回答が空欄になっているところに非該当処理をする（コードブックの箇所で詳述）。

次に，自由回答などで得られた非数量データを数値化したり，連続数をカテゴリーにまとめたりする，**コーディング**という作業を行う。たとえば，性別であれば，事前に「1. 男性」「2. 女性」などと便宜的に数値化しておくことができる。これを**プリ・コーディング**という。

さらに，たとえば，出身の都道府県を自由記述で尋ねた結果として文字データでの回答が得られたとする。その際には，「北海道」や「福岡県」のような文字データは分析に利用しにくいので，都道府県コードを参考にして「北海道＝1」「東京都＝13」「富山県＝16」「大阪府＝27」「福岡県＝40」「沖縄県＝47」のように数値を当てはめる。この作業を**アフター・コーディング**と呼ぶ。

データ入力（パンチング）　統計的な分析をする予定の全ての回答を数値化できたら，エクセルやCSVなどのスプレッドシートに回答を入力する。この作業を**パンチング**と呼ぶ。

データ・クリーニング　データが入力できたら，回答が正しく入力されているか，もとの回答で論理的な矛盾がなかったかを確認するデータ・クリーニングを行う。この段階で，正しくデータが入力されていなかった場合，元の調査票に戻り入力データを修正し，これを繰り返す。

コードブック・基礎集計表の作成　たとえば，次頁に掲載したような調査票があったとする。コードブックとは，表4-1に例示するような，入力済みデータと調査票の質問番号，項目名，コードとが対応するカテゴリーを一覧表にまとめたものである。いわば，研究メンバーと入力データについての情報を共有するためのマニュアルのようなものである。

NA/DKとは，「無回答」（NA＝No Answer）と「わからない」（DK＝Don't Know）の略称である。一般的に社会調査では，非該当を「8」，NA/DKを「9」として入力することが多い。たとえば，表4-1中の問5では希望進路を質問し，問5-1では進学希望と回答した人にのみ具体的な進学先を尋ねている。そのため，問5で「2＝就職希望」と回答した人の場合，問5-2は必然的に「8＝非該当」が入力されることになる。また，問2（年齢）や問4（平日の学習時間）ではNA/DKを「99」と入力している。それは，年齢が9歳であったり回答の選択肢に9が準備されていたりするような場合には，回答とNA/DKが弁別できないためである。

NA/DKは分析に積極的に利用することは少ない。なので，欠損値として「.」（ピリオド）を入力することもあるのだが，数値を入力しておくことで非該当と無回答を弁別でき，分析時に何かしらのデータ加工を施す際にも都合が良い。

最後に，データが正しく入力されていることを確認できたら，基礎集計表を作成する。基礎集計表では，データ全体や性別などの基本属性別の記述統計を集計する。データにおける構成比や平均値を確認し，得られたデータの特徴と傾向を把握するとともに，その後の分析計画を検討する。

分　析　以上の過程を経て，ようやく調査データの分析・考察に取りかかることができる。入力したデータをエクセルやSPSSといった統計ソフトなどを使って分析する

表4－1　コードブックの例

質問番号	項目名	コード	カテゴリーの内容
問1	性別	1	男
		2	女
		9	NA/DK
問2	年齢	数値を入力	年齢
		99	NA/DK
問3	朝食を毎日食べている	1	している
		2	どちらかといえば，している
		3	あまりしていない
		4	全くしていない
		9	NA/DK
問4	平日の学習時間	1	5時間以上
		2	4時間以上，5時間より少ない
		3	3時間以上，4時間より少ない
		4	2時間以上，3時間より少ない
		5	1時間以上，2時間より少ない
		6	30分以上，1時間より少ない
		7	10分以上，30分より少ない
		8	10分より少ない
		9	全くしない
		99	NA/DK
問5	高校卒業後の希望進路	1	進学希望
		2	就職希望
		3	まだ決めていない
		9	NA/DK
問5－1	進学の場合の希望進路	1	国公立四年制大学
		2	私立四年制大学
		3	短期大学
		4	専門・各種学校
		5	その他
		8	非該当
		9	NA/DK

出典：筆者作成。

教育調査と社会調査の過程はどのように違うのか

以上が一般的な社会調査の工程であるが，教育調査の場合であっても基本的にはほとんど変わらない。特に調査実施後の工程はほとんど同じだと考えて良い。しかし，調査実施前の工程では，サンプリング，調査マニュアルの作成，調査の実施方法についていくつか特徴があるので，ここではそれらについて解説しておこう。

サンプリング

すでに第3章で解説した通り，統計的調査は，調査対象の全数を調査する全数調査（悉皆調査）と，調査対象から一部を取り出して調査し全体を推定しようとする標本調査に大別できる。第3章では，偏りのないサンプリングを実現するために望ましいとされている無作為抽出法によるサンプリングの考え方を紹介したが，教育調査の多くは，**有意抽出法**で実施されている。

有意抽出法とは，母集団をよりよく代表する調査対象者を，調査者が意図的に選び出す方法のことである。特定地域や特定集団などの調査対象の特性の典型的な範囲を選び出す**「典型法」**と，調査項目と関係が深いと思われる基本的属性によって母集団を分けてそれぞれの集団ごとに大きさに応じて対象者を選び出す**「割り当て法」**がある。

教育調査では，教育委員会等が行う行政調査では全数調査もみられるが，状況を確認したり原因を探ったりする目的に沿った対象を限定したり，関係者に適切な調査対象者を仲介してもらったりする典型法でサンプルを抽出していることも多い。想像してみてほしい。仮にいま，読者が児童生徒対象の質問紙調査を実施しようとした時，どのように始めるだろうか。やはり，知り合いの学校に協力を頼むのではないだろうか。つまり教育調査は，調査の代表性，母集団の規模，調査技法，項目設計の限界を考えると**「計量的モノグラフ」**にならざるをえないという側面があるのだが，一方でそこに積極的な意義を見出しても良いだろう（尾嶋編 2001；吉川 2003）。

ただし，有意抽出法によって得られたデータには偏りがあることは事実なので，「教育調査ならば有意抽出法で良い」というわけではないことも同時に理解しておくべきである。たとえば，序章でも紹介している2013年と2017年に実施された全国学力・学習状況調査での保護者調査は，全国の学校を無作為に選定し，そこに通う児童生徒の保護者を対象に調査票を配布するという手順でデータ収集を行っている。

調査マニュアルの作成

児童生徒対象の質問紙調査は，調査票を郵送または直接持って行って留め置かせてもらい，授業中や終礼のときに教室内での集合自記式調査をしてもらうか，持ち帰って家で回答して期限内に提出してもらう場合がほとんどである。そのため，研究メンバーが調査員として実査にかかわることはあまりない。そこで調査マニュアルは，調査票を配布・回収してくれる（担任）教師に向けて作成することが多い。

特に低学年を対象とした質問紙調査の場合には，クラス担任の教師が調査票を読み上げながら児童が回答するということもある。アンケート慣れした大人が自分で質問項目を読んでスムーズに答えてくれるわけではないので，児童や教師の負担が少なくなるように読みやすくわかりやすい調査マニュアルを心掛ける必要がある。なお，次頁にマニュアル例を例示するので適宜参考にしてもらいたい。

調査の実施

教育調査は大規模になるほど，**トップダウン型**で進んでいくことになる。たとえば，ある市に所在する全公立小中学校の児童生徒対象の質問紙調査を行おうとすれば，〈市の教育委員会（市長，教育長）→各学校の校長→各クラスの担任教師〉のような順序で進む。基本的に，調査者が担任教師に**依頼状**を送ることはあまりないので，調査依頼状は市長・教育長宛てと校長宛ての２つがそれぞれ必要になる。

そして，各学校のクラス担任教師へは，児童生徒用の調査票と前述の調査マニュアルを送ることになる。学校での負担軽減を考えれば，あらかじめ各学校のクラス数と児童生徒数を尋ねておき，各学級用の調査票の束を作って送るなどの配慮は必要である。

また，教育社会学に限った話ではないのだが，児童生徒の家庭の経済不況や親の様子などを尋ねる調査項目は，たとえ現場教師もその情報収集が重要なことを理解していても，協力に二の足を踏むことは多い。よって，こうした関心の調査を実施する場合には，非常に慎重に時間をかけて研究の意義やデータの活用について説明し，調査協力を得るための努力が必要となる。なお，自治体によっては，児童生徒への調査は事前に保護者の許可が必要になることもある。

アンケート実施方法についてのお願い

アンケートにお答えいただくのは、中学１年生、２年生の生徒さんです。アンケートの実施にあたっては、以下のような手順で行っていただきますようお願いいたします。

＜アンケート実施にあたって＞

１．　封筒の表に貼ってあります表にクラス名をご記入ください。

２．　アンケートは、教室内での“集合自記方式”で行ってください。これは、先生に教室でアンケートを配布していただき、生徒のみなさんに自分で回答していただいたあと、再び先生に回収していただく、というものです。生徒のみなさんが各自質問を読んで回答していく方法ですので、先生方がひとつひとつの質問を読んで聞かせる必要はありません。

３．　生徒のみなさんが記入を開始する前に、お手数ですが「**アンケートご協力のお願い**」を先生が読み上げてください。答えたくない質問があった場合には、答えなくてよいことになっています。

４．　漢字の読みや言葉の意味が分からないといった質問が生徒のみなさんから出た場合には、お答えいただいてかまいません。アンケート項目の内容や意味が分からない場合や、どう答えてよいかわからない場合には、そのまま（空欄）にしていただいてかまわないとご指示ください。

＜アンケート回収にあたって＞

５．　回収にあたっては、とくに順番などはありませんので、先生の集めやすい方法でお集めいただき、封筒にしまってください。

６．　お手数をおかけいたしますが、封筒の表に貼ってあります表の「**調査実施数**」欄に、アンケートに回答してくださった生徒さんの人数をご記入ください。

＜以下は、とりまとめを担当してくださる先生へのお願いです。＞

７．　回収が終了しましたら、各クラスで実施していただいたアンケートの入った封筒をとりまとめて、学校調査票と、学校要覧などの貴校の教育課程や部活動の様子のわかる資料も一緒に、同封しました着払い宅急便のシートを使って、ご返送ください。

以上、よろしくお願いいたします。

図４－２　調査マニュアルの例

出典：西島央・藤田武志・矢野博之 2018年実施「中学生の部活動と学校生活・日常生活に関するアンケート」で，調査協力校の担任の先生方に渡した調査マニュアル。

このような事情を踏まえて，タイムスケジュールを見積もる必要があるだろう。

3　調査票の作成

統計的調査に適した調査票作成の原則と得られるデータの条件

調査票の作成にはある程度の決められたルールやマナーがある。第３章でも見たように，アンケートから得られた回答を数量的なデータとして集計可能で，分析できるものでなくてはならない。こうした質問紙調査における原則は以下の５点にまとめられている（藤田・西島編 2020：42-43)。

①　定型的であること
②　個々の質問内容が単純であること
③　統一されたテーマのなかに個々の質問が正しく位置づけてあること
④　標準化され一般化された平易な内容であること
⑤　数量化に矛盾や無理のない内容であること

この原則を守れば何を尋ねてもよいわけではなく，とくに個人を対象とする調査の場合，データとしての妥当性や社会的な常識と倫理観に基づいて，得られるデータには次の５つの条件がある。

①　対象者個人の属性・特性，行動（行動経験)，意識に関する事柄
②　対象者が記憶していたり自覚していたりする事柄
③　調査者や社会に知られたくない気持ちが強くない事柄，または質問することが社会的に禁じられていない事柄
④　ある程度一般性のある事柄
⑤　１つの概念にいくつもの社会事象が対応するような事柄

調査票の構成

調査票は，調査テーマや調査対象によって形態や細部の構成はさまざまだが，

基本的には「前文を含む表紙」「質問本体」「フェイスシート」の３つの部分から構成されている。

「前文を含む表紙」は，調査タイトル，調査主体，調査時期を明記するとともに，「調査協力のお願い」のようなあいさつ文（依頼文）を載せる。あいさつ文は回答者がはじめに読む部分であり，ここで調査に対する理解を得て，調査者と回答者の信頼関係を築く必要がある。

「質問本体」は，質問文と回答文（選択肢）で構成される。回答者が回答しやすいように，質問の順番，質問文の言葉づかい，進み方の指示，回答方法などの工夫をする。また，回答時間があまり長くならないように全体量を調整することも大切である。30分を超えるような量では，回答が雑になったり回収率が低くなったりする恐れがある。学校を通しての児童・生徒対象の調査では，授業時間や終礼の時間などを充ててもらうことが多いので，10〜15分程度に収まる量が望ましいだろう。

「フェイスシート」は，回答者の基本的な属性に関する項目を指す。確認したい現状や探りたい原因を適切に分析・考察するためには，どのような特徴を持った調査対象者が回答したのかを押さえておく必要がある。一般的には，回答者の性別，年齢，学歴，職業，家族構成，居住形態，出身地等の項目からなる。教員対象の調査では，教職経験年数，現勤務校での勤務年数，担任学年，担当教科，校務分掌等を，児童・生徒対象の調査では，年齢の代わりに学年を，学校調査では，設置者，所在地，教職員数，児童・生従数等を尋ねておくとよいだろう。一方で，フェイスシートはプライバシーに関わる内容なので，調査テーマに必要な項目に絞って尋ねるように留意することも求められる。

質問文・回答文の形式

統計的調査では，調査によって得られた回答を数量的なデータとして集計して，分析・考察できるようにする必要がある。先行研究でわかっていることやわかっていないこと，想定している分析・考察のしかたなどを考慮して，質問文・回答文の形式を決める。

質問のしかたには次の２タイプがある（藤田・西島編 2020：44-45)。

性別　1．男　2．女

あなたの年齢を教えてください　　歳

問1．あなたは、生活の中で次のようなことをしていますか。**あてはまる番号を１つ選んで○をつけてください。**

	している	どちらかといえば、している	あまりしていない	全くしていない
A．朝食を毎日食べている ‥‥‥‥‥‥‥‥‥‥‥ →	1	2	3	4

問2．あなたは学校の授業時間以外に、普段（月曜日から金曜日）、１日当たりどれくらいの時間、勉強をしますか。**あてはまる番号１つに○をつけてください。**（学習塾で勉強している時間や家庭教師の先生に教わっている時間も含みます。）

1　5時間以上
2　4時間以上、5時間より少ない
3　3時間以上、4時間より少ない
4　2時間以上、3時間より少ない
5　1時間以上、2時間より少ない
6　30分以上、1時間より少ない
7　10分以上、30分より少ない
8　10分より少ない
9　全くしない

問3．あなたは高校卒業後の進路について、どのように考えていますか。以下の１～３から**１つだけ選んで○をつけてください。**（今の時点での希望でお答えください）

1　進学を希望している
2　就職を希望している
3　まだ決めていない

問3-1．問3で「1　進学を希望している」と回答した方に質問します。あなたが高校卒業後に希望する学校はどれですか。以下の１～５から**１つだけ選んで○をつけてください。**（今の時点での希望でお答えください）

1　国公立四年制大学
2　私立四年制大学
3　短期大学
4　専門・各種学校
5　その他

図4-3　調査票の例

出典：筆者作成。

① プリ・コード型：番号や記号のついた選択肢を事前に設定して質問をして，回答者にあてはまる番号や記号を選んでもらう。
② 自由記述型：選択肢などは用意せずに質問をして，回答者に文や数字などで自由に回答してもらう。

回答形式には次の４タイプがある。

① 単一選択：複数の選択肢の中から１つを選んで回答する。
長所：分析上扱いやすい。答えやすい。
短所：情報が少ない。程度がわからない。
② 多肢選択：複数の選択肢の中から複数を選んで回答する。
長所：個々の選択肢の情報が得られる。
短所：分析上扱いにくい。
③ 評定尺度：４点尺度や５点尺度などのスケールからあてはまる程度を回答する。
長所：程度がわかる。切り捨てる情報がない。
短所：むりやり答えさせることになる。
④ 自由回答：文や数字などで自由に回答する。
長所：本音が聞ける。想定していない回答を得られる。
短所：多用できない。集計が大変である。

質問文の作り方（ワーディング）

各調査項目を質問文とその回答文（選択肢）のかたちにしていくことを**ワーディング**という。その作業で最も大切なことは，回答者の誰が読んでも同じような内容で理解して，同じような基準で回答してくれる質問文と回答文に仕上げることである。一般的な注意としては，用語法を統一すること，主語・目的語を省略しないこと，難しい漢語や外来語を使わないこと，平易な表現を用いることなどがある。具体的な言葉づかいにあたっては，以下の10項目に注意を払う必要がある（藤田・西島編 2020：45-47）。

① 指示しているものが曖昧な表現や評価基準，または難解な表現をともなう質問を避ける。以下の質問文の例の問題点は，「きめ細かな進路指導」という文言について，調査者も回答者も「曖昧さ」を共有してしまっている点にある。その結果，(1)曖昧に回答してしまう，(2)質問の曖昧さ故に，質問者の意図と異なった回答をしてしまう，(3)質問文の曖昧さに気付いた回答者が回答を控え，無回答が多くなる，といった問題が起こる。

例：あなたは，教師のきめ細かな進路指導が必要だと思いますか。

② インパーソナルな質問とパーソナルな質問をはっきり区別する。以下の例を見れば，違いがわかるだろう。回答者自身の行動や意見を尋ねるのがパーソナル質問，世の中の一般的な人々の行動や意見について尋ねるのがインパーソナル質問である。

インパーソナルな質問の例：日本は学歴社会だという意見に，あなたは賛成ですか，反対ですか。
パーソナルな質問の例：日本は学歴社会だといわれますが，あなたはどう思いますか。

③ ステレオタイプ化した言葉や表現を避ける。以下の例では，「天下り」にネガティブなイメージが張り付き過ぎており，賛成だと回答しにくい。

例：あなたは官僚の天下りに賛成しますか。

④ ダブルバーレル質問を避ける。ダブルバーレル質問とは，１つの質問のなかに複数の回答対象があって，どちらについて回答すればよいか決められないものをいう。以下の例では，「生活の安定」と「やりたい事」の２つが回答の対象となる。つまり，「生活が安定しており，やりたい事」を職業として考えているような場合には回答できない。

例：あなたは将来の職業について，生活が安定していなくてもやりたい事をしたいと考えていますか。

⑤　誘導質問を避ける。これには，評価を左右する質問の配置（キャリーオーバー効果）と，評価を左右する情報が併記されている質問（威光暗示効果）の２種類がある。たとえば，以下のような質問文を示されたら，賛成せざるを得ないだろう。

例：原子力は自然災害の時に大変な社会問題を引き起こします。あなたは，原子力発電所を減らすことに賛成ですか。

⑥　１質問につき１次元を測定する。回答のしかたが単一選択や多肢選択の場合，用意する選択肢が，その問題設定の回答として考えられるすべての可能性を含んでいなければいけない（包括性）と同時に，相互に重なりがないようにしなければならない（排他性）。たとえば，以下のように高校生に希望進路を尋ねた場合，就職希望者は回答できないので包括性が満たされていない。また，大学進学希望であれば，１でも４でも回答可能なので排他性が満たされていない。

例：あなたの高校卒業後の希望進路を以下の１～４から選択してください。

１．四年制大学
２．短期大学
３．専門・各種学校
４．海外留学

⑦　簡潔な論理構成の質問文にする。長い文章，二重否定を用いた文章，重文，複文などは適さない。盛山（2004：84）は，以下のような例を紹介している。

例１）家事や育児をしますか。（重文型）

例２）喫煙は健康に良くないのでやめるべきだ（複文型１：because）

例３）まごまごしていると，他人に追い越されそうな不安を感じる（複文型２：If X, then Y）

例４）これからは，物質的な豊かさよりも，心の豊かさやゆとりある生活をすることに重きを置きたい（複文型３：「X よりも Y だ」と言いたいのだろうが，「X と Y の両方だ」や「X でも Y でも無い」場合には答えようがない）

⑧　イエス・テンデンシー（質問内容の如何にかかわらず，肯定的な回答をする傾向）に気をつけた尋ね方をする。なぜなら，一般的に「あなたは A だと思いますか？」と尋ねられた方が，「あなたは A ではないと思いますか？」と尋ねられるよりも，A に対する賛成の割合が高くなることが知られているためである（盛山 2004：88）。

⑨　数の尋ね方に配慮する。回答形式をどうするかという問題と数字の区切り方をどうするかという問題がある。区切り方で注意すべき点は，幅の設定のしかたと「以上・以下，未満・超」などの扱いである。

⑩　専門家－一般人のギャップ，関心のギャップに配慮する。たとえば，「あなたはより適切な校務分掌の在り方についてどのように考えますか？」のような質問文を見せられても，教育関係者以外には，そもそも何を尋ねられているのかわからずに回答できないだろう。

論証戦略における質問紙調査の留意点

第２章の「理論仮説と作業仮説」でも述べたが，抽象的な社会現象を質問紙調査で具体的な事柄に落とし込むことは簡単ではない。しかしそれだけではない。論証は「社会事象→研究者が捉えたい事柄→質問項目→その項目を調査対象者が読んで理解したこと→調査対象者が回答したこと→回答を研究者がコーディングしたデータ→読者が目にする統計量」というプロセスをたどり，その間に少しずつズレが生じている。よほど留意して質問項目をつくらないと，尋ねたいことを尋ねることは難しいのである。むしろ，かなり精巧な質問項目を作れたとしても，こちらの意図通りに尋ねることができるわけでもなく，データとして目にしているものも，現実の社会をそのまま捉えているわけでもない。

盛山（2004：30）も論じているように，質問紙調査法で用いる調査票は，それ自体が客観的な測定を可能とする道具ではない。あくまで客観的な測定に向けた補助器具のようなものである。第２章や本章で見たように，調査のあらゆるプロセスで主観が入り込む余地がある。そのため，厳密に「客観的」な調査というのは存在しないので，調査の企画・実施に際してこのあたりには自制的であるべきである（図４-３を参照のこと）。

4　研究倫理の重要性

本章の最後に，調査研究を進めるうえで，必ず**研究倫理**が求められるということに触れておきたい。学問共同体における真理の探究のためには，どのような領域の学者であれ，従わなければならない規範がある。これが研究倫理ということである。

学術研究は何かしらの**特権性**を有している。たとえば，医療技術の発展のために，動物実験が一部で認められていることなどもそのひとつである。ただし，こうした特権的な行いは各学問分野における**倫理規定**を順守したうえで守られていることを自覚しなければならない。たとえその結果が「世紀の大発見」をもたらすとしても「学問の発展のため！」というレトリックを盾にして何でもやって良いなどということは決してないのである。

社会調査の実施に際して求められる研究倫理として，盛山和夫（2004）は，**インフォームド・コンセント**，**ハラスメントの回避**，**コンフィデンシャリティ（機密の保持）**の３つを示している。

インフォームド・コンセントとは，調査実施前に，「調査目的」「収集データの利用方法」「公表の仕方」などを対象者に知らせて了解を得ること。あわせて，調査対象者には，拒否する自由があり，調査協力を中断したければそれを申し出る権利があることも伝える必要がある。例外として，対象者に知られない形で実施する「街頭観察」や真の目的を偽って実施する「虚偽調査」などが秘匿調査としてある。しかし，こうした秘匿調査は研究倫理審査も厳しいことが多いので，企画・実施には慎重でなければならない。

ハラスメントの回避は，対象者への暴言，嫌がらせ，高飛車な態度，傲慢な態度，セクシャルハラスメントなどを回避するための注意である。これが起こりやすいのは，面接などで密な人間関係が発生しやすい質的調査の場合である。たとえば，大学教師による院生・学生へインタビュー，先輩後輩関係でのインタビューといった，調査者と協力者の立場に上下関係が入り込みやすい場合には無自覚的にハラスメントが生じやすい。

むろん，質問紙調査であっても，こうした問題は発生する。例えば，大学進学者が少ない高校で生徒に調査をする際に，質問項目に「なぜ大学に行かないのですか？」のような，大学進学を当然視するような態度が透けて見える調査票が配られたら回答者はどのような気持ちになるだろうか。人種や性別についてのステレオタイプを含んだ質問項目も同様である。つまり社会調査は，その調査技法のテクニカルな知識だけでなく，常識が備わって初めて遂行可能だということを肝に銘じておかなければならない。

コンフィデンシャリティ（機密の保持）とは，対象者のプライバシーと個人情報保護の徹底である。具体的には，**回収票（記入済み調査票）の厳重な管理，匿名性の確保**（結果公表の際に個人が特定されないこと），**回答内容の保護**（他人に漏らさない，回収票と対象者リストを別々に管理する）などである。これも当然の姿勢である。

研究倫理とは，調査に関する倫理に留まらない。たとえば，日本教育社会学会倫理規程や日本社会学会倫理綱領には，研究不正（捏造・改ざん，剽窃・盗用）の禁止，研究資金の適正な取り扱い，社会的還元，社会的責任の自覚などが設定され，研究者への自覚が強く促されている。詳細は，以下のウェブページを一読いただきたい。

- 日本教育社会学会倫理規程（http://www.gakkai.ne.jp/jses/rules/ethicalcode.php　2020年10月11日取得）
- 日本社会学会倫理綱領（https://jss-sociology.org/about/ethicalcodes/　2020年10月11日取得）

(1)　ただし，少子化の影響から１校あたりの児童生徒数が減少しており，分析サンプルを増やそうとすると従来よりも多くの学校に協力依頼をしなければならなくなっている。その意味で，学校を通じた集合自記式調査のメリットはやや失われつつあるのかもしれない。また，高校生を調査する場合には，課題集中校ほど回収率が低かったり，真面目に回答してもらいにくかったりするなどの問題もある。

参考文献

藤田武志・西島央編，2020，『教育調査の基礎』NHK 出版。

木村治生，2009，「学校通しによる質問紙調査の可能性と限界」『社会と調査』第２号，pp.28-34。

近藤博之，2013，「生徒調査における回答者の非協力的態度について」『大阪大学大学院人間科学研究科紀要』39，pp.39-56。

吉川徹，2003，「計量的モノグラフと数理 - 計量社会学の距離」『社会学評論』53(４)，pp.485-498。

南風原朝和・下山晴彦・市川伸一編，2001，『心理学研究法入門――調査・実験から実践まで』東京大学出版会。

中澤渉・倉石一郎，2018，「教育政策・教育実践とエビデンス・ベースド・ポリシー――教育現場における調査のあり方を考える」『社会と調査』No.21，pp.5-10。

尾嶋史章編，2001，『現代高校生の計量社会学――進路・生活・世代』ミネルヴァ書房。

盛山和夫，2004，『社会調査法入門』有斐閣。

第Ⅱ部

記述統計と推測統計の基礎

第5章
公開されている教育データをどう読むか
——記述統計——

本章で学ぶこと

現在，さまざまな教育データが公表されている。本章では，教育データをどのように読んだらいいのかについて解説する。まずは，公式統計や公表データについて，どのような点に着目しておく必要があるのかについて学ぶ。そして，実際の教育データや論文などを使いながら記述統計の最も基礎的な概念を学ぶとともに，教育分野でよく使われる「偏差値」についても理解することを目的とする。

キーワード：度数分布，ヒストグラム，平均，標準偏差，偏差値，変動係数，箱ひげ図

1　教育統計データを見る際に注意すること

今日，我々の身の回りには多種多様な教育データがあふれている。学校数や教員数，在学者数などの基礎統計，全国学力・学習状況調査やPISAなどの学力データ，不登校児童生徒数やいじめ件数など，これらのデータは，現在の教育の状況や動向などを把握する基礎資料となっている。昨今は，インターネットの普及や情報公開の時流により，多くの人が容易に教育データにアクセスできるようにもなっている。しかし，容易にデータにアクセスできるようになったからといって，有効にデータが活用されるようになるとは限らない。統計データは，数字が独り歩きしがちであることには注意すべきである。そこで，本章では，公表されている教育データを読む際の注意点について説明していきたい。

用語の定義

データを読む際にまず重要なのが「用語の定義」である。データを読む際には，まず，そこで使われている用語がどこからどこまでを含むのか，明確に理解しなくてはならない。たとえば，「不登校」と「いじめ」のデータを見るとしよう。「不登校」とはどのような状態をさすのだろうか，「いじめ」とはどのような現象をさすのだろうか。広辞苑には「不登校」は「児童・生徒が学校に行けなくなる現象の総称」とされ，「いじめ」は「いじめること。弱い立場の人に言葉，暴力，無視，仲間外れなどにより精神的・身体的苦痛を加えること」と一般的に説明されているが，統計を読むときも同じ理解でいいのだろうか。

新聞報道（朝日新聞2019年10月18日朝刊）によれば，「いじめ，最多の54万件」「不登校も最多16万人」との見出しのもと，いじめと不登校のデータが紹介されている。公式統計においては，「児童・生徒が登校できないでいる状態」をより明確に定義する必要がある。年間１日でも「登校できないでいる状態」を不登校にカウントするのか，それとも，10日間くらい欠席した子どもとするのか，あるいは，もっと長期に欠席している子どもとするのか。長期ならどれくらいの日数なのか，である。教育データを読むときには，言葉の定義を正確に理解していないと，実態の理解を誤ることになりかねない。そのため，用語の定義を常にチェックする姿勢が重要である。

不登校についていえば，「不登校児童生徒」とは「何らかの心理的，情緒的，身体的あるいは社会的要因・背景により，登校しないあるいはしたくともできない状況にあるために年間30日以上欠席した者のうち，病気や経済的な理由による者を除いたもの」と定義されている（「不登校の現状に対する認識」文部科学省）。「年間30日以上欠席」という数値上の線引きと，「病気や経済的な理由は除く」という欠席理由の限定がポイントである。この定義に従えば，年間30日未満の欠席や，遅刻・早退などは含まれないことになるので，実態としては「不登校」にかなり近い状態であっても，統計には出てこないケースが存在すると考えたほうがよい。また，「30日以上」となったのは1999年度からで，1998年度までの統計では「50日以上」とされていた。そのため，用語の定義については，その変遷についても注意を払う必要がある。現在，文部科学白書で

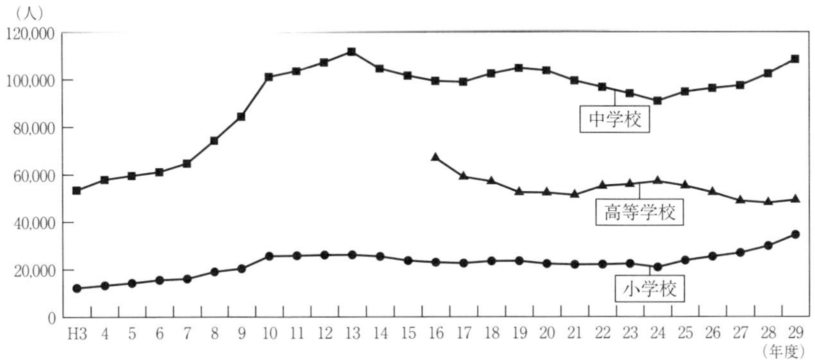

図5－1　不登校児童生徒数の推移

出典：文部科学省（2019）

は，平成３年度からの統計が掲載されている（図5－1）。

「いじめ」の定義も，これまで何度か変更されてきた。現在は，いじめ防止対策推進法の施行に伴い，「いじめ」は，「児童や生徒に対して，同じ学校の他の児童・生徒が行う，心理的または物理的な影響を与える行為で，行為を受けた児童・生徒が心身の苦痛を感じているもの」と，いじめを受ける側が苦痛を感じているかどうかによって定義がされている。

報道でみる「不登校も最多16万人」「いじめ，最多の54万件」といったフレーズに接したときは，不登校とは何か，いじめとは何か，その定義はずっと不変なのかそれとも変わってきたのか，変わったとしたらいつどのように変わったのか，といった点について確認することが，そのデータを読む際に重要である。

調査対象

さて，教育データを読む際に次に注意しなければならないのが，「調査対象」である。調査対象がどこからどこまでをカバーしているのかを確認する必要がある。先の例でいえば，「不登校16万人」というのは，「小・中学校」における長期欠席者数である。文部科学省の「児童生徒の問題行動・不登校等生徒指導上の諸課題に関する調査」では，高校生のデータについても記載はしているが，「16万人」という新聞報道は「小・中学校」の数値である点に注意しておきたい。ちなみに，「いじめ，最多の54万件」については「小・中・高等学校及び特別支援学校におけるいじめの認知件数」であり，高校も含まれた数値である。「不登校も最多16万人。いじめ，最多の54万件」と見出しが並ぶのを見ると，どちらも同じ調査対象であるかのように感じかねないが，調査対象の範囲が異なることには注意しておかねばならない。また，調査対象に関しては，もしその調査が抽出調査であった場合，母集団が明確か，どの範囲までを含んでいるのか，どのように抽出されているのかにも目を向けておくとよい（詳細は，第6章にて解説する）。

調査対象の重要性を理解するために，別の調査にも目を向けてみよう。2014年6月26日の報道（朝日新聞）では，2013年の**OECD国際教員指導環境調査（以下，TALIS）**の結果を紹介し，「日本の先生『自信』最低　勤務時間は最長」との見出しのもと，日本の教員の労働時間の長さと，諸外国と比較しての教員の意識にみる課題などを報じている。このようなデータを見る際にも，調査対象となった「教員」について，その内容をチェックしておく必要があろう。まず，報道された2013年のTALISの対象となっているのは「中学校」の教員だけであるということである。むろん，日本の教員の労働時間が長いのは中学校だけでなく，他の学校種についても同様かと推察されるが，2013年のTALISについていえば，調査対象となっているのは「中学校」だけである。これを拡大解釈して「日本の教員は世界一忙しい」などといったネット記事を見かけることがあるが，TALISからは「日本の教員」とまでは一般化できないことに注意しなければならない。また，2013年TALISで調査対象となった「教員」には，さまざまな雇用形態が含まれており，国によって非常勤比率が異なるという点にも注意しておく必要があろう。同調査の対象となった中学校教員のうち，常勤の割合は日本が96.2%，参加国平均は82.4%である（国立教育政策研究所編 2014）。非常勤の比率が高い国は平均労働時間が短くなるので，データを解釈する際には，そのことも考慮に入れることが重要である。

2　教育データの記述統計学

記述統計（学）とは，「統計上の集団，または複数の統計上の集団間の関係

表5-1　小学6年生の平日の家庭学習時間（塾なども含む）

	度　数	相対度数(%)
3時間以上	123,607	12.2
2時間以上，3時間より少ない	154,347	15.3
1時間以上，2時間より少ない	375,503	37.1
30分以上，1時間より少ない	244,046	24.1
30分より少ない	84,487	8.3
全くしない	28,968	2.9
合　計	1,010,958	100.0

出典：平成29年度全国学力・学習状況調査。

に関する既知の情報を整理し集約し，統計的データとしての特質をできるだけ簡潔に，また明確に記述するための方法」であり，おもに扱われるのは分布と相関，具体的には，代表値，ばらつき（散布度），相関係数などとされている（辻 1986）。相関係数については第11章で扱われるため，本章ではそれ以外について説明していく。

記述統計はデータ分析をしていく際の第1段階として重要な役割を持つ。対象となる集団の大まかな傾向を把握しておくことが，その後の（さらに進んだ）分析においても重要な意味を持つからである。

度数分布

教育データでは，様々な集団のデータを扱うことが多いが，集団の特徴を把握する際に度数分布や代表値がよく用いられる。代表値については次項で取り上げるので，ここではまず度数分布について見ていきたい。

度数分布とは，変数の各カテゴリー（または適当な範囲に分類したデータ）の**度数**（ここでは回答人数）を数えて集計した結果のことである。具体例を見てみよう（表5-1）。これは，全国学力・学習状況調査（平成29年度）における質問紙調査結果の一部である。学校の授業時間以外に普段（月曜日から金曜日），1日あたりどれくらいの時間勉強をしているか（学習塾や家庭教師も含む）を示したものである。「変数の各カテゴリー」は，「3時間以上」～「全くしない」であり，ここでは6カテゴリーある。「度数」は，ここでは人数であり，各カテゴリーに該当する人数のことである。各カテゴリーの度数を総度数（合計）で割ったものを**「相対度数」**といい，通常はパーセント（%）で表される。

表5－2　平均正答率の分布

平均正答率集計値 （左：学校数　右：割合（%））		
95%以上100%以下	0	0.0
90%以上95%未満	7	0.1
85%以上90%未満	43	0.4
80%以上85%未満	51	0.5
75%以上80%未満	74	0.7
70%以上75%未満	82	0.8
65%以上70%未満	106	1.1
60%以上65%未満	232	2.3
55%以上60%未満	686	6.8
50%以上55%未満	1,756	17.5
45%以上50%未満	2,656	26.5
40%以上45%未満	2,511	25.0
35%以上40%未満	1,168	11.6
30%以上35%未満	360	3.6
25%以上30%未満	117	1.2
20%以上25%未満	71	0.7
15%以上20%未満	40	0.4
10%以上15%未満	40	0.4
5％以上10%未満	23	0.2
0％以上5％未満	11	0.1

出典：平成30年度全国学力・学習状況調査。

表5－1はあらかじめ「3時間以上」～「全くしない」というカテゴリーが設定されているが，適当な範囲に分類して集計者が階級を設定する場合もある。テストの得点や正答率などは，5や10といった切りのいい数値幅で階級を設定し，それぞれの階級に該当する度数を数えて集計する。たとえば，表5－2は，学校単位でみた平均正答率（平成30年度数学B）の分布を5％刻みで示している。

度数あるいは相対度数を縦軸に，階級値を横軸にとって，度数分布表を棒グラフにしたものを**「ヒストグラム」**という。度数分布をヒストグラムにすると，全体の分布を視覚的に理解することができる（図5－2）。

度数分布は基本的な統計ではあるが，度数分布をよく見ておくことは，のちの章に出てくるような高度な分析を行うための基礎作業として重要である。たとえば，朝食を食べる子どもと食べない子どもとの間に学力差がみられるかを分析したくても，そもそも朝食を食べない子がほとんどいない集団であれば，そのような分析は意味をなさない。特定の選択肢に回答が大きく偏っている場合などは，注意が必要である。

代表値

代表値とは，集団データの特徴を1つの値で代表させたものである。たとえば，学級という集団のテスト得点の**平均値**（mean），小学生の子を持つ世帯の1カ月の平均教育支出などがその例として挙げられる。代表値には，平均値，**中央値**（median），**最頻値**（mode）などがあるが，ここではまず，最もよく使われる「平均値」について見ていきたい。平均値とは，集合の総和を集合の要

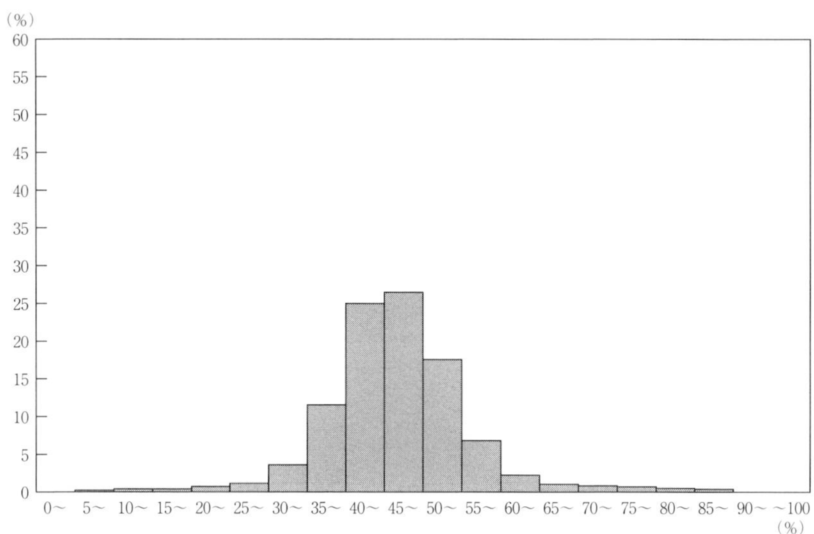

図5-2　全国学力・学習状況調査（数学Ｂ）の学校別平均正答率のヒストグラム

出典：平成30年度全国学力・学習状況調査。

素数で割ったものであり，算出の方法そのものについては私たちにとってなじみ深い。

私たちは，日常生活でも，また，教育現場でも「平均」を意識することが多い。「全国学力・学習状況調査でＡ県の平均正答率は＊＊％」「このクラスの数学の平均点は＊＊点」「女性の平均初婚年齢は＊＊歳」「一生の間に女性が産む子ども数の平均は＊＊人」「サラリーマンの平均年収は＊＊万円」などという使われ方をする。平均値は，対象としている集団全体の代表値をつかむという意味では非常に便利であるが，注意しておかねばならないこともある。

第１に，平均値は，**外れ値**（out of range）があった時に，その外れ値の影響を大きく受けてしまうということである。特に，上限のない数値データ（たとえば年収など）では，ごくわずかな外れ値によっても全体が引っ張られてしまい，代表値の実感からずれてしまうことがある。そのような場合は，平均値以外の代表値を用いることが効果的である。平均値以外の代表値としては，中央値や最頻値がある。中央値は，データを大きさの順に並べて，全体の中央に位置する値のことであり，最頻値は，最も頻繁に現れる数値のことである。

平均値で注意すべきことの第2は,「平均値は,ばらつきについては何も語らない」ということである。

たとえば,次のような3つの集合があった としよう。

A：{1, 2, 3, 4, 5}
B：{3, 3, 3, 3, 3}
C：{10, 5, 0, 0, 0}

Aの平均値を計算すると,(1+2+3+4+5)/5 = 3となる。また,Bも,平均値は(3+3+3+3+3)/5 = 3,Cも(10+5+0+0+0)/5 = 3と,すべて平均は3となる。では,この3つの集合の特徴は同じと考えてもいいだろうか。たしかに,これら3つの集合は平均値は同じになるが,Aは少し数値がばらついている(平均値である3からプラスマイナス2以内)のに対し,Bは全くばらついていない。一方,Cはいずれの数値も平均値の3から大きく(プラスマイナス2以上)離れている。

このように,平均値が同じでもばらつきが異なるということは,学力テストにおいてもよく見られることである。多くの子どもが平均点近くの点数を取っているような学級と,それとは逆の傾向の学級とでは,効果的な指導方法も変わってくるであろう。いうまでもなく,後者の学級のほうが,より個別対応を充実させた指導が求められる。教育の実践や介入においては,対象となる集団の特性を把握することが不可欠であるが,集団の特性は「代表値」だけでなく「ばらつき」によって理解することも必要である。

ばらつき

それでは,「ばらつき」は,どのようにして表現することが可能だろうか。統計データのばらつきの度合を表す量を**「散布度」**という。ここでは,ばらつきを表す代表的な数値として,分散,標準偏差,変動係数,四分位偏差をとりあげる。そして,ばらつきを視覚的に理解するグラフとして,箱ひげ図について,実際の公表データをもとに説明していきたい。

分散と標準偏差

先述のとおり，「ばらつき」を表す統計値はいくつかあるが，よく用いられるのが，**「分散」**（variance）と**「標準偏差」**（standard deviation：S.D.）である。

各データと平均値との差を**「偏差」**という。たとえば，さきほどの集合A：{1, 2, 3, 4, 5}でいえば，平均は3なので，偏差（平均 －(マイナス) 各データ）は，左から順に2, 1, 0, －1, －2となる。分散は，偏差平方和（偏差の2乗の和）を計算し，その平均をとったものである。集合Aの例でいえば，分散は，

$$[(3-1)^2+(3-2)^2+(3-3)^2+(3-4)^2+(3-5)^2]\div 5=2$$

となる。分散は偏差を2乗して計算しているため，もとの単位ではない。それを，もとの単位に戻すために平方根をとったものが「標準偏差」である。この例でいうと$\sqrt{2}$が標準偏差となる。分散も標準偏差も，ばらつきの度合が大きいほど数値が大きくなる。前節の集合B：{3, 3, 3, 3, 3}は，計算式を書くまでもなく，分散も標準偏差も0である。すなわち，全くばらついていない場合は，分散も標準偏差も0をとる。

集合C：{10, 5, 0, 0, 0}はどうであろうか。分散を計算すると，

$$[(3-10)^2+(3-5)^2+(3-0)^2+(3-0)^2+(3-0)^2]\div 5=16$$

となり，標準偏差はその平方根であるから4となる。集合Aよりもばらつきの度合いが大きいということが数値で示されている。

集合データにおいては，平均値だけにとらわれず，データのばらつきも視野に入れると有益な知見が得られることが多い。なお，論文や報告書などにおいては，標準偏差のほうが示されていることが多い。一般的には，英語の頭文字をとって，SDまたはS.D.などと表記されている。

なお，分散には**標本分散**（sample variance）と**不偏分散**（unbiased variance）の2つがある。上記で解説したのは標本分散であり，数式として表現すると以下のようになる。偏差の2乗をn人分すべて足し合わせ，nで割ったものである。

$$標本分散\ Var. = \frac{\sum_{i=1}^{n}(x_i - \bar{x})^2}{n}$$

一方で，不偏分散は以下の数式のように $n-1$ で割る。手元にあるデータの標本数が母集団に比べて少ない時には，標本分散が母分散よりも小さくなることが統計学では知られている。そこで，こうした誤差を補正するために $n-1$ で割るのである。

$$不偏分散\ Var. = \frac{\sum_{i=1}^{n}(x_i - \bar{x})^2}{n-1}$$

そして，標準偏差（*SD*）は，分散の平方根なので以下の数式となる。

$$標準偏差\ SD = \sqrt{Var.}$$

標準偏差は，データが平均値からどれくらい散らばっているかの指標である。その時に，**正規分布**（normal distribution）という考え方を知っておく必要がある。自然界の現象や人間の行動などは正規分布に従うことが知られている（第6章参照）。データが正規分布にしたがうときは，平均値から1標準偏差以内にすべてのケースの約68％が含まれ，2標準偏差以内にすべてのケースの約95％が含まれる。たとえば，平均点が60点で標準偏差が10である場合，正規分布においては，50点から70点の間に生徒の約68％が，40点から80点の間に生徒の約95％が含まれることになる。同じ平均値で，もっとばらつきが少ない場合は，小さな得点幅により多くの生徒が含まれることになる。たとえば，平均点60点で標準偏差が5だったとすると，55点から65点の間に生徒の約68％が，50点から70点の間に生徒の約95％が含まれることになる。

変動係数

標準偏差について，前項の例では平均値が同じ集合を比較した。しかし，実際には，平均値の異なる集団間を比較することもあろう。標準偏差は平均値が大きくなればそれだけ大きな値を取る。たとえば，次のような集合Dを考えてみよう。

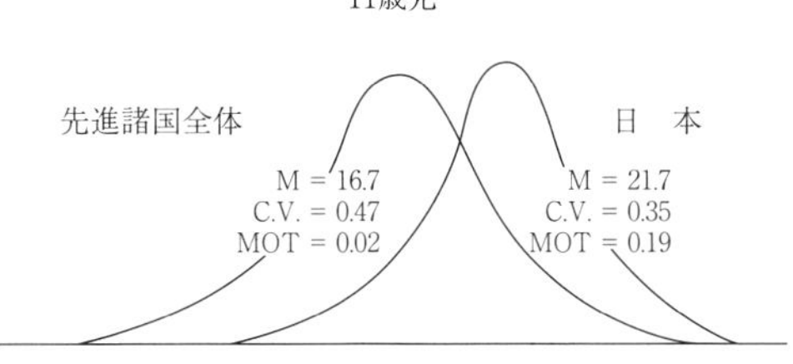

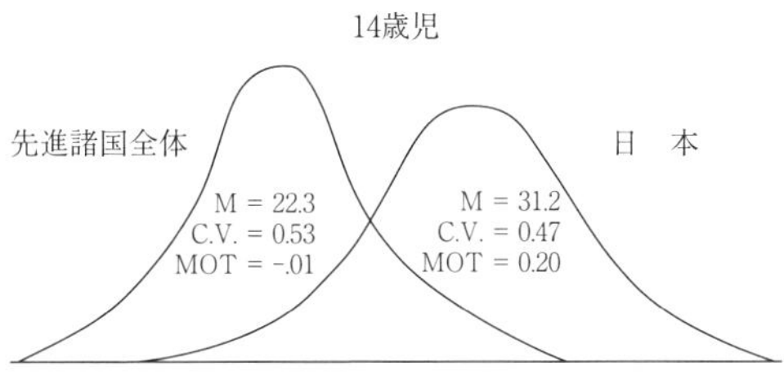

図5-3　変動係数によるばらつきの比較

出典：Cummings (1980＝1981).

D: {10, 20, 30, 40, 50}

これは，集合Aの各データをそれぞれ10倍したものである。分散と標準偏差を計算すると，分散は200，標準偏差は$10\sqrt{2}$となる。つまり，各データが10倍になると，標準偏差も10倍の値になるのである。よって，平均値の異なる集団の相対的なばらつきを比較する場合は，平均値を考慮したばらつきの指標が必要になる。それが**「変動係数」（変異係数）（coefficient of variance：C.V.）**とよばれるものである。変動係数は標準偏差を平均値で割ったものであり，集合Aの変動係数は$\sqrt{2} \div 3 \fallingdotseq 0.471$。集合Dの変動係数は$10\sqrt{2} \div 30 \fallingdotseq 0.471$であり，同じとなる。AとDの相対的なばらつきは同じということになる。このように，平均値や単位が異なる集団の相対的なばらつきを比較する場合は，変動係数を使うとよい。変動係数は，英語の頭文字をとってC.V.と表記されていることもある。

なお，変動係数の計算式は以下の通りである。

$$\text{変動係数}\ c = \frac{SD}{\bar{x}}$$

実際の例を見てみよう。図５－３は，ウイリアム・K.カミングスの『ニッポンの学校』という著書に出てくるものである。カミングスによれば，日本の学校教育は，国際学力調査の得点水準が高いのみならず，ばらつきも小さいことで際立っており，それを図５－３が示しているという。この図はIEA（国際到達度評価学会）による国際理科学力テストの結果（11歳と14歳）を日本と他の先進国で比較したものである。図中，Ｍは平均値，C.V.が変動係数を表す。11歳について見ると日本の平均点は21.7と先進国全体を上回っており，変動係数は0.35と，先進諸国全体の0.47よりも小さい（ばらつきが小さい）ことを示している。14歳になると日本も学力のばらつきが大きくなるように見えるが，変動係数でみると，日本は0.47，先進諸国0.53と，日本のほうが相対的にばらつきが小さいことが見て取れる。

全国学力・学習状況調査データにみる「代表値」と「ばらつき」

それでは，ここまでに学んだ，平均値，中央値，標準偏差などが，現在の学力調査でどのように使われているか，実際の例を見ていこう。図５－４は，平成30年度の全国学力・学習状況調査の数学Ａ，数学Ｂの結果を，学校単位で集計して，その分布を表したものである。数学Ａについてみると，各学校の平均正答率は65.9％，中央値は66.0％と，平均値と中央値はほぼ一致している。これは，極端な値を取る学校が少ないということを示しており，数学Ｂも同様の傾向である（図５－５）。標準偏差を見ると，数学Ａは8.8であるのに対し，数学Ｂは9.7である。数学Ｂの平均正答率が46.6％であることから，変動係数は数学Ａが0.134，数学Ｂが0.208となり，数学Ｂのほうが相対的にばらつきが大きいことが見て取れる。これは，学校単位でみて，平均正答率のばらつきが大きいのは，数学Ａよりもむしろ数学Ｂにおいてであるということを示している。図だけからはどちらがばらつきが大きいか読み取りにくいが，このような計算をしてみることによって，ばらつきの比較をすることが可能になる。

範囲，最大値，最小値，四分位範囲，四分位偏差

我々は，しばしば平均値にとらわれるあまり，ばらつきから意識が離れてしまいがちである。しかし，

学校数	平均正答数	平均正答率（%）	中央値（%）	標準偏差
10,034	23.7 / 36	65.9	66.0	8.8

平均正答率集計値（左：学校数　右：割合（%））		
95%以上100%以下	18	0.2
90%以上95%未満	88	0.9
85%以上90%未満	149	1.5
80%以上85%未満	187	1.9
75%以上80%未満	631	6.3
70%以上75%未満	1,683	16.8
65%以上70%未満	2,856	28.5
60%以上65%未満	2,537	25.3
55%以上60%未満	1,179	11.8
50%以上55%未満	412	4.1
45%以上50%未満	109	1.1
40%以上45%未満	52	0.5
35%以上40%未満	40	0.4
30%以上35%未満	40	0.4
25%以上30%未満	23	0.2
20%以上25%未満	13	0.1
15%以上20%未満	11	0.1
10%以上15%未満	2	0.0
5%以上10%未満	3	0.0
0%以上5%未満	1	0.0

図5－4　全国学力・学習状況調査（数学A）にみる代表値とばらつき

出典：平成30年度全国学力・学習状況調査。

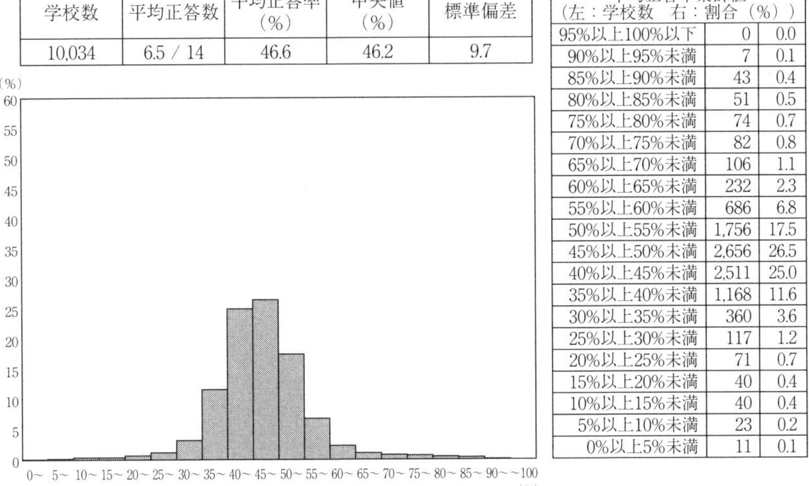

学校数	平均正答数	平均正答率（%）	中央値（%）	標準偏差
10,034	6.5 / 14	46.6	46.2	9.7

平均正答率集計値（左：学校数　右：割合（%））		
95%以上100%以下	0	0.0
90%以上95%未満	7	0.1
85%以上90%未満	43	0.4
80%以上85%未満	51	0.5
75%以上80%未満	74	0.7
70%以上75%未満	82	0.8
65%以上70%未満	106	1.1
60%以上65%未満	232	2.3
55%以上60%未満	686	6.8
50%以上55%未満	1,756	17.5
45%以上50%未満	2,656	26.5
40%以上45%未満	2,511	25.0
35%以上40%未満	1,168	11.6
30%以上35%未満	360	3.6
25%以上30%未満	117	1.2
20%以上25%未満	71	0.7
15%以上20%未満	40	0.4
10%以上15%未満	40	0.4
5%以上10%未満	23	0.2
0%以上5%未満	11	0.1

図5－5　全国学力・学習状況調査（数学B）にみる代表値とばらつき

出典：平成30年度全国学力・学習状況調査。

教育データにおいては，ばらつきに目を向けることによって，様々な示唆を得ることができる。ばらつきを表す指標としてこれまで，分散，標準偏差，変動係数を見てきたが，それ以外にもばらつきを表すいくつかの方法があるので説明しておきたい。

次のような２つの集合があったとしよう。

E：{1, 3, 5, 8, 10, 13, 17, 23}
F：{8, 9, 9, 10, 10, 11, 11, 12}

どちらもデータ数は８，平均値は10である。一見してわかるのは，Ｆのほうがばらつきは小さそうだということである。このようなとき，標準偏差で比較してもよいのだが，ここでは別の方法で見てみよう。まず，それぞれの集合の最大値，最小値を見てみようＥのほうが最大値が23，最小値が１である。一方，Ｆのほうは最大値が12，最小値が８である。この，最大値と最小値の差は**「範囲」**（range）とよばれる。計算すると，Ｅの範囲は22，Ｆの範囲は４であり，範囲に大きな違いがあることがわかる。範囲はきわめて初歩的な手法ではあるが，データのばらつきを見るうえで基礎的な情報となる。

次に，データ数が等しくなるように４つのグループに分けてみよう。Ｅのほうは，数値が小さいほうから(1, 3)(5, 8)(10, 13)(17, 23)の４グループに，Ｆのほうは，(8, 9)(9, 10)(10, 11)(11, 12)に分かれる。このとき，４つのグループの境界になる値を**「四分位数」**とよぶ。たとえば，Ｅの第１グループと第２グループの境界は，３と５の真ん中になるので，四分位数は「４」となる。そして，Ｅの第２グループと第３グループの境界は「９」，第３グループと第４グループの境界は「15」となる。これらは，小さいほうから順に**「第１四分位数」**（この例では「４」），**「第２四分位数」**（この例では「９」），**「第３四分位数」**（この例では「15」）とよばれる。集合Ｆのほうは，「第１四分位数」が９，「第２四分位数」が10，「第３四分位数」が11である。ここで気づかれたと思うが，第２四分位数は，中央値と同義である。第１四分位までに全体の25％のデータが含まれ，第３四分位までに全体の75％までのデータが含まれる。

そして，第３四分位数と第１四分位数の差は**「四分位範囲」**，四分位範囲を

2で割ったものは「**四分位偏差**」（四分偏差ともいう）とよばれ，ばらつきをあらわす指標として用いられている。四分位偏差は中央値と同様，外れ値の影響を受けにくい指標とされている。集合Eの四分位範囲は，15-4で「11」，集合Fのほうは11-9で「2」となる。四分位範囲（その2分の1である四分位偏差も）が大きいほうがデータのばらつきが大きいといえる。

全国学力・学習状況調査においても，四分位範囲を用いて，市町村教育委員会あてに結果が示されている。表5-3は，その例である。この市教委の正答数の結果は，中央値は県と同じ9問であるものの，県の四分位範囲（3問）にくらべ，1問多く，その分，ばらつきが大きいとみなすことができよう。

表5-3　四分位範囲を用いた学力調査結果の提示例

	正答数集計値				
	正答数	児童数	割合（%）		
		貴教育委員会	貴教育委員会	千葉県（公立）	全国（公立）
	12問	87	6.2	9.2	10.9
	11問	169	12.0	14.7	15.3
△	10問	221	15.7	16.4	16.3
◇	9問	228	16.2	15.7	14.8
	8問	193	13.7	12.4	11.9
	7問	149	10.6	9.2	8.9
▽	6問	120	8.5	7.0	6.7
	5問	75	5.3	5.2	5.3
	4問	79	5.6	4.1	4.2
	3問	48	3.4	3.1	3.0
	2問	26	1.8	1.7	1.7
	1問	8	0.6	0.8	0.8
	0問	4	0.3	0.4	0.3

※今回の調査での四分位は以下の通りでした。

	貴教育委員会	千葉県（公立）	全国（公立）
△第3四分位	10.0問	10.0問	11.0問
◇第2四分位	9.0問	9.0問	9.0問
▽第3四分位	6.0問	7.0問	7.0問

出典：平成30年度全国学力・学習状況調査。

なお，データを小さい順に並べて任意のパーセントに位置する値を「パーセンタイル」という。第1四分位数は25パーセンタイル，第2四分位数（中央値）は50パーセンタイル，第3四分位数は75パーセンタイルと同義である。

箱ひげ図

四分位によるばらつきを視覚的に表現したものとして，**箱ひげ図**というグラフがある。これは，第1四分位から第3四分位までを1つの箱（つまり，全体の50%のケースが箱に含まれる）とし，第2四分位（中央値）のところに線で印をつけ，さらに，箱から上下に直線（ひげ）を伸ばし，最大値と最小値のところまで線をひくものである（図5-6）。箱が上下に長いということはそれだけ，第1四分位から第3四分位までの50%が大きな幅を取

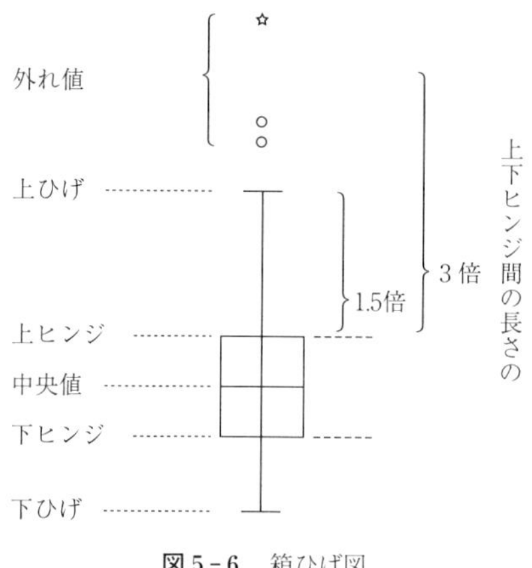

図5-6　箱ひげ図

出典：轟・杉野編（2010）。

る（四分位範囲が大きい）ということであり，ばらつきが大きいということを意味する。そして，ひげの上端から下端までが長いということは，それだけ最大値と最小値の幅が大きいということである。なお，全国学力・学習状況調査の報告書においては，ひげの上端と下端の間に約99%が含まれるようにし，それを超えた値は外れ値として扱っている（文部科学省 2017）。

では，具体的に見てみよう。図5-7は，全国学力・学習状況調査における学校調査票から得られた「就学援助

選択肢１　在籍していない	選択肢２　2.5%未満	選択肢３　3.5%以上，10%未満
選択肢４　10%以上，15%未満	選択肢５　15%以上，20%未満	選択肢６　20%以上，25未満
選択肢７　25%以上，30%未満	選択肢８　30%以上，50%未満	選択肢９　50%以上

	質問番号	質問事項
小	20	調査対象学年の児童生徒のうち，就学援助を受けている児童生徒の割合
中	20	

【小学校】

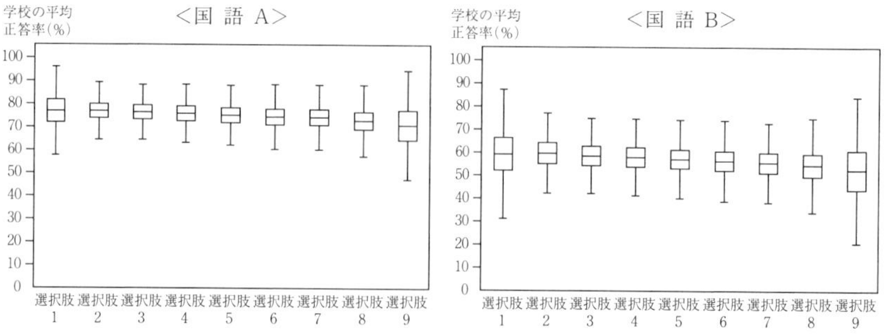

図5-7　箱ひげ図でみる就学援助率と平均正答率の関係

出典：文部科学省（2017）。

率」のカテゴリー別にみた学校単位の学力の状況を箱ひげ図を使って示したものである。「選択肢１」が「就学援助を受けている児童生徒が在籍していない」学校で，「選択肢９」は，50％以上在籍している。これを見ると，選択肢９のような「就学援助を受けている子どもの割合が高い学校」の平均正答率のばらつきは大きく（箱が上下に長く，ひげも上下に長く伸びている），高い正答率を取っている学校も存在することがわかる。

標準得点と「偏差値」

教育の現場においては，誰もが一度は**「偏差値」**という言葉を聞いたことがあろう。しかし，この「偏差値」について，どのように計算されていて，それがどのような意味を持つのかについて理解している人は意外に少ない。ここではまず，偏差値の算出方法と偏差値のもととなる**「標準得点」**（標準化得点，Ｚ得点）について説明したい。

たとえば，平均点が60点のテストで，70点を取った児童がいたとしよう。この子がかりに，「クラスの平均点より10点も高かったんだ。すごいでしょ」といったとしよう（ここでは仮に，この子が言う「すごい」を「クラスの中で相対的に上位に位置している」と解釈しておく）。しかし，どの程度この子のテスト結果が「すごい」かは，クラス内でこのテストの得点がどのように分布していたかによって異なる。もしこのテストがきわめて分散が小さく（標準偏差が小さく），ほとんどの子どもが平均値からプラスマイナス５点くらいの点数であれば，「70点」というのは上位数％に入るという「すごい」結果である。しかし，逆に，このテストのばらつきが大きく，70点を超える子どもがたくさんいるのであれば，70点という結果はそれほど「すごい」結果ではないとみることもできよう。これを確認する１つの指標が，偏差値である。偏差値は，次の計算式で産出されている。

偏差値＝［（得点－平均点）÷標準偏差］×10＋50

上記の例で，かりにこのテストの標準偏差が５であったとしよう。そうすると，70点を取った子の偏差値は，［（70－60）÷５］×10＋50＝<u>70</u>となり，偏差値70という，「すごい」結果となる。標準偏差が５ということは，正規分布に従えば，平均値のプラスマイナス10点（標準偏差の２倍）に95％の子どもが集中し

標準化得点の推移　平成19・21・25・26・27・28年度で，平均正答率（公立）が高い３都道府県と低い３都道府県の標準化得点の平均を算出
※標準化得点が同値の場合は，それらの都道府県全ての標準化得点の平均を算出

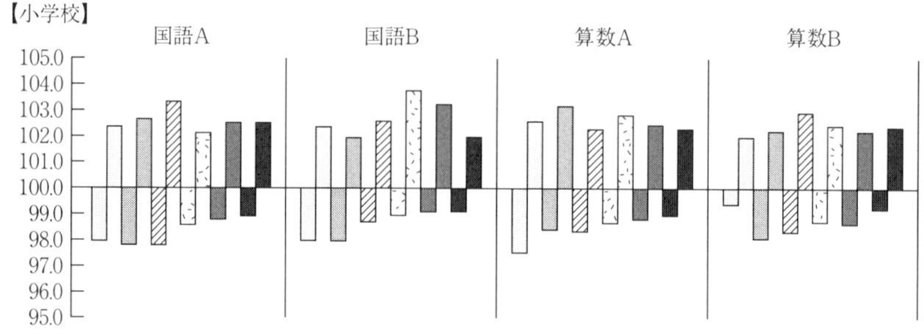

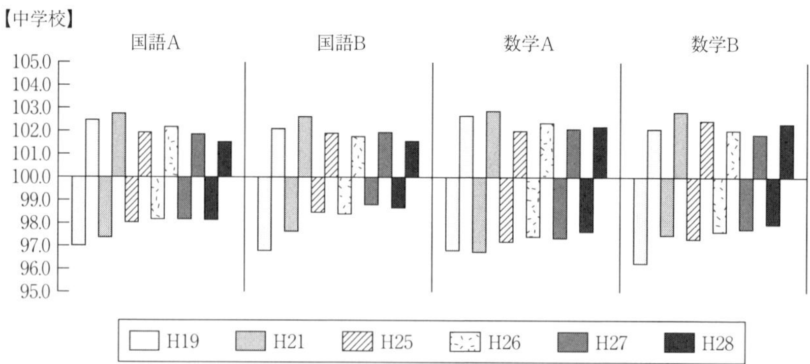

図5－8　全国学力・学習状況調査における標準化得点の推移

出典：文部科学省（2018）。

ているということなので，その上限である70点というのは「すごい」結果となる。しかし，逆に，もしもこのテストの標準偏差が20だったとしよう。そうすると，この子の偏差値は，［(70－60)÷20］×10＋50＝55となる。偏差値55と偏差値70では，かなり印象が異なるのではないだろうか。

ここではやや極端な例を挙げたが，重要なことは，「平均点より10点高い」といっても，それは，テスト得点の「ばらつき」によって，大きく意味が異なるということである。上記の偏差値の計算式の最初の部分である，［(得点－平均点)÷標準偏差］のことを，「標準得点」とよび，満点の異なるテストの結果の比較や，問題が異なるテストの結果を比較する際などによく用いられる。偏差を標準偏差で割ることを**「標準化」**という。標準得点は，平均値が０，標準

偏差が1になるように変換されるので，その値を用いて，結果を解釈しやすいように平均値を50としたのが偏差値である。なお，知能指数（IQ）も偏差値と同様の手続きで，当該年齢集団の平均得点が100，標準偏差が15（または16）になるようにして算出されている。

全国学力・学習状況調査では，図5-8のように各年次の平均正答数を標準化して，分析が行われている（文部科学省 2018)。平均正答数が少ない3都道府県の標準化得点が上昇し，年を追うにつれ平均値に近づいてきていることから，学力の底上げが進んでいると分析されている。全国学力・学習状況調査の各年度の調査は問題が異なるため，平均正答率や正答数によって推移を比較することができない。そのため，年度間の相対的な比較をするために，このように，各年度の結果を標準化して分析が行われている。

《練習問題》

(1)次の表は，平成30年度全国学力・学習状況調査の平均正答率と標準偏差を示したものである。どの学校段階のどの教科，問題において最もばらつきが大きいか（小さいか）を，変動係数を計算して比較してみよう。また，なぜ，その教科・問題においてばらつきが大きいのか（小さいのか）考えてみよう。

平均正答率（学校単位，平成30年度全国学力・学習状況調査）

小学校		
	平均	標準偏差
国語A	70.5	8.2
国語B	54.5	8.6
算数A	63.1	8.2
算数B	51.1	9.3
理科A	78.6	9.1
理科B	56.1	7.4

中学校		
	平均	標準偏差
国語A	76.1	6.1
国語B	61.3	7.4
算数A	65.9	8.8
算数B	46.6	9.7
理科A	68.1	7.8
理科B	65.2	7.1

(2)次の表は，OECDのPISA（2015年）の科学リテラシーの結果の一部である。国別に，平均得点と標準偏差，四分位数が示されている。各国の変動係数と四分位偏差を計算し，ばらつきの度合いを国際比較してみよう。

	平均	標準偏差	第１四分位数	中央値	第３四分位数
Ausrtalia	510	102	438	515	583
Canada	528	92	465	531	593
Denmark	502	90	440	504	565
Finland	531	96	466	535	599
France	495	102	421	501	571
Germany	509	99	439	512	580
Italy	481	91	415	483	547
Japan	538	93	475	545	605
Korea	516	95	451	520	584
Netherlands	509	101	434	512	583
New Zealand	513	104	439	516	588
Norway	498	96	432	501	566
Poland	501	91	437	502	565
Spain	493	88	432	496	556
Sweden	493	102	421	496	567
Switzerland	506	100	433	509	580
United Kingdom	509	100	438	512	581
United States	496	99	425	495	567
OECD average	493	94	426	495	561

(3)次の表は，平成29年度全国学力・学習状況調査の追加分析として実施された保護者調査の分析結果の一部である。SESとは，家庭の社会経済的地位のことであり，家庭の世帯年収や親の学歴を合成した指標である。SESで4等分し最も高いHighestから最も低いLowestまでの，正答率（中学校）と標準偏差，変動係数が示されている。親の年収や学歴が最も低いLowest SESにおいて変動係数が高くなっているが，これはなぜだろうか。また，この結果から示唆されることは何か，考えてみよう。

SES		国語 A	国語 B	数学 A	数学 B
Lowest	平均正答率	70.43	63.14	52.84	38.78
	標準偏差	19.37	26.86	23.81	19.56
	変動係数	0.28	0.43	0.45	0.50
Lower middle	平均正答率	75.56	69.96	61.45	44.9
	標準偏差	17.54	24.77	22.68	20.32
	変動係数	0.23	0.35	0.37	0.45
Upper middle	平均正答率	78.94	74.26	67.44	9.66
	標準偏差	16.24	23.39	21.23	20.58
	変動係数	0.21	0.31	0.31	0.41
Highest	平均正答率	84.76	81.39	77.08	58.9
	標準偏差	13.76	20.57	18.41	20.64
	変動係数	0.16	0.25	0.24	0.35
合　計	平均正答率	77.29	72.02	64.47	47.88
	標準偏差	17.7	24.97	23.42	21.57
	変動係数	0.23	0.35	0.36	0.45

参考文献

Cummings, W. K., 1980＝1981，友田泰正訳『ニッポンの学校』，サイマル出版会。

国立教育政策研究所編，2014，『教員環境の国際比較（OECD 国際教員指導環境調査（TALIS）2013年調査結果報告書）』明石書店。

文部科学省，2017，『平成29年度全国学力・学習状況調査報告書（質問紙調査）』（https://www.nier.go.jp/17chousakekkahoukoku/report/data/17qn_05.pdf）。

――――，2018，『文部科学白書（平成29年度）』日経印刷。

――――，2019，『文部科学白書（平成30年度）』日経印刷。

轟亮・杉野勇編，2010，『入門・社会調査法』法律文化社。

辻功，1986，「記述統計学」日本教育社会学会編『新教育社会学事典』141頁。

その他の資料

平成29年度全国学力・学習状況調査　調査結果資料【全国版／小学校】（https://www.nier.go.jp/17chousakekkahoukoku/factsheet/17primary/）。

平成30年度全国学力・学習状況調査　調査結果概況（https://www.nier.go.jp/18chousakekkahoukoku/factsheet/data/18m_210.pdf）。

コラム３　記述統計を教育研究に活用する方法

データ分析は，２つ以上の変数を掛け合わせることが基本である。しかし，１つの変数の記述統計を調べるだけでも十分に情報を引き出せることも多い。たとえば，教師が小テストを作成したり，市販の調査を活用したりすることで，児童生徒の学習状況や友人関係，学級の雰囲気などを把握することができる。こうした調査に記述統計を活用することによって，児童生徒の基礎的な情報をすくい取り，教育的介入を考えるための指針を与えてくれる。もちろん記述統計は，児童生徒だけでなく，教師のデータに活用することも可能である。ここでは，実際に記述統計をどのように活用し，データを読み解くことができるのかを考える題材として，筆者の論文を取り上げることにしたい。

中村・浅田（2017）は，写真スライド法という，１時間の授業を写真で提示する方法を用いて，教師31名の授業の見方を調査している。具体的には，教師に授業場面の写真を複数枚見せ，気づいた内容を書いてもらい，データを収集した。こうした自由記述データは，内容を個別に検討することもできるが，記述統計を活用することによって，大まかな傾向を発見するためのヒントを与えてくれる。

たとえば，平均値と標準偏差を使って，教師が記述した授業場面の数を計算する方法を考えることができる。本研究では，教師を経験年数ごとに，初任者教師（１～３年目），若手教師（４～９年目），経験教師（10年目以上）とグループ分けした上で，教師が記述した授業場面数の平均値や標準偏差をグループ間で比較している。それを算出すると，初任者教師が平均4.78場面（標準偏差1.31），若手教師が平均7.27場面（標準偏差3.72），経験教師が平均7.27場面（標準偏差2.14）という結果となった。

この数値から２つの特徴を読み取ることができる。

① 平均値の違いから，初任者教師は，他の教師グループと比べて記述した場面が少ないことがわかる。つまり，教師はある程度の経験を積むことで，より多くの重要な場面に気づくことができる可能性を考えることができる。
② 標準偏差の違いから，若手教師は記述する場面数のばらつきがやや大きいことが読み取れる。つまり，若手教師と経験教師は，初任者教師よりも多くの重要な場面に気づくことができるものの，若手教師の段階は，その場面数に個人差がある可能性を示唆することができる。

他にも，自由記述を内容ごとにカテゴリー分類すれば，パーセントを使って各カテゴリーの該当者数を数値化する方法も提案できる。筆者らの研究では，自由記述の内容から教師が注目している箇所を分類し，教師のグループごとに該当者数をパーセントで示している。具体的には下の図のようになる。

グラフを見てみると，教職経験が多い教師グループになるにつれて，児童の視線，児童の表情，教師の介入に注目していることがわかるだろう。一方で，児童の姿勢に関しては，教職経験の少ない教師グループの方が注目する傾向にある。この結果に対する解釈は，本書では読者に委ねることにしたいが，ここでは各カテゴリーの該当者数をパーセントで示すことによって，大まかな教師の見方の特徴を探ることができる利点を理解すれば十分である。

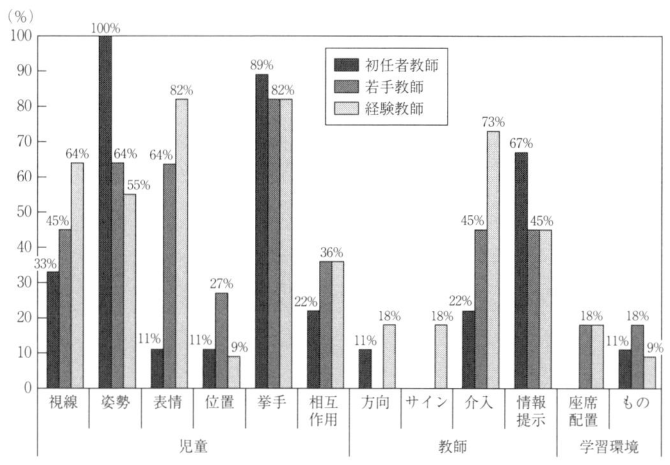

図　教師が注目した箇所とその該当者数

以上のように，記述統計は汎用性が高く，自由記述の大まかな特徴を探る上で十分に役立つ。ひとくちに「データ分析」というと，難しそうな印象を受けるかもしれないが，ここで挙げた例のように，平均値，標準偏差，パーセントなどの記述統計を算出し，じっくり読むだけでも，十分にデータ分析になることがわかるだろう。

なお，記述統計は，図によって示すことで，わかりやすいものとなる。そのため，記述統計によってデータの特徴を検討したり，その結果を相手に伝えたりする際には，図を作成することを推奨する。

参考文献

中村駿・浅田匡，2017，「写真スライド法による教師の授業認知に関する研究」『日本教育工学会論文誌』40(4)，pp.241-251。

第6章
推測統計の基本

本章で学ぶこと

本章ではまず第７章以降に共通する基本的な考え方を説明する。次に，本書で紹介する分析結果の読み方に共通するポイントを解説する。そのうえで統計的検定の仕組みと注意点について解説する。本章で統計的な分析結果表の読み方を理解しておけば，学問分野の違いを越え，時には英語の論文であっても分析結果の読み取りが容易になる。

キーワード：統計的検定，確率分布，標本誤差，p 値

1　この章以降で紹介する分析の共通点

次章（第７章）から，具体的な分析手法とその読み方の解説に入る。この章では，次章以降で登場する分析に共通している基本的な考え方を説明する。

通常，統計の専門家による論文やレポートでは，データをただ集計するだけでなく，その集計結果をもとに社会に対して推論が行われている。統計分析を見慣れていない人がとっつきにくいのは，データを集計することで何をしているかがうまくイメージできないためだと思われる。まずは，統計分析によっていったい何をしようとしているのか，その原則から説明する。

関係性に着目する

質問紙調査の使い道として最初にイメージされやすいのは，１つの変数について集計する使い方である。たとえば，「学力テストの平均点は何点か」というような場合である。第５章で紹介した代表値や箱ひげ図は，こうした観点で扱われるものだった。

しかし，社会科学における統計的な分析では多くの場合，もう少し踏み込んだ分析を行う。そうした分析では，**「〇〇な人は，××な傾向がある」**というように，複数の要素の関係性についてフォーカスする。たとえば，「普段朝ご飯を食べる生徒は，朝ご飯を食べない生徒よりも学力テストの成績が良いのか」といった問題に取り組むような分析である。こうしたリサーチクエッションに取り組む場合，２つの要素の関連に着目して分析することになる。

なぜ複数の要素の関連に着目するかというと，そうすることで，**今後のアクションについてのヒントが得られる**からである。「全国模試でうちのクラスの平均点は〇〇点だった」という結果だけでは，今後どうすればよいかは分からない。せいぜい「悪かったから何かした方がよさそうだ」という程度で止まってしまうだろう。一方で，もし「日常的に読書の習慣がある生徒は，そうでない生徒よりも国語の学力が高いらしい」ということが分かれば，「国語の成績を伸ばすために，読書の習慣を身につけさせる取り組みをしてみてはどうか」という仮説に結びつく。このように関連が分かると，自分たちが今後何をすればよいのか考えやすくなる。

統計的な分析のすべてがこうした分析というわけではないが，本書においては，複数の要素の関連を捉える分析を主に紹介している。次章以降で紹介される分析は，どれも複数の要素の関連を捉えるための分析手法だと思って読んでほしい。

調査データから社会全体を推測する

ここまでの章では，調査データを集計することだけを念頭に置いて説明してきた。だが多くの場合，調査の最終目的はサンプルの回答を知ることではなく，サンプルの回答から社会（もしくは特定の集団）の全体像を推測することにある。たとえば調査の結果，朝ご飯を食べている生徒の方が，学力試験の平均点が高いという集計結果が出たとしよう。だがそれだけでは，集団の全体においても同様の傾向があるのかは分からない。あくまでも分析結果は一部のサンプルの回答だからである。

そのため，この先の章で登場する分析には，調査データから得られた分析結果を母集団にも一般化してよいかを確認するステップが含まれる。そこで行われていることの意味をある程度理解できると，報告書の分析結果も理解しやすくなるはずだ。

次の第2節では，検定について詳しく説明する前に，分析結果の読み方を通して，検定がどのように使われているのかを先に説明する。第3節では，その推測に用いられる代表的な手法である統計的検定について紹介し，第4節ではその注意点を述べる。

2　分析結果の読み方の原則

分析に共通するポイント

この節では，教育の分野でよく目にする書式を例示しながら，次章以降で登場する分析を読むうえで共通するポイントを解説する。分析方法によって内容は少しずつ異なるし，同じ分析を行っていても，論文や報告書によって結果を報告する際の書式は異なる。しかし大抵の場合，以下の情報を読み取ることができる。これが，本書で紹介する分析に共通する流れである。

①変数同士の関連はどのくらい大きいのか
②母集団でもサンプルと同様の傾向がありそうか
③その他の情報

分析結果を読む際，まずは変数同士の関連の大きさを確認する。グループの違いによって平均値がどの程度異なるか，あるいは，原因と考えている要素が1単位分変化したときにどの程度，結果の予測値が変わるか，など，分析によって少しずつ異なる。

次に，サンプルの分析結果にみられた傾向が母集団でも同様にみられそうか確認する。「サンプルの集計結果で見られた傾向は母集団に一般化できるか」という統計学的なテストをパスした場合，「統計的に有意である」と表現する。分析結果が統計的に有意だった場合，表の中には「*」（アスタリスク）の記号が書かれていることが多い。このテストを統計的検定というが，その仕組みについては，次節で解説する。

必要があれば，その他に記載されている情報も確認する。代表的なのは，分析に用いたデータのサンプルサイズである。分析結果が何人分のデータから得られたものなのかも重要な情報なので，サンプルサイズは確認しておくとよいだろう。論文や報告書においては，サンプルサイズ（多くの場合，回答者の人数を意味する）は N という記号で記載されることが多い[(1)]。たとえば「$N=100$」といった表記があれば，100人分の回答が分析に用いられたことを意味する。

他にも検定で用いられた様々な統計量が記載されているはずだが，専門外の読者がそうした見慣れない統計量を見るメリットはあまりないと思う。筆者の個人的な考えになるが，現場の実践者はこうした統計量の数値そのものを吟味するよりは，現場の感覚から批判的に結果を読み解く方が生産的だと思う。

実際の結果を読んでみる

次に，実際の分析結果を例示しながら，結果の読み解き方を解説する。ここでは，続く各章で登場する分析結果をいくつか取りあげ，先ほどの原則をどう適用して読むのか解説する。

繰り返すが，分析結果の表現方法は報告書によって少しずつ異なる。そのため，全ての論文や報告書が全く同じ形式で書かれているとは限らない[(2)]。しかし，分析結果として報告すべき項目はある程度共通しているので，ここではその共通しているポイントを理解してほしい。

t 検定の例　まず図６-１は，第９章で登場する表９-１に注釈を加えたものである。ここで使われている**t 検定は，ある連続変数の平均値が，２つのグループのあいだで異なるかを検証する手法**である。図６-１では，父親が高卒のグループと父親が大卒グループで，算数の平均点を比べた結果が示されている。

先ほど説明したステップにしたがって，まずは変数同士の関連の大きさを確認しよう。父親が高卒のグループと大卒のグループで算数の平均点を比べた場合，父親が高卒のグループでは平均点は45.5点，父親が大卒のグループでは平均点は60.3点だった。調査データからは，父親の学歴によってグループを分けた場合，テストの平均点に14.8点の差があったことが分かる。

次に，この分析結果を母集団にも一般化してよいか検討する。２つのグルー

父親の学歴が高卒・四大卒間での算数得点の平均値の差

	父親の学歴		
	高校卒（N=483）	四大卒（N=160）	t 値（自由度＝641）
平均値	45.5	60.3	8.603***
標準偏差	18.1	19.0	

*p<.05 **p<.01 ***p<.001

②検定結果の確認する。
***とあるので0.1%水準で有意。
母集団でも平均値に差があるとかなり自信を持てる。

①各グループの平均値を確認する。
父親の学歴によって算数の平均点が違うことが分かる（父高卒は平均 45.5 点，父大卒は平均 60.3 点）。
なお，その上の「N=483」や「N=160」という記載から，父が高卒のサンプルが 483 人，父が四大卒のサンプルが 160 人であることも分かる。

図6-1　t 検定の結果の読み方の例（詳細は第 9 章）

出典：本書第 9 章をもとに筆者作成。

プで算数の平均点が異なるという結果は，あくまで分析に用いられた643人のサンプルにおいて差がみられたことを示しているだけだ。では分析に用いたサンプルだけではなく，日本全体でみても，父親の学歴によって算数の平均点は異なるのだろうか。この点を検討するのが，統計的検定をはじめとする推測統計の分析手法である。

図6-1には，t 値の欄に「***」という記載がある。これはアスタリスク（*）という記号で，統計的検定の結果を報告する際によく使われる記号である。これにより，分析対象となったサンプルだけでなく母集団においても，父親の学歴によって算数の平均点に差があると考えられるということが示されている。ただしこの検定の結果は，「母集団でも 2 つのグループのあいだに14.8点の差がある」とまで結論づけるものではない。あくまで，**「母集団でも 2 つのグループの平均値に差がありそうだ」**ということだけで，どの程度の差なのかまで推測するものではない。

また，* の記号で検定結果を報告する場合，* の表記が検定結果とどう対応しているのかが注釈などに必ず記載されている。図6-1の左下部分には「*p<.05 **p<.01 ***p<.001」という記載がある。これが，表において統計的検定の結果をどう表記しているかを示す注釈である（当然，他の形式で書かれていることもある）。p とは次の節で説明する有意確率を表す記号である。数学や統計

学においては通常，確率は０から１のあいだの数値で表すため，１は100%，0.05は５%を意味する。注釈の「*$p<.05$」という表記は，「もし分析結果の有意確率が0.05（つまり５%）よりも小さければ『*』と表記しますよ」という表記のルールを示している。１の位のゼロは省略され，小数点以下の数値のみが書かれることも多い。同様に，有意確率が.01未満（つまり１%未満）であれば「**」，有意確率が.001未満（つまり0.1%未満）であれば「***」と表記するというルールことが示されている。統計分析の報告では見かけることが多い書式である。

重回帰分析の例

次に，第13章の重回帰分析を例に解説する。図６－２は，第13章で登場する表13－３に注釈を加えたものである。**回帰分析は，従属変数の値を説明する関数のモデルを作り，その関数の値を推定する分析**である。図６－２の分析で用いられた従属変数は，国語の成績を５段階で尋ね，その回答を偏差値に変換した数値である。独立変数は，１日あたりの読書時間（10分単位）と自宅の蔵書数（10冊単位）が用いられている。より詳細な説明は第13章を読んでほしい。

ここでもまずは，変数同士の関連の大きさを確認する。重回帰分析において変数同士の関連の大きさを示すのは，回帰係数という数値である。分析結果を報告する表の中では「**係数**」や「**b**」あるいは「**β**」「**coef**」と表記されることもある。回帰係数は，推定されたモデルにおいて**独立変数が１単位分上昇するごとに従属変数がどの程度変化するかを示している。**

重回帰分析では複数の独立変数が使われるため，定数も含む独立変数の数だけ回帰係数が出力される。図６－２の結果では，読書時間が１日あたり10分長くなるごとに，国語の成績が偏差値にして0.48ほど高まっていくことが示されている。また自宅の蔵書数については，自宅の蔵書数が10冊多くなるごとに，国語の成績が偏差値にして0.07ほど高まっていくことが示されている。もし読書時間も自宅の蔵書数もゼロであれば，国語の偏差値は48.29となる。

次に検定の結果を確認し，それぞれの関連を示す**結果が母集団にも一般化できそうか判断**する。「読書時間が長い生徒ほど国語の成績がよい傾向がある」という結果は，分析に用いられた3,878人の生徒だけではなく，日本全国の生徒にも当てはまるのだろうか。読書時間の行をみると，有意確率は「0.000」

従属変数を「国語の成績」，独立変数を「読書時間」「自宅の蔵書数」とした重回帰分析（小学 4～6 年生）

	回帰係数	標準誤差	t 値	有意確率
読書時間（単位：10分）	0.480	0.047	10.201	0.000 ***
自宅蔵書数（単位：10冊）	0.074	0.011	6.703	0.000 ***
定数	48.290	0.207	233.114	0.000 ***
F 値	87.697			
有意確率	0.000			
R^2 値	0.043			
調整済みR^2 値	0.043			
N	3,878			

①効果の大きさを確認する。
読書時間 10 分の差ごとに平均で 0.48 点ずつ高まっている。
自宅の蔵書数の差が 10 冊ごとに平均で 0.07 点ずつ高まっている。
読書時間ゼロ，自宅蔵書数ゼロであれば平均点 48.3 点である。

②検定結果の確認する。
有意確率が 0.001 未満なので，0.1% 水準で有意（*** とも記載）。
母集団でも読書時間によって点数の差があると自信を持てる。

③その他の項目を確認する。
分析に用いられたケース数は 3,878 ケース。このモデルで国語の成績の 4.3% が説明できる。

図 6－2　重回帰分析の結果の読み方の例（詳細は第13章）

出典：本書第13章をもとに筆者作成。

となっており，隣にも「***」という記載がある。これも分析結果が統計的に有意であることを示しており，母集団に一般化してよさそうだということになる。同じように自宅の蔵書数についても確認する。自宅の蔵書数の行を見ると，有意確率は0.000となっており，*** とも表記されている。したがって，「自宅の蔵書数が多い生徒ほど国語の成績がよい傾向がある」という分析結果も，**母集団に一般化してよさそうだという結論**になる。

最後にその他の項目を確認しておく。「N」の欄を確認すると3,878と書かれているため，この分析には3,878人分のデータが用いられたことが分かる。

3　統計的検定のプロセス

先ほど分析結果の読み方を説明した際には，「*」の記号が登場した。分析結果を読むプロセスの中で特に新しかったのは，この部分だったのではないだろうか。これは，**統計的検定**（statistical test）もしくは**統計的仮説検定**（statistical hypothesis testing）と呼ばれる推論の結果を示すものである。調査データに見られた特徴を母集団にも一般化してよいか判断するための道具としてよく用いられる。実際に使う段階では，先ほどのように「サンプルの集計結果を母集団に一般化してよいか」という問いに Yes か No の判断を下す，という以上には掘り下げずにある程度使うこともできる。

先ほどは，統計的検定という道具の仕組みを説明する前に，まず検定の目的と使い方（読み方）を紹介した。それは，統計的検定のプロセスが回りくどく，日常的な感覚からは少し想像しにくいためである。この節では，なるべく数式を用いない範囲で，統計的検定のプロセスについて説明する。

統計的検定の流れ

コインにいかさまはあるか

統計的検定の考え方を説明するために，まずは次の例をイメージしてほしい。あなたは友人と，コインを用いるゲームを行った。ゲームの中では，コインを20回投げたうちの15回で裏が出たため，結果的にゲームは相当不利になってしまった。用意されていたコインは裏が出やすいようにいかさまが仕組んであったのだろうか。

友人は「偶然だ」と主張するが，それに対しては，「もし利用したコインが半々の確率で表と裏が出るのであれば，こんなに偏った結果が出るのだろうか。」と反論できる。確率の理論上，成功する確率が50％の試行を20回繰り返したとき，成功が20回中15回以上もしくは５回以下になる確率は4.1％である。理論上4.1％ほどしか起こらないことが現に起こっているのであれば，「使ったコインは50％の確率で表が出る」という最初の仮定（友人の主張）の説得力が弱いように見える。

この推論で行われたプロセスは次の通りである。

①「コインにいかさまはない（表が出る確率は50％）」と仮定する
②実際は20回中15回裏が出た
③もし50％の確率で表が出るなら，20回中15回も裏が出る確率は低い
④最初の仮定が信じがたいので，コインにいかさまがあると判断

まず「コインにいかさまはなく，表がでる確率は50％である」という仮定を置いた。そして，仮にこの仮定が正しかったとしたら，現実に得られたデータがどのくらいの確率で発生するのかを理論的に見積もった。その結果，「これは50％の確率で表が出るコインである」という条件の下では，20回コインを投げて5回しか表が出ないという結果は稀にしか起こらないことが確認された。そのため，「表が出る確率は50％だ」という仮定が疑わしいと判断する。「表が出る確率は50％だ」という仮定が間違っているのであれば，「表がでる確率は50％ではない」ことになる。したがって，当初の仮定の方が間違っており，表が出る確率は50％ではなかったのではないかと推測する。

統計分析では，このようなステップにより「サンプルによって得られた知見が母集団にも一般化できるか」をテストしていく。

様々な検定に共通するプロセス　統計の世界には，データの形式や用途によっていくつもの種類の統計的検定がある。それぞれの検定の詳細についてはこの後の個別の章で解説されていくが，どれも次の流れで行われる点で共通している。

①データや検定の種類に応じて帰無仮説と対立仮説を設定する
②データから検定統計量を計算する
③仮に帰無仮説が正しかった場合の検定統計量の分布を見る
④実際の検定統計量②と③の分布を比べ，帰無仮説の採否を決める

上記の流れは，先ほどのコインの識別の例と同様である。ポイントは，主張したい仮説を否定する仮説を立てること，そして，自説を否定する仮説を否定するというプロセスで進むということである。

次に，帰無仮説・対立仮説や検定統計量，確率分布などの考え方や用語について説明していく。

帰無仮説と対立仮説を設定する

統計的検定を行う際にスタート地点として想定する仮説のことを**帰無仮説**（null hypothesis）という。社会調査においては多くの場合，「母集団において二

変数のあいだに関係はない」というような内容を想定し，具体的な内容は分析手法ごとに設定される。たとえばｔ検定の場合は，特定の連続変数に関して「母集団においては２つのグループの平均値に差はない」という帰無仮説を設定するし，クロス集計の場合は，特定の２つのカテゴリ変数に関して「母集団においては２つの変数は独立である」という帰無仮説を設定する。また回帰分析の場合は，特定の独立変数の「回帰係数がゼロである」という帰無仮説を設定する。仮説の中に登場した個別の用語についてはそれぞれの章で解説される。

対して，帰無仮説と論理的に正反対の内容の仮説を**対立仮説**（alternative hypothesis）という。たとえば「２つのグループで平均値に差はない」という帰無仮説に対しては「２つのグループで平均値に差がある」という対立仮説が設定される。帰無仮説と対立仮説は常にどちらかだけが採用される。帰無仮説と対立仮説は相反しているので，もし帰無仮説が正しければ対立仮説は正しくない。逆に，もし帰無仮説が正しくなければ対立仮説が正しいことになる。統計的検定では，帰無仮説と対立仮説の２つの仮説を競わせ，母集団についての推論としてどちらが妥当かを判断する。

名前からすると紛らわしいが，分析者が本来主張したい仮説は対立仮説の方である。統計的検定は，自説を否定する仮説（帰無仮説）を否定するというプロセスで行われるため，帰無仮説が検定の中心となる。また，以降の章では帰無仮説と対立仮説を明記する際，帰無仮説を H_0，対立仮説を H_1 と表記する場合がある（hypothesis の頭文字に由来する表記である）。

検定統計量を計算する

帰無仮説と対立仮説のどちらが妥当そうか判断するには，検定の種類ごとに定められている検定統計量と呼ばれる数値を用いる。検定のときに仮説の判定に使われる数値のことを**検定統計量**（test statistic）という。どの数値を検定統計量として用いるかは，検定の種類に応じて決められている。たとえば，平均や分散など，これまでの章で登場した統計量を検定統計量として用いることもあるし，巻末の付表にある t 値や F 値や χ^2 値という統計量を用いることもある。t 値や χ^2 値といった値も，平均や分散のように，データを集計することで得られる値である。これらの検定統計量に基づいて，帰無仮説と対立仮説のどちらが妥当そうかを判断する。t検定であればt値という検定統計量に基づいて仮説検定を行う。χ^2検定の場合はχ^2値という検定統計量に基づいて判断する。各種の検定統計量の具体的な計算方法はそれぞれの章で解説されるが，実際の分析では，統計ソフトが計算してくれる。また分析結果を読む場面では，t値やχ^2値のような，検定のプロセスにのみ登場する統計量に単独で着目することはほとんどない。

帰無仮説の下での検定統計量の確率分布を計算する

データから検定統計量を算出し，それをもとに帰無仮説と対立仮説のどちらが妥当そうか判断する際に理論的な基盤となるのは，確率についての理論である。

確率（probability）とは，現象の起こりやすさを数量的にあらわす概念である。そして，ある事象が起こる確率が，とりうる値ごとにどう分布しているかを表すのが**確率分布**（probability distribution）である。

確率分布の例をいくつか示そう。図6-3は，表が出る確率が50%のコインを20回投げたときの表が出る回数についての確率分布である。横軸は20回のうち表が出る回数，縦軸はそれぞれの回数ごとの発生確率を示している。たとえば，20回のうち10回ちょうど表が出る確率は17.6%で，この中では一番高い。20回のうち9回あるいは11回が表であるような，1回だけ偏る確率はそれぞれ16%，そして20回中全て表，あるいは全て裏が出る確率は，0%に限りなく近い。表が0回出る確率から20回出る確率までの全ての確率を合計したら100%となる。図6.3では，5回以下もしくは15回以上が出る範囲を濃く塗りつぶしている。この濃く塗られた範囲を全て足し合わせても，確率は4.1%にしかならない。成功確率が50%の試行を20回行う場合，成功数が15回以上もしくは5回未満となる可能性は非常に低いことが分かる。

もう1つの別の確率分布も紹介しておく。図6-4は，**正規分布**（normal distribution）という分布である。統計学の理論では非常に頻繁に登場する。正規分布は先ほどのコインの例とは異なり，連続量についての確率分布である。縦軸は，事象の相対的な起こりやすさを表している。平均値付近の値が出る確率が一番高く，そこから遠ざかるごとに確率が下がっていく。正規分布のような

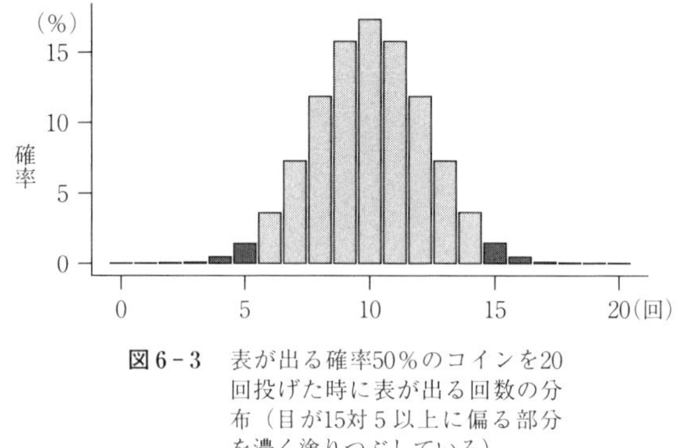

図6-3　表が出る確率50％のコインを20回投げた時に表が出る回数の分布（目が15対５以上に偏る部分を濃く塗りつぶしている）

出典：筆者作成。

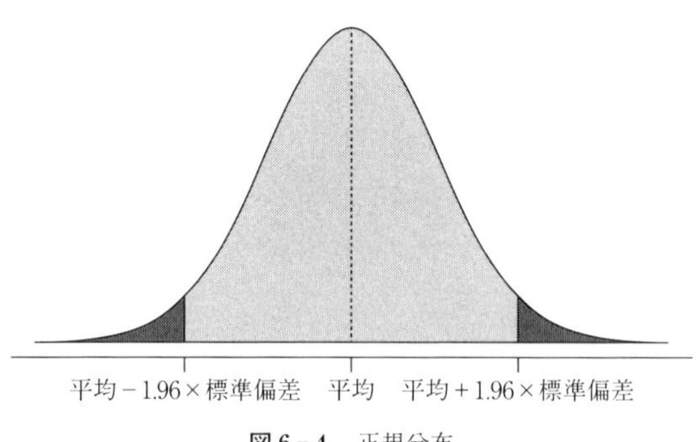

図6-4　正規分布

出典：筆者作成。

連続量についての確率分布は，数値が一定の範囲をとる確率を面積で計算するしきたりになっている。そしてグラフの面積を全て足し上げると100％となる。(3) 図６-４では，平均値を中心に1.96×標準偏差ずつ離れた範囲を薄いグレーで塗りつぶしているが，この範囲の面積が，グラフ全体の面積の95％を占める。正規分布をする確率変数は，95％の確率で平均±1.96×標準偏差の範囲内の値をとることが定理から分かっている。

統計的検定では，母集団からサンプルを無作為に抽出する際に発生する誤差に対して，確率の理論を応用する。標本調査を行う限り，母集団における「本当の値」とサンプルの集計結果の間にはズレが発生する。ランダムサンプリングが適切に行われていれば，このズレは偶然の範囲で発生する。この偶然のズレを**標本誤差**（sampling error）という（標本抽出誤差やサンプリング誤差とも呼ばれる）。統計学では，ある状態の母集団から，どの程度の標本誤差がどのくらいの確率で発生するかが理論化されている。

ただし，現実には母集団の状態は分からない。そこで帰無仮説が持ち出される。母集団の本当の姿は分からないので，ひとまず母集団は帰無仮説で想定したような母集団であると仮定してみるのである。そうすることで，「もし帰無仮説で想定したような母集団からランダムサンプリングを行うならば，抽出されるサンプルの検定統計量は，このような確率で分布している」ということが想定できる。この想定が，実際のデータから得られた検定統計量を評価するための指標となる。次のステップでは，この理論上の確率分布と，実際に得られたデータを比べることで，統計的検定に答えを出す。

検定統計量をもとに帰無仮説の採否を決める

帰無仮説，それを前提としたときの検定統計量の確率分布，実際のデータから得られた検定統計量という材料を揃えたら，最後に，最初に想定した帰無仮説が妥当そうか判断する。

ここまでの材料によって，帰無仮説が正しいと仮定した場合に想定した母集団から，今回扱ったようなサンプルがたまたま抽出される確率を計算できる。この確率のことを有意確率もしくは**p 値**（p-value）と呼ぶ。p 値が高ければ，帰無仮説が正しかったとしても目の前のデータがたまたま発生しうることを意味する。一方で p 値が低ければ，帰無仮説が正しいと仮定したときに目の前のデータのようなサンプルがたまたま得られる確率が低いことを意味する。

p 値が一定の基準を下回っている場合，「統計的に有意」であると表現する。有意かどうかを判断する基準は様々あるが，５％を基準とすることが多い。だが，５％という基準には特に理由があるわけではなく，慣例的なものである。複数の基準を設けておき，５％の基準を下回ったら「５％水準で有意」，１％の基準を下回ったら「１％水準で有意」というように，クリアした基準とともに表現を変えることもある。また，有意確率が５％や１％となるときの t 値などの値を臨界値と呼ぶ。

以上が，統計的検定の考え方である。統計的検定は，「分析結果に特徴が見られたのは偶然ではないか（サンプリングでたまたま選ばれただけではないか）？」とあえて反論させて，その反論がいかに弱いかを示すという手順を採用している。自説を否定しにかかってくる反論が帰無仮説であり，その帰無仮説の説得力の強さを表す指標が p 値である。変数同士の関連性や特徴がみられるときに有意確率（p 値）が低くなるのは，「たまたまでは？」と反論してくる相手が弱いからだ，と考えるとよいだろう。

なお，統計的検定の他にも，区間推定により信頼区間を求めることで同様の推測を行うこともある[(4)]。ただし，区間推定について本書ではこの先あまり登場しないので，ここでは用語を紹介するにとどめる。

4　検定のプロセスの注意点

検定というのは，統計的に便利な道具である。だが，読み取る際にはいくつか注意して欲しいことがある。

有意確率と効果の大きさは別の話である

検定結果として報告される「*」の数，あるいは p 値の低さは，関連性の強さを表すものではない。帰無仮説の妥当性を検証し，それが棄却されるか否かだけを検証していることを思い出してほしい。帰無仮説は多くの場合，「AとBの関係性がゼロだ」という仮説で，検定は「関係性がゼロ」ということがどの程度ありえなさそうか，ということにフォーカスしているだけだ。検定の結果が統計的に有意だった，ということを報告することは，「関連性がゼロではない」とどのくらい自信を持って言えそうか，ということでしかなく，関連性がどのくらい強そうか，ということには必ずしも答えは出していない。

たとえば，集団Aと集団Bでは，500点満点のテストの平均点が0.1点ほど差があり，それが統計的に有意であると判断されることもある。その場合，有意であるといっても差はとても小さい。特に，サンプルサイズが大きくなればなるほど「有意」という結果は出やすくなる。サンプルサイズが大きければ，それだけ推定精度は高まるので，それ自体は問題でないはずだ。ただしその分，効果の大きさに着目して読むことが必要になる。

また「結果が有意ではなかった」ということも，「関係ないことが立証された」ということにはならない。帰無仮説が棄却されなかったとしても，それはあくまで「帰無仮説が正しい場合でも今回ほどの関連がみられるサンプルが選ばれる可能性が一定以上はあるので，母集団でも差があるとはいったん言わないでおこう」程度のことである。主流の統計学においては，ある仮説が母集団において正しい確率を直接求めることはできない。それは，「対立仮説が正しい確率」も「帰無仮説が正しい確率」もどちらも直接求めることはできないということを意味する。そうした背景があって，統計的検定ではここまで説明したような，回りくどい推論を行っているのだ。

検定では非標本誤差は考慮できない

統計的検定は，標本誤差についての理論に基づいて行われる推論である。標本誤差とは，ランダムサンプリングに伴って偶然発生する，母集団とサンプルの集計結果のズレのことだった。

しかし，母集団とサンプルのあいだには，標本誤差だけではなく非標本誤差も生じる可能性がある。母集団とサンプルのあいだのズレのうち，標本誤差ではない理由による誤差を**非標本誤差**（non-sampling error）という。非標本誤差の例としては，以下のようなものがある。

- 特定の属性の人が無回答になりやすかった
- サンプリング台帳が正確ではなかった
- 回答者がウソの回答をしやすい質問がされた
- 質問文の言葉が中立的でなかった　など

統計的検定は標本誤差を見積もる手法であるため，上で挙げたような非標本誤差については取り扱うことができない。非標本誤差については，調査がどのように行われたのかをよく読み，妥当性を判断するほかない。そのため，統計的な分析を行った報告書を読む際，その内容が妥当かどうかを判断するためには，調査の方法や質問文の内容を読むことも必要となる。

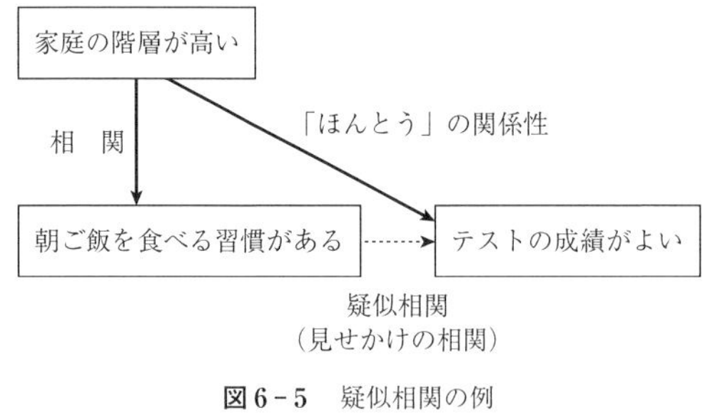

図６－５　疑似相関の例

出典：筆者作成。

特に，使われている変数がどのような情報なのか（たとえば，どのような質問文への回答なのか，など）は，統計の専門家でない読者も注意して読む価値がある。バイアスがかかりそうな質問ではないか，あるいは，そもそも関心のある概念が適切に反映されていそうな情報なのか，といったことは，検定で答えが出る問題ではないからである。

疑似相関や逆の因果の可能性もある

データを集計した結果，普段朝ご飯を食べている生徒の方が，テストの点数が高く，有意な差が認められたとしよう。だがその結果があっても，朝ご飯を食べることで学力を向上させる「効果がある」とは，まだ結論づけることはできない。これも第２章で既出の例であるが，図６－５のように，朝ご飯を食べることによる直接の影響があるのではなく，朝ご飯を食べる習慣がついているような家庭環境であること（階層の高さや親が子どもと関わる余裕など）が学力と関連しているだけである可能性もある。

このように，本当は直接的な関係がないにもかかわらず，別の変数を介することで一見関連があるように見える関係性のことを，**疑似相関**という。多くの社会現象は複雑に絡み合っているため，リサーチデザインの段階で相当な工夫をしない限り，疑似相関が疑われる要素を考慮した分析が求められる。疑似相関が疑われる場合は，第13章で紹介する重回帰分析などの手法により，第３の変数の影響をコントロールして分析することが一般的である。分析結果を読む際にも，分析の中に見落とされている「第３の変数」がないか考えることは有効である。

また，相関関係が存在することは，因果関係を示しているとも限らない。因果関係が逆であるという可能性もあるためである。因果関係を厳密に検証する場合は，パネルデータを使った分析や，ランダム化比較試験（やそれに準じる方法）を使うことで，厳密な因果関係の検証ができるようになる（「コラム２」も合わせて参照のこと）。

ここで説明した通り，因果関係を寸分の隙もなく検証するようなデータ分析は，そう簡単なことではない。そしてデータ分析も万能ではない。だがそれでもデータは，自分の目で追い切れない社会の広い範囲を推測できるようにしてくれる，貴重な手段である。たとえ「完璧」でなかったとしても，調査データはこの社会についての何らかの手がかりを示してくれている。完璧ではないからといって，情報の価値はいきなりゼロにはならない。我々は，道具の限界をわきまえつつも，少しずつでも頼りになる情報を集めるしかないのだ。

---

(1) 統計学の分野ではサンプルサイズを n，母集団のサイズを N と表記するのが慣例だが，社会科学の分野で分析結果を報告するときはサンプルサイズを N と表記することが慣例である。本書においても，サンプルサイズを n とする場合と N とする場合が混在している。場面に応じて切り替えてほしい。

(2) 本章では紹介しなかった方式としては，推定値の95％信頼区間の上限と下限が書かれているパターンもある。

(3) とりうる値が連続量の変数であれば，値は厳密には49.99999… など無限に細かく分けられるため，特定の値をとる確率をピンポイントで求めず，関数のグラフと面積で確率分布を表現する。

(4) サンプルに対して分析を行う場合，平均であっても割合であっても，サンプルの集計結果が母集団のそれとぴったり完全に一致することはない。そこで，サンプルの集計結果から母集団について推測する場合，「△△％の信頼度で，母集団の集計値は○○から××までのあいだに収まっているだろう」というように，一定の幅を持たせて推測することが多い。このように幅を持たせた推定のことを区間推定といい，推定された区間のことを信頼区間（confidence interval）という。「95％の信頼度で，母集団の数学の平均点は44点から52点のあいだにあるだろう」あるいは「95％の信頼度で，母集団では66％から80％の児童に朝ご飯を食べる習慣があるだろう」というような推測に用いられる。なお，「95％の信頼度」とは「95％の確率」という意味ではないので一定の注意が必要である。

コラム4　データ分析と統計ソフト

いわゆる文系学問分野に限らずデータ分析は，統計ソフトウェアの普及と密接に関わっている。難しい計算式を“知らなくても”，実際に手を動かして計算“しなくても”，専用のソフトウェアを利用すれば複雑な分析が“簡単に”実行できるからである。

統計ソフトの利用を前提としたデータ分析は，しばしば「自動車免許」に例えられる。実際に経験してみるとわかるのだが，専用の（特に有料の）ソフトウェアを利用すれば，マニュアル通りにボタンを順番にクリックしていくだけで分析結果が出力される。たとえ統計的な知識を全く持っていなくてもである。これが「無免許運転」と揶揄される所以である。

一方で，自動車を運転するにあたって必要な車の知識はどの程度であろうか。自動車製造の工程やエンジンの構造をエンジニアレベルで知っていないなくても運転免許証は獲得できる。もちろんエンジニアレベルの知識はあった方が良いに決まっているが，運転免許証取得に際して求められていない限りは，「そこまで知らなくても運転しても良い」と制度的には決められていると考えて良いだろう。

それでは，統計ソフトを利用するにあたって必要な統計的知識はどの程度であろうか。これには決まりなどない。決まりはないが，全く統計的知識を持っていない状態でのソフト利用は，やはりまずい。無免許運転と同じ状態だからである。それぞれの学問分野において正統とされている手続きを踏まえてないデータ分析は，結果が間違いであるだけでなく，社会を思わぬ方向へ導く可能性もある。たとえば，文部科学省による全国学力・学習状況調査の結果，しばしば正答率上位の自治体として秋田県，富山県，福井県などが上がる。これらの地域に共通する特徴には三世帯同居率の高さがあり，「学力を上げるために三世帯同居を推進しよう！」という話になったりすることがある。しかし，こういった教育政策の方向性でのデータの解釈は誤謬である可能性が高い。

なお，統計ソフトに優劣は存在しない。統計ソフトは，要するに計算機なので，それらの違いは「どの電卓が好きか」のような話と同じである。ただし，ソフトの開発者がどのような分野の専門家をターゲットにしているかの違いはあるので，ソフトによってそれぞれの「得意分野」がある。たとえば，計量経済学における高度な分析はSPSSなどでも可能なのだが，Stataを使えばより容易に行うことができる。このあたりはユーザーの専門，選好，研究環境が関わってくる。

以上を踏まえたうえで，本コラムでは教育データの分析によく利用されるいくつかの統計ソフトを紹介する。「無免許運転」にはくれぐれも注意してもらいたい。

SPSS（正式名称：IBM SPSS Statics）

本書のデータ紹介では，ほぼ全編にわたってSPSSを利用している（「コラム」も含む）。

SPSSは「Statistical Package for Social Science」の略で，教育学・心理学を含む社会科学系分野において世界中で最も広いシェアを誇る統計ソフトの1つである。文系分野でのデータ分析者が増加した背景には，大学生や大学院生がデータ分析を始める時につまずきやすいハードルをSPSSが著しく下げたことも一因であると思われる。その意味で，データ分析におけるSPSSの貢献は大きい。

SPSSの操作は初心者にとっても非常に簡単である。圧倒的シェアゆえに，ソフトの操作が日本語対応しており，操作マニュアルや教科書も日本語でたくさん公開されている。ただし，操作が簡単であるがゆえに「無免許運転」になりやすいので，その点は自覚してSPSSを利用する必要があることは強調しておきたい。

現在では，OECD生徒の学習到達度調査（PISA）のデータセットもSPSS形式（拡張子.sav）で公開されており，ダウンロードすればすぐにSPSSで分析可能である。各国の社会科学分野のデータアーカイブスで公開されているデータセットもSPSS形式でダウンロードできるものが多い。こうした利点は，圧倒的なシェアを誇るSPSSならではといえよう。

ユーザーフレンドリーな点の1つに，ワードやエクセルなどMicrosoft Officeとの連携が非常にスムーズなことがある。SPSSで出力される分析表をそのままエクセルにコピー&ペーストすれば，数値が各セルに貼り付けられるので表の加工が容易である。

SPSSを利用するハードルを強いて挙げるとすれば，利用するためのコストがかさむことであろう。ベースソフトの購入に加えて，高度な分析を行いたい場合にはオプションソフトをその都度購入する必要がある。とはいえ，価格の点さえクリアできれば，非常に有用なソフトウェアである。

Stata

本書のデータ紹介では，第15章の固定効果モデルとランダム効果モデルの実行でStataを利用している。

社会科学分野において非常に広いシェアを誇る統計ソフトである。SPSSとの違いは，Stataが主に経済学の専門家に好まれて利用されている点だろう。

世界銀行（World Bank）のデータの多くもStata形式（拡張子.dat）で公開されている。

Stataのテクニカルサポートを日本で行っている株式会社ライトストーンのウェブサイトに「統合型統計ソフトウェア」と表記してある通り，カバーしている手法の範囲が非常に広い（https://www.lightstone.co.jp/stata/index.html 2020年3月20日閲覧）。高度な分析を実行するためにオプションソフトを購入する必要もないので，コストパフォーマンスにも優れている。

現在では，ソフトの操作も日本語で対応しており，日本語のマニュアルやテキストもたくさんあるので独習もしやすい。また，株式会社ライトストーンでは，定期的にStataセミナーを開催している（有料）。自身のレベルや関心に応じてセミナーを利用すれば，効率的なソフト操作の学習も可能である。

StataとSPSSに共通するメリットは，データ分析だけでなく，データ管理まで容易に行える点にある。“初心者フレンドリー”という点では，StataとSPSSが他のソフトと比べても傑出している。

HLM

本書の第14章ではHLMを利用している。

階層線形モデル（Hierarchical Linear Modeling）ないしマルチレベル分析を実行するために開発された専用ソフトウェアである。あくまでマルチレベル分析を行うことに特化したソフトなので，データの管理や変数の加工は一切できない。

マルチレベル分析は，SPSS，Stata，Mplusなどでも実行可能であるが，それらのソフトでマルチレベル分析を行おうとするとやや操作が複雑である。HLMを使えば，マルチレベル分析を容易に実行でき，出力される結果もわかりやすいので，その点において非常に有用なソフトである。

Mplus

本書の第15章の成長曲線モデルではMplusを利用した分析結果を紹介している。

本書では取り扱わないような高度な分析手法（例えば，構造方程式モデリング，潜在クラス分析，項目反応理論など）にも対応したソフトウェアである。通常のデータ分析の範囲であれば「できないことはない」と思っても差し支えない。非常に柔軟なモデリングも可能で，コストパフォーマンスも高い。

ただし，データ分析の初心者向けのソフトウェアでは全くない。日本語のテキストも増えてきてはいるが，操作マニュアルやテキストも英語のものが圧倒的に多い。とはいえ，最初の購入費用と学習コストさえクリアできれば汎用性の高い分析ソフトである。

その他の統計ソフト

むろん，上記に紹介した統計ソフトはほんの一例に過ぎない。たとえば，本書では利用していないが，SAS（Statistical Analysis System）なども大きなシェアを持つ。

また，フリーソフトもいくつかある。SPSS と同等の機能を目指して開発が進められている "PSPP" は無料で入手できる。JASP（Jeffreys's Amazing Statistics Program）は，インターフェースが英語であることさえクリアできれば，非常に有用なソフトである（https://jasp-stats.org/ からダウンロード可能）。フリー統計ソフトの老舗では "R" が大きなシェアを誇るが，プログラミングが必要なため初心者にはやや利用ハードルが高いかもしれない。しかし，高度な分析が可能なソフトが無料で入手できるのは大きなメリットである。

第Ⅲ部

教育データを読み，解釈する

第7章
データ分析の第一歩
――クロス集計表とエラボレーション――

本章で学ぶこと

本章では，２つの変数間の関係を調べる最も簡単な方法の１つであるクロス集計表（以下，クロス表）について学ぶ。クロス表は，高度な分析ではないが，統計分析の基礎となる考え方を易しく学ぶことができる。以降の章で扱う高度な分析手法はクロス表およびエラボレーションの応用になるので，第８章と合わせてここで分析の基礎の理解を深めてほしい。実際の分析作業では，多変量解析が発達した現代でも，まずクロス表で基礎集計をすることが少なくない。

キーワード：クロス表，３重クロス表，疑似相関，エラボレーション

1　クロス集計表とは

質問紙調査から因果関係を調べるということ

これまで本書では，何が起きているのかを知る記述的研究を超えて，なぜそれが起きているのか，その背後にある因果関係やメカニズムを探る説明的研究を行うことが重要であることをみてきた。因果関係を調べる最も確実な方法の１つが実験ということはできる。確実にこれが原因でこの結果が生じるということを確かめるには，もちろん実験でもきちんとした設計が必要となるが，原因を与えてみて，あるいは原因の有無によってどのような結果が生じるのかを確かめるというやり方は非常に強力である。化学実験，薬理実験，心理実験など様々な領域において実験という方法が用いられている。

これに対して質問紙調査では，パネル調査（追跡調査：対象者を追跡して時間をおいて複数回調査する）といった方法を別にすれば，一時点での回答をもとに因

表7-1　世帯年収別，大学進学リスク

	世帯年収				合　計
	400万円未満	400-600万円未満	600-1000万円未満	1000万円以上	
リスクなし	66	120	281	99	566
リスクあり	202	252	245	40	739
合　計	268	372	526	139	1305

出典：教育政策と教育世論についての意識調査。

果関係を調べることになる。すなわち「原因を与えたら結果が現れた」というようなわかりやすい形で因果関係を特定するのが難しいことが容易に想像できる。これから詳しくみていくが，質問紙調査では，因果関係を調べるうえでいくつかの特有の限界を抱えているということがいえる。ただし，いくつかの限界を抱えているとしても，一時点の調査で因果関係が存在している可能性を発見できる質問紙調査の有用性は大きい。

それでは質問紙調査を用いて因果関係を調べるにはどのようにすればよいのだろうか。一時点の調査から因果関係を浮き彫りにするというのはどのように可能になるのか。ここでは，最もシンプルかつ強力な方法の１つであるクロス表を取り上げる。以下，早速みていくことにしよう。

回収した調査票を分類して数える

質問紙調査は，おもに数量的方法に分類される方法である（自由回答を質的に扱うこともできるが）。改めて示すと，そこでは対象者が回答した数値をもとに，あるいはある回答に何人が答えたかといった人数をもとに分析を行うという特徴がある。クロス表とは，独立変数（原因となる変数）と従属変数（結果となる変数）のマトリクスを作っておいて，そこに回収した調査票を分類して当てはまる人数を数えることによって作る。具体的に見ていこう。

表7-1は，**「世帯年収が低い人ほど子どもを大学，短大，専門学校への進学を子どもに諦めさせるリスクがある」**という仮説を検証するためにクロス表を作成したものである。ここでは，独立変数の世帯年収を表頭にし，従属変数の進学リスクを表側にしている（表頭・表側が逆でもよいが，後に述べるパーセントの集計をタテ方向・ヨコ方向にするのかが異なってくる）。

このクロス表の作成は，次のように行う。まず，調査票には，「世帯年収」に関する質問と「進学リスク」に関する質問があり，この調査票が1,305人分ほど積まれている。これを表のマトリクスのあてはまるところに積み直していく。たとえば，調査票を一枚取り出したとき，もしそれが「年収400万円未満」「リスクがある」にそれぞれ○がつけられていたとしたら，一番左下のセルに入れるということになる。以下，すべての調査票についてあてはまるセルに入れていけばよい。すなわち，それぞれのセルに当てはまる人数を集計しているわけである。

なお基本的にクロス表では，あまりにセルが多いと複雑化して傾向を捉えることが難しくなるため，独立変数・従属変数ともに２～５くらいのシンプルな表にまとめるほうがよい。そこで，大枠のカテゴリを作り直す作業を行うことがある。これは統計ソフトでは，現在割り当てられているコード（番号等）を大枠のカテゴリのコードに変更するため**リコード**（recode）と呼ばれており，頻出の操作となっている。表７-１のクロス表も，実際の調査票では世帯年収は200万円ごとに尋ねられていたのだが，それをリコードして作成したものである。クロス表は，関係を浮き彫りにする分析でもあるが，同時に基礎集計の一環であることも多く，シンプルなほうがよいのである。

このようにクロス表を作成する場合には，まずカテゴリ作りをするということが多くなるが，どこにカッティングポイントを設けてシンプルなカテゴリに分割するのかということが常に問題となる。たとえば，よくあるものとしては，成績を１～９までの９段階で尋ねているときには，１～３，４～６，７～９と３分割したり，意識を尋ねる４択質問（「とてもそう思う」「ややそう思う」「あまりそう思わない」「まったくそう思わない」など）では「そう思う」か「そう思わない」かの２択にまとめてごくシンプルに捉えたりすることもよくされている。また，「どちらでもない」が含まれる５択質問（「とてもそう思う」「ややそう思う」「どちらとも思わない」「あまりそう思わない」「まったくそう思わない」など）では，「そう思う」「どちらとも思わない」「そう思わない」の３カテゴリにまとめることが多い。

このほかに高校生などの家庭学習時間のような場合には，①分布をみながら少ない方から相対的に３分割するというようなやり方，あるいは②たとえば

表７－２　世帯年収別，大学進学リスク

	世帯年収				合　計
	400万円未満	400-600万円未満	600-1000万円未満	1000万円以上	
リスクなし	66 24.6%	120 32.3%	281 53.4%	99 71.2%	566 43.4%
リスクあり	202 75.4%	252 67.7%	245 46.6%	40 28.8%	739 56.6%
合　計	268 100.0%	372 100.0%	526 100.0%	139 100.0%	1305 100.0%

出典：教育政策と教育世論についての意識調査。

「全く勉強しない」に独特の意味を見いだし，人数にかかわらずカテゴリを設けるやり方の２つがあり，これらを組み合わせながら調べたいことに適したカテゴリを作成することになる。

表にまとめる――グループごとの割合を計算する

さて，以上のようにマトリクスのセルに入る人数を把握したら，今度は「世帯年収が低い人ほど子どもを大学，短大，専門学校への進学を子どもに諦めさせるリスクがある」という仮説の検証をするために，独立変数のグループ（「世帯年収」の４カテゴリ）ごとに従属変数の「進学リスク」がどのように異なっているのかを集計する。

その集計結果が，表７－２ということになるが，一番左上のセルについて集計を実際にやってみよう。ここは世帯年収が「400万円未満」のカテゴリの合計268人のうち66人が「リスクなし」と回答しているので24.6%となる。以下，すべてのカテゴリについて割合を集計すると表７－２が完成する。そして，このクロス表の読み方は次のようになる。

> 「400万円未満」では「リスクがある」と回答する人の割合が75.4%に上るのに対して，「400万円以上600万円未満」では67.7%，「600万円以上1000万円未満」では46.6%と減っていき，「1000万円以上」では29.8%という低い値にとどまっている。したがって，世帯年収が低いほど進学リスクは高まるという仮説は支持される。

表7-3　世帯年収別，大学無償化等の積極度

	世帯年収				合　計
	400万円未満	400-600万円未満	600-1000万円未満	1000万円以上	
税金が増えるくらいならしない	163 60.8%	216 58.1%	323 61.4%	84 60.4%	786 60.2%
税金が増えてもする	105 39.2%	156 41.9%	203 38.6%	55 39.6%	519 39.8%
合　計	268 100.0%	372 100.0%	526 100.0%	139 100.0%	1305 100.0%

出典：教育政策と教育世論についての意識調査。

すなわち，質問紙調査においても，このようなやり方によって因果関係を含む2つの変数の関係を調べることができるということが理解できるだろう。「因果関係を含む2つの変数の関係」という意味ありげな書き方をした理由は後に述べるとして，ここでのポイントについて押さえておこう。

1つ目のポイントは，独立変数の「世帯年収」のグループごとに従属変数の「進学リスク」の割合を計算するということである。なぜなら，「世帯年収」が「進学リスク」に影響を与えているのであれば，「世帯年収」によって「進学リスク」のありようが違うことを調べるということになるからである。逆に，ヨコ方向に100%をとっても「進学リスク」が高いグループに「年収が低い」人が多いという結果を得ることもできる。しかし，これは厳密にいえば「進学リスク」の違いによって，世帯年収がどのように違っているのかを分析しているのであるから，仮説検証という点からするとやや的外れということになる。

2つ目のポイントは，すでにお気づきかもしれないが，「世帯年収」と「進学リスク」という2つの変数の間に関係があるとき，クロス表においては「世帯年収」によって「進学リスク」に差があるという現象として現れるということである。それゆえクロス表では，この差があるかどうかに着目して表を読むことになる。なお，2つの変数に関係がないときには，こうした差はみられなくなる。「世帯年収」のありようによって「進学リスク」のありようが影響をうけない状態，すなわち独立の状態にあるからである。

関連して，ほぼ独立の状態にあるクロス表を表7-3に示しておく。これは同じ調査データを用いたものであり，「世帯年収」によって「大学無償化等の

政策の支持」は変わらないということがみえてくる。実は関係がないということも研究上，意味があることは少なくない。つまり「世帯年収」が低い層で進学のリスクは高まっているが，しかし，そうした層が「大学無償化等の政策の支持」をしているわけではないという，特有の意識構造を浮き彫りにすることができるのである。

2　エラボレーションと3重クロス表

「他の条件の不変」をどう確かめるのか

以上でみてきたように，クロス表を用いると質問紙調査でも2つの変数にみられる関係の有無を調べられることがわかった。しかし，実は，それだけでは本当に2つの変数に関係があるとは即断することはできない。ニセの関係（疑似相関）が現れているにすぎないことがあるからである。本節では，クロス表で因果関係の存在を確かめるには，どのようにすればよいのか，それが抱えている限界を含めて学んでいく。

第2章で詳述したが，ここで因果関係が成立するための3つの条件について，高根正明（1979）が的確に整理したものをあらためて確認することから始めよう。本章の分析手法に照らしあわせると，因果関係の成立には以下に示す3つの条件が必要となる。

①独立変数の変化は，従属変数の変化よりも前に生じている（時間的先行）
②独立変数と従属変数の間に共変関係がある
③他の条件の不変（クロス表では，変数を統制（コントロール）しても（他の変数の値を固定しても）共変関係が観察されることを確かめる）

それでは，クロス表において「③他の条件の不変」を確かめ，独立変数の効果をきちんとみるにはどのようにすればよいのだろうか。

クロス表（数量的分析）において，「③他の条件の不変」というのは独特の考え方が必要となる。ここでは，独立変数を変化させたときに独立変数のみなら

表7－4　髪の毛の色と保育士免許（目標）

	髪の毛が明るい色	暗い色	合　計
保育士免許をめざす	105 40.4%	135 ＞　18.2%	240 24.0%
めざさない	155 59.6%	605 ＜　81.8%	760 76.0%
合　計	260 100.0%	740 100.0%	1000 100.0%

出典：筆者作成。

表7－5　［3重クロス］学科別，髪の毛の色と保育士免許（目標）

	中等教育学科		初等教育学科		保育学科	
	髪の毛が明るい色	暗い色	髪の毛が明るい色	暗い色	髪の毛が明るい色	暗い色
保育士免許をめざす	0 0.0%	0 ≒　0.0%	10 10.0%	40 ≒　10.5%	95 86.4%	95 ≒　86.4%
めざさない	50 100.0%	250 ≒100.0%	90 90.0%	340 ≒　89.5%	15 13.6%	15 ≒　13.6%
合　計	50 100.0%	250 100.0%	100 100.0%	380 100.0%	110 100.0%	110 100.0%

出典：筆者作成。

ず同時に第3の変数も変化しているということがあるということなのである。これから実際にみていくが，このことをきちんとチェックしないとときに恥ずかしい間違いを犯してしまう可能性がある。表7－4をみてほしい。

この表は，ある大学の教育学部での保育士免許の取得を目指すことが何によって規定されているのかを調べている。データ自体は筆者が架空の分析結果を示したものであるが，同じような結果を実際のデータから導き出したことがある。そうしたデータとして表をみてほしい。表7－4を読み解くと，髪の毛が明るい学生ほど保育士免許の取得を目指す割合が高いということがわかる。では，この結果から保育士を目指すモチベーションを高めるならば学生に髪の毛を明るくさせた方がいいというように解釈できるのだろうか。何かがおかしいと思った読者の方も多いのではないかと思われるが，事実，この解釈は間違ったものである。ここで表7－5を見てほしい。

これは3重クロス表と呼ばれるものであり，3つの学科ごとにそれぞれ「髪の毛が明るい学生ほど保育士免許の取得を目指す割合が高いかどうか」（表7-4の2重クロスと同じもの）を調べている。そうすると同じ学科の中で見てみれば，「保育士免許の取得を目指す割合」は髪色が明るくても暗くても同じ程度（差がない！）であるということがわかる。実は，この架空の大学の教育学部には3つの学科があり，それぞれ主に中学・高校免許，小学校免許，幼稚園・保育士免許を目指す学科となっていたのだった。ここでは，それぞれの学科の学生文化があって，保育学科の学生は髪の毛が明るい傾向がみられ，そのため教育学部全体で見たときには（表7-4の二重クロス）髪の毛が明るい学生ほど保育士免許を目指すという結果が出てしまったのである。したがって，これは髪の毛を明るくすると保育士を目指すモチベーションが高まるといったものでないことは明白である。このようにクロス表（ないしは質問紙調査全体ということもいえる）分析では，こうしたことをチェックせずに，「髪の毛が明るくさせたほうがよい」というようなことを結論にしてしまうと恥をかくことがあるということを覚えていてほしい。

それでは，どうして髪の毛が明るくさせると保育士へのモチベーションが高まるように見える奇妙な結果が出たのか整理して考えてみよう。もともとは保育士を目指すことの規定要因を探ろうとして「髪の毛が明るい学生ほど保育士免許を取得を目指すかどうか」を調べていた。しかし，髪の毛が明るいかどうか（独立変数）による保育士志望（従属変数）の差異を調べるつもりが，学科の違いを見ていたということになるわけである。すなわち，2重クロス表に現れた「髪の毛が明るい学生ほど保育士免許の取得を目指す」というのは**見かけ上の「ニセの関係」**であったということになる。このような関係のことを疑似相関という。これが先に述べた，独立変数である髪の毛の明るさの値の変化につれて，同時に別の変数である学科の種類（これも値というこができる）もまた変化していたという現象である。

クロス表の分析を行う際には，疑似相関がないか，すなわち独立変数の値の変数につれて，他の変数が変化していないかに常に注意を払い，考えられるものについては3重クロス表を作ってチェックする必要がある。変化が考えられる第3の変数（ここでは学科）を用いて3重クロス表をつくることになるが，この第3の変数のことを統制変数といい，この統制変数で3重クロス表を作ることを「学科で統制する」（あるいはコントロールする）というような言い方をする。統制というのは，条件をそろえるということで，すなわち，この例で言えば学科の影響を除くために同じ学科の学生だけ取り出した場合に独立変数（髪の毛の明るさ）が従属変数（保育士志望）に影響を及ぼしているかをチェックしているのである（独立変数の影響だけを取り出しているということになる）。この作業を**エラボレーション**といい，クロス表における「③他の条件の不変」という条件を成立させる方法である。

クロス表（数量的分析）の限界とは

以上のようなやり方で因果関係を調べるクロス表では，おもに2つの大きな限界を抱えていることがわかるだろう。

第1に，繰り返して言うが，1つ1つ「③他の条件の不変」を調べなければならないということである。化学実験や薬理実験では，「③他の条件の不変」をいわば一括して調べることができる。他方，クロス表では，独立変数の値の変数につれて，他の変数が変化していないかに注意を払い，考えられるものについては1つ1つ統制変数を設定して3重クロスを作成し，潰していく必要がある。それでも，すべての要因（変数）についてチェックすることはできていないから，疑似相関が潜んでいる可能性を完全に否定できるわけではない。これがクロス表ひいては，数量的分析に特徴的な特質ということができる。

第2に，独立変数の時間的先行を確かめられないことである。通常の質問紙調査は，一時点において意識や行動を調査している。したがって，仮に「あるゲームをしている人は，知的な能力に優れている」という結果が出たときに，そのゲーム（独立変数）に知的能力を高める効果（従属変数）があるのか，知的能力がある人（独立変数）がそのゲームをしたくなっている（従属変数）のか，を特定することはできない。ただし，どちらが原因か分からなくとも，ゲームと知的能力の関係があることは確認できるわけである。このような関係は相関関係と呼ばれている。どちらが原因としてどちらの結果をもたらしているのか，影響の方向性までは分からないということなのである。

これは質問紙調査にみられる限界の1つとしてみることができる。それゆえ，多くの研究者は，①時間的先行が確定的な変数を選ぶ傾向にあるといえるかもしれない。その例としては，「親の学歴が高い子どもほど学力が高い」というようなものが挙げられる。言うまでもなく，親の学歴は，子どもの学力よりも時間的先行が確定しており，子どもの学力が高まると親の学歴が高まるというようなことはあり得ない。このような変数を選ぶことによって独立変数の変化の時間的先行という条件を成立させるのである。あるいは，②パネル調査といわれる追跡調査を行い，過去の行動がその後の行動にどのような影響を及ぼしているのかといったことを調べる研究も多く行われている。これも変数自体が時間的先行を成立させているということになる。

3　エラボレーションの実際と３重クロス表のタイプ

３重クロス表の読み方と重要性が理解できたところで，エラボレーションについて詳しくみていこう。エラボレーションの結果として，いくつかのタイプのクロス表が現れるが，ここでは，おもな３つのタイプを取り出して整理していこう。

疑似相関（説明型）

第１の典型的なクロス表のタイプは，説明型である。すでに表7-5で示した３重クロス表がこの説明型ということになるが，その際みてきたように説明型は疑似相関の際に現れる。ここでは，さらに表7-5を例にして，疑似相関の際に独立変数・従属変数・統制変数の各変数間にどのような関係があるのか整理していこう。

表7-5の３重クロス表のそれぞれの変数は，図7-2に示すように関係となっている。すなわち，独立変数（髪色の明るさ）が従属変数（保育士志望）に見かけ上の影響を及ぼしていた。なぜあたかも関係があるような結果が現れたかというと，統制変数として用いた「学科」（髪色の文化が違う特質をもつ）が独立変数である髪色に影響を与え，同時に学科によって取得できる免許種が異なるため保育士志望に影響を及ぼしていたということになる。すなわち，従属変数に影響を与えていた真の原因は「学科」の特性であったということがいえる。それが見せかけの独立変数と従属変数の関係を出現させていたということにな

るわけである。

繰り返しになるが，クロス表分析ではエラボレーションを行って疑似相関が考えられる要因を１つ１つ潰していかなければならない（この意味では，クロス表はシンプルな分析ではあるが，複数の変数を一挙に統制できるという意味では回帰分析のような多変量解析のほうが作業自体は容易かもしれない）。このときエラボレーションの際に統制変数として用いるのは，独立変数の変化につれて変化することが見込まれる変数であるということに注意してほしい。そして，当然ではあるが，いくつかの統制変数を用いて分析を行ったとき疑似相関が見つかったら，それは独立変数と従属変数には真の関係はないというになる。なお，この章では解説のために表７-２の２重クロス表をいくつかの変数で統制してさらに３重クロス表を作成していくが，実際の分析では疑似相関が見つかった後に，さらに統制し直すということはほとんどないということを付言しておく。

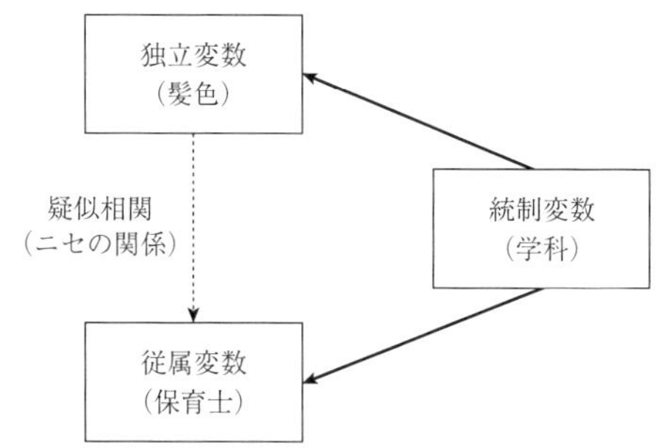

図７-２　疑似相関における変数間の関係

出典：筆者作成。

テスト成功の場合（反復型）

３重クロスの第２のタイプは反復型である。これは，統制変数を用いて疑似相関がないかをチェックしたとき，問題がない場合（チェックが成功したとき）に現れるものである。実際の例を表７-６に示す。

これは，学年が上がるごとに保育士へのモチベーションが上がる可能性があり，また，１～２年次よりも大学に慣れてきていることから髪色を明るい色にすることが考えられるということで学年で統制を行ったものである。再確認しておくと，学年という変数の影響が混入してしまう（独立変数の変化につれて統制変数も変化してしまうことが疑われるから）ことを避けるために，学年ごとに独立変数が従属変数に影響を与えているかどうかをみている。

しかしながら，結果は学年で統制しても，大学１～２年生において髪の毛が

表7-6　学年別，髪の毛の色と保育士免許（目標）

	1～2年		3～4年	
	髪の毛が明るい色	暗い色	髪の毛が明るい色	暗い色
保育士免許をめざす	78 44.3%	84 ＞ 19.0%	27 32.1%	51 ＞ 17.1%
めざさない	98 55.7%	358 ＜ 81.0%	57 67.9%	247 ＜ 82.9%
合　計	176 100.0%	442 100.0%	84 100.0%	298 100.0%

出典：筆者作成。

【明るい色】では44.3%となっているのに対して【暗い色】では19.0%となり，大学3～4年生においても【明るい色】での32.1%に対して【暗い色】では17.1%にとどまっている。このことからいずれの学年のグループにおいても仮説の通り髪色が明るいほど保育士へのモチベーションが高いことが分かる。3重クロス表を読む際に重要なことは，学年ごとに独立変数が従属変数に影響を与えているかどうか，すなわち表で不等号の部分の差があるかどうかを問題にしているということである（逆にいえば，髪の毛の明るさが学年によってどう違うかといったことは仮説検証上全く問題にしていないということなのである）。

特定型とMタイプ

それ以外のタイプを2つ紹介しよう。第1に，特定型と呼ばれているものであり，表7-7は，性別で統制を行ったものである。髪色は，女子学生のほうが男子学生より明るい傾向にあり，また，保育士を志望して入学する学生は女子学生が多いことが考えられることから，このような統制を行っている。

結果をみると，女子のみで独立変数によって従属変数の値が異なっている（差がある）のに対して，男子ではそうした差はみられない。このように，統制変数の一部のグループにのみ独立変数と従属変数の関係がみられるものを特定型という。ここで特定という意味は，男子では関係がないが女子では関係があるという，仮説が成立するグループ（条件）を特定したということになる。また，関係がみられない男子が混ざっていることによって，もともとの2重クロスでは関係が薄まって捉えられているが，女子にのみにしたときにはそうした

表7-7　男女別，髪の毛の色と保育士免許（目標）

	男		女	
	髪の毛が明るい色	暗い色	髪の毛が明るい色	暗い色
保育士免許をめざす	11 12.9%	43 ≒　9.3%	94 53.7%	92 >　33.1%
めざさない	74 87.1%	419 ≒　90.7%	81 46.3%	186 <　66.9%
合　計	85 100.0%	462 100.0%	175 100.0%	278 100.0%

出典：筆者作成。

関係がはっきり現れるということがいえる。

第2に，Mタイプという面白い関係がみられることがある。たとえば，男性は配偶者が早死にすると自分も早死にしてしまうが，女性の場合は逆で，配偶者が早死にすると自分は長生きするといった現象である。つまり，配偶者の死が与える影響の方向性が性別（統制変数のグループ）によって逆になっているということなのである。このMタイプでは，逆の影響関係が混ざり合っているため，男性と女性を合わせて集計をした場合（2重クロス）には，配偶者と自分の寿命との関係が弱まってみえたり，ときには無相関であるかのようにみえたりする場合もある。グループを分けて初めて見えてくる因果関係なのである。

4　クロス表における関連性の測度

本章の最後に，関連性の強さを統計的に検討するための方法として，(1)クラマーの V，(2)グッドマン＝クラスカルの γ 係数，(3)オッズ比の3つを紹介する。クロス表でパーセントを比較，検討することはデータ分析の基礎ではあるが，数値間に差が見られた場合には，その差の強さを統計的に判断しようとするのが，これらの方法である。

クラマーの V

最初に取り上げるのが**クラマーのコンティンジェンシー係数 V** である。これは，本書では第8章で扱う χ^2 値をもとに計算する係数である。χ^2 値は，厳密には関連性そのものを意味するわけではないのだが，クロス表の2つの変数間が完全に独立であるときχ^2値が0になり，そうでないほど大きくなることから，関連性があるときに大きな値になるとみることができる。

またχ^2値の特質として，サンプル数（N）が大きくなるほど，また，クロス表のセルが多くなるほど，χ^2値が大きくなることが知られており，そのままでは関連性（厳密には独立していないこと）の度合いを示す測度にすることはできない。そこでサンプル数と表の大きさによって，χ^2値を調整して，測度にしたものがVということができる。

$$V=\sqrt{\frac{\chi^2}{N\cdot Min(m-1,\ n-1)}}$$

具体的には，Vはサンプル数と表の大きさ（ここでは，$m\times n$クロス表があったとき，m，nのうち小さい方を取る）の積でχ^2値を除した値である。

グッドマン＝クラスカルのγ係数

クロス表の2つの変数がそれぞれ順序づけられたものとなっている，すなわち「順に増加あるいは減少するように並べられている」（ボーンシュテットとノーキ 1988＝1990：249）とき，その関連性の度合いを数値化したものの1つに**グッドマン＝クラスカルのγ係数**がある。

計算方法は，やや複雑なためここでは触れないが，$-1\leqq\gamma\leqq 1$となっており，変数が互いに独立である（関連性がない）とき$\gamma=0$となる。

ボーンシュテットとノーキによれば，γは「順序づけられた関連性の測度としては，もっとも頻繁に使われる」（前掲：252）ものであり，γの大きさは，順序付けられた変数に便宜的に数値を与えて計算した相関係数rよりも少し大きくなるという（前掲：255）。

オッズ比

2×2のクロス表における変数間の関連性を示す測度として，本書では**オッズ比**をとりあげたい。再掲7-4のようなクロス表を考えた場合，オッズ比は次のような式で書くことができる。

再掲表７－４　髪の毛の色と保育士免許（目標）

	髪の毛が明るい色	暗い色	合　計
保育士免許をめざす	a　105 40.4%	b　135 > 18.2%	240 24.0%
めざさない	c　155 59.6%	d　605 < 81.8%	760 76.0%
合　計	260 100.0%	740 100.0%	1000 100.0%

オッズ比＝(a/b)/(c/d)＝$\frac{ad}{bc}$

オッズとは，対象にするものが起こる頻度とおこらない頻度の比のことである。表７－４の保育士をめざす・めざさないの例でいえば，めざす240人とめざさない760人とすれば 240/760＝0.316 がオッズということになる。

オッズ比とは，この表でいえば，(髪の毛が明るい色の群における保育士を目指す／目指さない) のオッズと (髪の毛が暗い色の群における保育士を目指す／目指さない) のオッズの比ということになる。すなわち，それぞれのオッズは，

髪の毛が明るい群におけるオッズ＝105/155＝0.677

髪の毛が暗い群におけるオッズ＝135/608＝0.222

となり，オッズ比はこの比であるから

オッズ比＝3.05

ということになる。これは髪の毛が明るい群における保育士を目指す傾向が，髪の毛が暗い群の傾向と比較すると3.05倍に及んでいることを示している。

《練習問題》

(1)　もう一度，本章の３重クロス表を見ながらエラボレーションについて確認しよう。

(2)　疑似相関の例を自分で考え，架空の３重クロス表を作ってみよう。

参考文献

Bohrnstedt, George W. and Knoke, D., 1988, "Statistics for Social Data Analysis" F.E. Peacock Pulblisher（海野道郎・中村隆監訳，1990『社会統計学――社会調査のためのデータ分析入門』ハーベスト社）。

篠原清夫・榎本環・大矢根淳・清水強志，2010，『社会調査の基礎――社会調査士A・B・C・D科目対応』弘文堂。

髙根正明，1979，『創造の方法学』講談社。

謝辞

「教育政策と教育世論についての意識調査」は，2008-2011年度・科学研究費・基盤研究(A)「教育財政および費用負担の比較社会学的研究」（研究代表者：矢野眞和）の一環として行われたものであり，許可を得て使用しました。関係各位にお礼申し上げます。

コラム5　4類型をつくる

クロス表は，異なった性質をもつカテゴリ（グループ）間の比較——たとえば男女，普通科・専門学科高校など——を行うのに用いられる。調査のデータからカテゴリを作成する方法として2つの変数から4類型をつくるということがよくある。

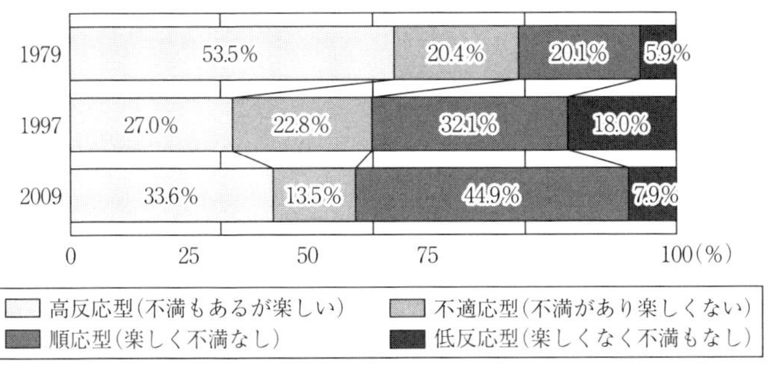

図1　高校生の学校適応類型の変容

出典：高校生の進路と生徒文化に関する調査。

図1に示す例は，高校生の学校適応を「学校生活は楽しい」と「この学校のやり方に不満がある」という2軸（変数）から捉えようとする試みである。すなわち，それぞれについて「はい」「いいえ」の組み合わせから「高反応型」（楽しいに「はい」・不満ありに「はい」），「不適応型」（楽しいに「いいえ」・不満ありに「はい」），「順応型」（楽しいに「はい」・不満ありに「いいえ」），「低反応型」（両方ともに「いいえ」）とした。

これは同一の学校（11校）を3時点で調査したデータから4類型を作成したもので，1979年には，学校が楽しいが不満もある「高反応型」が53.5%となっている。これは，学校が生徒にとって重要な場所であることを意味していると解釈できるのではないかと考えている。他方，楽しくもなく不満もない「低反応型」は，5.9%にとどまっている。

しかし，1997年では，「高反応型」が27.0%と1979年から半減するとともに，ごく少数派であった「低反応型」が18.0%と大きく増加している。このことは，生徒の生活世界に占める学校の比重が低下していることを指し示しているように思われる。1990年代は，バブルが崩壊するとともに，それ以前の受験競争の激化や管理的な教育への反省からゆとり教育へと舵がきられた時代だが，そのなかで生徒の学校への関わり方が変容していることを伺わせている。

2009年は，2000年代に入って学力低下が指摘されるなか，「脱ゆとり」へと教育政策が転換する時代である。この時代には，1997年に32.1％と漸増した「順応型」がさらに増加して44.9％となり，最も割合が多い類型となっている。

このように4類型の布置の変化から生徒と学校の関係が変容していることを捉えることができるというわけである。4類型とは，ある複雑な現象を整理して捉えるにあたり，どのような軸（現象を整理する側面）があるのかを2つ設定し，そこから違いを極大化させる形で可視化するものとみることができる。それゆえに，やみくもに2つの変数をクロスさせればよいというものではなく，できあがった類型それぞれが独自の性格を持ったものにならなければならない。

表1　4類型のプロファイリング

項目	選択肢	低反応	順応	不適応	高反応
喫煙に興味がある	はい	3.7	2.3	13.4	5.9
ファッションや流行を意識する	とてもあてはまる＋まああてはまる	36.8	51.1	49.7	60.8
校則は校則だから当然守るべきだと思う	はい	78.3	83.8	61.9	61.2

「不満がある」ということと「楽しい」ということは，ともに学校への関与の多寡を示すもので，2軸として独立していない可能性もあった。そういう場合には，不適応型がマイナスの関与，順応型がプラスの関与，そして「低反応型」と「高反応型」がその中間的な関与ということになる。すべての項目にこのような傾向がみられると，4類型を作成した意味はなくなるかもしれない。

実際，「喫煙に興味がある」に「はい」と答えた割合をみると「不適応型」が13.4％と最も多く，「順応型」が2.3％と最も少なくなり，その中間に「低反応」（3.7％），「高反応」（5.9％）が並ぶことになっている。だが，「ファッションや流行を意識する」をみると，「高反応型」が60.8％と最も多く，「低反応型」が36.8％と最も少なくなっている。「校則は校則だから……」については，「高反応型」が「不適応型」並に少ない割合になっている。これが模範例かはわからないが，4類型化では，類型それぞれが独特の特性をもっているということになって初めて意味が出てくるといってよい。

簡単にこの4類型を作った経緯に触れよう。1979年と1997年の比較をおこなっていたとき，単純集計から「学校生活が楽しい」割合が減り，それと同時に「学校のやり方に不満がある」割合も減っていることがみえてきた。この動きは，筆者には矛盾しているように感じられ，ここで何が起きているのかを詳しくみていこうと考え，4類型を作成した。そうしたところ，1979年には「高反応型」が50％を超える優勢な類型であることがわかるとともに，1997年に

「低反応型」が18%と存在感を増していることがわかった。

４類型化はシンプルな方法であるが，それがうまくいくかは，いい軸を発見できるかにかかっているということができる。失敗すると実につまらないものになるが，うまくすれば複雑な現象をきれいに可視化して捉えることができる強力なツールである。

参考文献

大多和直樹，2014，「生徒と学校の関係はどう変化したか」樋田大二郎・岩木秀夫・苅谷剛彦・堀健志・大多和直樹編著『現代高校生の学習と進路——高校の「常識」はどう変わってきたか？』学事出版，pp.86-97。

第8章
本当に“差”があるといえるのか
——χ^2 検定——

本章で学ぶこと

クロス表で関連性を調べるとは，独立変数のグループごとに従属変数の割合を集計し，その数値に差がみられるかどうかで独立変数と従属変数の関係の有無を判断するものだった。では，このときどれくらいの大きさの差がみられれば，これを差とみなすのだろうか。本章では，クロス表で差があるかどうかをチェックするための方法である χ^2 検定（カイ二乗検定）という検定方法について学ぶ。

キーワード：クロス表，χ^2 検定，χ^2 値，自由度

1　サンプリング誤差と偶然起きるズレ

母集団とサンプル

まず，偶然起きる「ズレ」の「法則」を理解するところから始めよう。これはサンプリング誤差と呼ばれるものであり，そのためには母集団とサンプルの関係を理解する必要がある（第3章および第6書も合わせて確認のこと）。

前章の表7-1，7-2のクロス表を作成に用いた調査データは，全国の人々の意識を調べるためにその一部をサンプル（日本語では標本という）として抽出し，その人たちに調査を行ったものである。したがって，クロス表というのは，母集団から取り出したサンプルでの結果ということができる。このように調査票データは調べたい対象である母集団（ここでいうところの全国）からサンプルを取り出してその人たちに調査を行うものということができる。ここでは，サンプルを分析して母集団の状態を推定する（知ろうとする）という作業を行っているといってよい。

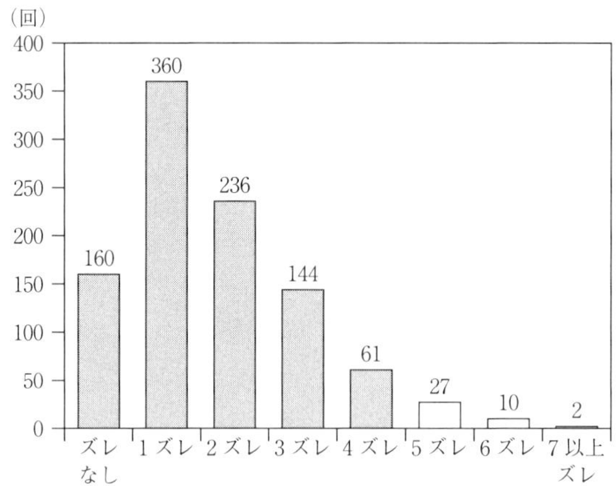

図8-1　ズレの法則

このとき母集団からサンプルを選ぶ際に偏りが生じてしまうと，正確に母集団の様子を推定することができなくなってしまう。そのため厳密にいえば，サンプルを選ぶ際には母集団を構成する人の1人1人が同じ確率で選ばれるランダムサンプリング（無作為抽出）をしなければならないということになる。しかし，ランダムサンプリングを行ったとしても，確率的に一定の偏りが生じてしまうことがある。

そのことは，全く同じ割合で黒と白のビー玉が入っている袋から，たとえば20個のビー玉を取り出したことを考えてみれば容易に想像できるだろう。何回か取り出して平均すれば，黒10個・白10個（これを期待値という）ということになるのだろうが，1回取り出した際に黒10個・白10個になる保証はない。そればかりか，黒8個・白12個など何らかの期待値からの「ズレ」が生じることのほうが多いといえるだろう。この「ズレ」のことをサンプリング誤差というが，この「ズレ」にはある種の「法則」がある。つまり，黒9個・白11個くらいの「ズレ」ならばよく生じるが，黒19個・白1個というような大きな「ズレ」はあり得ないわけではないが非常に生じにくいとみることができるのである。次に「ズレ」がどのように生じるのか，その「法則」について詳しくみていく。

「ズレ」の「法則」

ここでは，「全く同じ割合で黒と白のビー玉が入っている袋から，たとえば20個のビー玉を取り出す」という作業を実際に1,000回やってみた（そのためグラフは，後述する本物のχ^2分布とは一致しない）。その結果を図8－1に示す。

このグラフの読み方は，ヨコが「ズレ」の値でタテ軸が出現した回数である。たとえば黒8個・白12個は，期待値の黒10個・白10個から2個分だけ「ズレ」が生じているということで，「2ズレ」と呼ぶこととした。このグラフからは，「ズレ」が生じることが多いが，大きな「ズレ」になるほど生じにくいということがわかり，その生じやすさはグラフのように分布している，すなわち「法則」があるということが分かるのである。

この「ズレ」の「法則」は，統計学では次のように使う。袋の中からとりだした時に偶然生じる「ズレ」がどれくらい生じやすいかを，この値以上の「ズレ」が生じる確率はどれくらいかといった見方で調べる。たとえば，「5ズレ」以上の「ズレ」が起きる可能性は，グラフの白い部分の合計が39回（27＋10＋2）であるから1,000回のうちの39回で3.9％起きると読むことができる。これは，母集団では全く同じ割合であっても少なくとも「5ズレ」というような大きさのズレが（サンプリングの結果として）偶然に起きる可能性が3.9％あるということを示している。

ズレの法則を利用した推定――袋の中の状態を推定する

今度は，逆にこの法則を利用して母集団（袋の中の状態）をサンプル（取り出したビー玉）から推定することができる。次のようなことを考えてみよう。

> 黒と白のビー玉が入っている袋があるが，その中の状態はわかっていない。そこから1回だけ袋の中から20個取り出した結果をもって，袋の中の状態を調べる。

とはいえ，1回取り出しただけであるから，その詳しい割合などを断定的に推定できるわけではない。そこで，非常にシンプルに考える。1回取り出したときの結果が，それが仮に袋の中が黒と白のビー玉が同じ割合で入っていたと

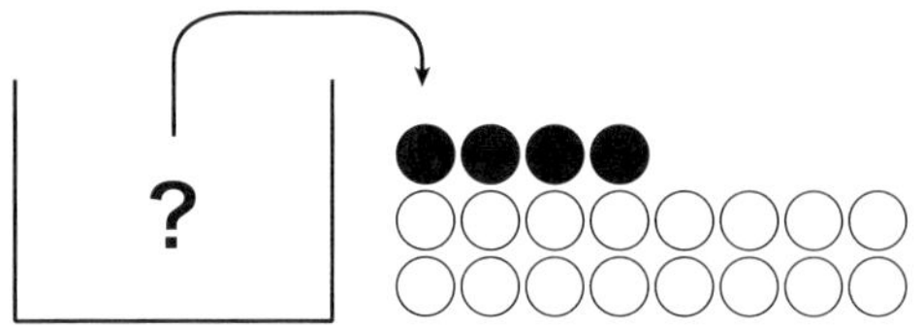

図 8－2　中の状態がわからない袋からビー玉を１回だけ20個取り出す

仮定したときに，どの程度出現しやすいものなのかを考える。そこで，それが出現しにくいものであれば，黒と白のビー玉が同じ割合で入っている可能性は考えにくいとみる。実際にやってみよう。

図８－２に示すようにいま袋の中から20個取り出したところ，黒４個・白16個であった。これは「６ズレ」であり，1,000回のうち「６ズレ」以上のズレが生じる可能性は12回（10＋２）だから1.2％となる。ここで，仮に袋の中が黒と白のビー玉が同じ割合で入っていると仮定したときには，ほぼ100回に１度ほどしか起きないことが起きているということになる。このとき，いま100回に１度ほどの奇跡が目の前で起きていると考えるか，袋の中の状態は黒と白のビー玉が同じ割合で入っていないのではないかと考えるかどちらにするべきだろうか。このようにこの確率が十分に低いものであるならば，袋の中は（この場合は）白が多いのではないかと推定できるのである。

どのくらいの確率だと十分に低いとみるかというのは，領域によって違うが社会科学では一般的に５％未満ということになっている。したがって「４ズレ」のときには，それが出現する確率は10％くらいはある（1,000回中100回：61＋27＋10＋２）ということで，厳しく見た場合にはまだ「袋の中が黒と白のビー玉が同じ割合で入っている」という考え方を捨てきれないことになる。

いまみてきた説明を統計用語にそのまま置き換えてみると次のようになる。「袋の中に黒と白のビー玉が同じ割合で入っているという仮定（全く差がない状態）」のことを帰無仮説と呼び，記号で書くと H_0となる。

そして，ビー玉を取り出したときに，それ結果が帰無仮説 H_0の仮定を置いたときにどれくらいの確率で起きるのか（この確率を p という）を確率分布（付表）から調べ，$p<.05$であるときには帰無仮説 H_0を棄却する（$p>=.05$であるときには H_0を棄却できない）ということになる。

H_0を棄却するということは，要するに袋の中に「黒と白のビー玉の割合に何らかの差がある」と考えるというわけである（実際にはどちらかが多い結果が出ているので，そちらが多いということになる）。これを統計学的に表現すると帰無仮説 H_0 を棄却して対立仮説 H_1 を採用するという。整理すれば H_0 と H_1 は，つぎのように示すことができる。

帰無仮説 H_0：袋の中に黒と白のビー玉が同じ割合で入っている
対立仮説 H_1：黒と白のビー玉の割合に何らかの差がある

このように「差があること」をチェックしたいときに，逆に「差が全くない」という帰無仮説を設定したうえで，それを棄却するというやり方は統計学において定番となっている。これは，母集団から1回取り出しただけ（まさに調査票を配付回収した状態がそれであるが）なのであるが，それでも母集団の状態を推し量ることができる優れた方法ということがいえる。なお，実際に母集団での差の大きさまでは言及できないが，ビー玉の実験で「7ズレ」に相当する大きなズレが現れるときには，p の値が低くなり（1,000回に2回しかおきないなど），したがって帰無仮説を棄却する確度が高くなるということにはなるわけである。

χ^2 値と χ^2 分布

さて，これまでは説明のために「ズレ」という指数を用いたが，**χ^2 検定**では，**χ^2 値（カイ二乗値）**という〈ズレ〉の指数を用いる。χ^2 値は，1刻みの整数ではなく，連続量である。そして，χ^2 値の分布が χ^2 分布ということになる。176ページの表8-3に実際の χ^2 分布を提示する（本書の付録として，χ^2 分布表も掲載している）。

こうした分布表は，いかにも統計学の専門知識を感じさせるため親しみにくい印象を覚える読者もいるかもしれないが，やっていることは同じである。繰り返しになるが，χ^2 値もまた（サンプリング誤差によって生じる）「ズレ」を示す指数であり，その χ^2 値よりも大きいズレが生じる確率が白抜きの部分の面積が分布全体に占める割合ということになる。1,000回のうち，「4ズレ」以上のズレが起きるのは100回（61＋27＋10＋2）といったのと同じように——ビー玉の例でも全体の面積（1,000回）に占める白抜きの面積（出現回数）がどれくら

再掲表7-2　観測度数表：世帯年収別，大学進学等のリスク

	世帯年収				合　計
	400万円未満	400-600万円未満	600-1000万円未満	1000万円以上	
リスクなし	66 24.6%	120 32.3%	281 53.4%	99 71.2%	566 43.4%
リスクあり	202 75.4%	252 67.7%	245 46.6%	40 28.8%	739 56.6%
合　計	268 100.0%	372 100.0%	526 100.0%	139 100.0%	1305 100.0%

出典：教育政策と教育世論についての意識調査。

いかで確率を求めていたことを思い出してほしい——考えることができる。そして，大きなχ^2値（ビー玉の例では，たとえば「7ズレ」に相当するような値）が出た場合には，帰無仮説を棄却することができるということになるのだ。

2　χ^2検定の考え方

クロス表で，差があるかを確かめる方法もビー玉の実験と同じ考え方を用いることができる。

表7-2のクロス表を例としてχ^2検定の考え方を整理していこう。

あらためて確認すれば，このクロス表は母集団から抽出されたサンプルにみられる分析結果である。そこで，そこでサンプルから母集団の状態（母集団において差があるかどうかについて）を以下の手順で考えていく。

第1に，以下のような帰無仮説H_0と対立仮説H_1を設定する。

H_0：母集団では「世帯年収」によって「大学進学リスク」を抱える割合に全く差がない

H_1：母集団では「世帯年収」によって「大学進学リスク」を抱える割合に何らかの差がある

第2に，そのうえで，クロス表（サンプル）でみられる「大学進学リスク」を抱える割合の差は，サンプリング誤差によって偶然生じたとしたらどの程度

起きやすいものなのか，その確率（p）を求める。

第3に，その確率（p）が十分に低い（5％未満：$p<.05$）ならば——こんなに大きな差は偶然おきるものではないと判断して——帰無仮説 H_0を棄却する。すなわち，差があるとみなすということになる。このようにクロス表の検定もビー玉の実験と同じ考え方に基づいていることを理解されたい。

1つ違うところを示せば，χ^2 検定では，この確率（p）を求めるために——ビー玉の実験の「ズレ」の代わりに——χ^2 値を用いるということになる。ただし，χ^2 値もまたズレの大きさを示す数値ということができる。なお，本節での理論的な詳細は第6章でも確認されたい。

3　χ^2 値を計算する

仮想独立表をつくる

それでは，実際にχ^2 値を計算していこう。ここでも，ビー玉の実験とやっていることはパラレルになっている。ビー玉の実験では，袋から取り出したビー玉の黒玉・白玉の数が期待値（黒10個・白10個：差がない状態）からどれだけ「ズレ」ているのかをたとえば黒7個・白13個なら「3ズレ」というように計測した。期待値というのは，母集団では差がない（黒玉・白玉が同じだけ入っている）という帰無仮説を置いたときに，それが20個取り出したサンプルに現れると黒10個・白10個になるというものである。

それでは，「『世帯年収』によって『大学進学リスク』を抱える割合に全く差がない」という帰無仮説 H_0を設定したとき，すなわち母集団に全く差がない状態がサンプルに反映されたときに，クロス表にはどのような期待度数が現れるのか。この表のことを独立状態（差がない状態）が反映された想定を具現化した表ということで仮想独立表という。

仮想独立表は表8-1のように作成する。合計のところをみると「リスクあり」が56.6％（739人），「リスクなし」が43.4％（566人）という割合で分かれており，実は「『大学進学リスク』を抱える割合に全く差がない」場合には，どの「世帯年収」でもこの割合で「リスクあり」「リスクなし」が分かれているということになる。そうすると，たとえば「世帯年収」が「400万円未満」

表8-1　仮想独立表

	世帯年収				合　計
	400万円未満	400-600万円未満	600-1000万円未満	1000万円以上	
リスクなし	116.2	161.3	228.1	60.3	566.0
リスクあり	151.8	210.7	297.9	78.7	739.0
合　計	268.0	372.0	526.0	139.0	1305.0

出典：教育政策と教育世論についての意識調査。

のグループは合計268人いるから，これが「リスクあり」の56.6％と「リスクなし」43.4％に分かれていると考えればよい。したがって人数としては「リスクあり」が151.8人（268×0.566），「リスクなし」が116.2人（268×0.434）となる。以下，各グループにおいてこの作業を行うと表8-1が完成する。

χ^2値を計算する

期待度数が計算できたら今度は，それと実際のクロス表（観測度数という）とのズレを計算するということになる。ビー玉の例でいえば，たとえば黒12個・白8個を期待値（黒10個・白10個）からの「ズレ」をとって「2ズレ」と表現したことをクロス表にて行うことであるが，クロス表ではχ^2値を求めなければならないので少々複雑である。

先の例で考えてみよう。「400万円未満」の「リスクあり」に注目すると，期待度数（表8-1）は151.8人，観測度数（再掲表7-2）は202人となっている。つまり，帰無仮説が反映されたならば151.8人となるはずのところに実際には202人になっているわけであり，この違いが「ズレ」ということになる。この「ズレ」をもとに，χ^2値を計算すると，次のようになる（ここでは小数第1位で丸めているが，統計ソフトではより細かく計算している）。

$$(\text{観測度数}-\text{期待度数})^2/\text{期待度数}=(151.8-202.0)^2/151.8=16.6$$

これが「400万円未満」の「リスクあり」のセルについての「ズレ」の大きさを表す値ということになる。そして，これを8つのすべてのセルについて計算して（表8-2），それぞれの値をすべて合計したものがχ^2値ということになる。

表8－2　χ^2 値を計算する

	400万円未満	400-600 万円未満	600-1000 万円未満	1000万円 以上
リスクなし	21.7	10.6	12.3	24.8
リスクあり	16.6	8.1	9.4	19.0

実際に計算すると χ^2 値は122.5となる（21.7＋10.6＋12.3＋24.8＋16.6＋8.1＋9.4＋19.0＝122.5）。

なお，以上の作業を計算式に表すと以下の通りになる。O は**観測度数**（Observation frequency），E は**期待度数**（Expected frequency）を表す。

$$\chi^2 = \sum_{i=1}^{r}\sum_{j=1}^{c}\frac{(O_{ij}-E_{ij})^2}{E_{ij}}$$

χ^2 値から有意確率へ

χ^2 値が求められたら，ある大きさの χ^2 値があったとして，その値はサンプリング誤差によって偶然生じたとしたらどの程度起きやすいものなのか，その確率を求めることになる。ビー玉では，袋から1,000回取り出して「1ズレ」～「7ズレ以上」までの各「ズレ」がどの程度生じるのかを実験して，その上で確率を求めた。これと同じようなことを χ^2 値と χ^2 分布をもとに行うことになる。実際には，統計学者が示した分布表をもとにこの確率を調べることなる。表8－3によく示される形で実際の χ^2 分布表を示す。

すでに触れたように χ^2 分布表は次のように読む。χ^2 値もまたサンプリング誤差でどの程度のズレが生じるのかを示しているわけであり，ある χ^2 値ものズレが（偶然：サンプリング誤差によって）生じる割合が分布全体の面積に占める斜線の面積ということになる。具体的に見ていくとよりわかりやすいかもしれない。

さきに χ^2 値を求めた4×2のクロス表の場合，**自由度**（degree of freedom：*d.f.*）3の行をみることになるので（自由度については後述），自由度3のところをみると .05（斜線の面積が5％）の列に7.81，0.01（斜線の面積が1％）の列に11.3という数値がある。これは母集団で全く差がない仮定をおいたときにラン

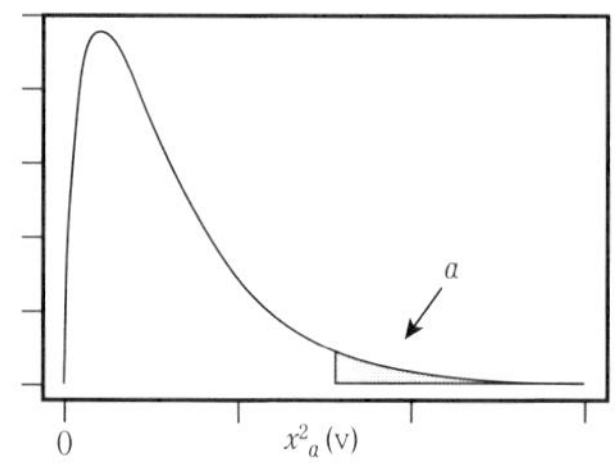

表8-3　χ^2分布表

自由度	0.05(5%)	0.01(1%)	0.001(0.1%)
1	3.84	6.63	10.83
2	5.99	9.21	13.82
3	7.81	11.34	16.27
4	9.49	13.28	18.47
5	11.07	15.09	20.52

ダムサンプリングでサンプルを取得した場合11.3などという大きなχ^2値が現れる確率は１％ということを示している（7.81なら５％）。統計ソフトでは，計算されたχ^2値に対応した確率を示してくれるが分布表では，５％，１％などの重要な確率となるχ^2値が示されている。この５％，１％は有意水準といわれ，どれくらいの確率で帰無仮説が棄却できるか，そのオーダーを示している。11.3よりも大きなχ^2値となった場合には，１％水準で有意である（偶然ならざる「ズレ」がある＝差がある）ということになる。

今回のクロス表で求めたχ^2値は，122.5という非常に大きな値であり，容易に0.1%水準をクリアしていることなる（χ^2値が16.27のときに0.1%）。つまり，母集団で「世帯年収」によって「進学リスク」に差がみられないならば，偶然このような「ズレ」がサンプリング誤差として生じる可能性は1,000回に１回もないということを示しているのである。すなわち，帰無仮説は棄却され，偶然ならざる差があるということが示唆されるということになる。これがχ^2検定のやり方である。

最後に自由度について触れておこう。自由度の計算式は次の通りである。

$$d.f. = (\text{列のセル数}-1)\times(\text{行のセル数}-1)$$
$$= (r-1)\cdot(c-1)$$

χ^2値は各セルのズレの値を足していくことで計算されるため，セルが多くなる（５×５のクロス表など）ほど足し合わせる値が多くなるため自然と計算されるχ^2値もまた大きくなる。自由度というのは，「周辺度数が固定された場合に値を変化させることができるセルがいくつあるか，ということを表わしている」（ボーンシュテットとノーキ 1988=1990：98）[(1)]。たとえば，4×2なら，(4−1)×(2−1)=3 となり，自由度3のクロス表ということになる。χ^2 分布は，この自由度によって変わるので，χ^2 分布表では自由度ごとの数値が示されているというわけである。

《練習問題》

(1)　第7章で扱った表7-4のクロス表について χ^2 値を求め χ^2 検定をやってみよう。

---

(1)　たとえば2×2のクロス表は自由度＝1であるが，1つのセルが決まれば，あとのセルの値が自動的に決まる。仮に左上のセルが5だとすると後の全てのセルの値は表のようになる。

	A	B	計
C	⑤→	2	7
D	5 →	8	13
計	10	10	20

参考文献

Bohrnstedt, George W. and Knoke, David, 1988, “Statistics for Social Data Analysis” F.E. Peacock Pulblisher（海野道郎・中村隆監訳，1990『社会統計学——社会調査のためのデータ分析入門』ハーベスト社）。

第9章
親子の学力に関連はあるのか
――2グループ間の平均値の比較――

本章で学ぶこと

小学6年生の算数の得点について，父親の最終学歴が高校卒のグループと大卒のグループの2つに分けてそれぞれの得点の平均値の差が有意かどうかを比べる。このように，2つのグループの間の平均値の差を統計的に検定する（母集団でも観察されるかどうか確かめる）手法を「t検定」という。本章では，このt検定の考え方について学んでいく。

さらに，統計的検定を行う際に起こりうる誤り（第1種の過誤・第2種の過誤）についても，具体的な例を参照しながら解説する。

キーワード：t検定，t値，t分布，効果量，第1種の過誤・第2種の過誤，検定力

1　t検定の結果を読む

はじめに，実際にt検定を使った分析の結果を簡単に見てみよう。

子供の学力と親の学歴との間に関係はあるか。こうした関心に基づき，父親の学歴が高校卒か四年制大学卒かで算数得点の平均値についてt検定を行った結果を示しているのが表9-1である。

この調査は，人口11万人強の東北地方の小都市で，市内すべての公立小学校の6年生を対象に実施された。分析に用いたのは，算数の学力調査と保護者への調査から得られたデータである。回収数は，児童が1,101人（84.3%），保護者が908人（82.5%）であった（お茶の水女子大学2003~2018；中西2017）。

分析結果の表を確認してみよう（表9-1）。「父親の学歴」と書かれている列は高校卒と四大卒の2つに分かれており，それぞれのグループのサンプル数が

表 9 - 1　父親の学歴が高卒・四大卒間での算数得点の平均値の差

	父親の学歴		
	高校卒 （N＝483）	四大卒 （N＝160）	t 値 （自由度＝641）
平均値	45.5	60.3	8.603***
標準偏差	18.1	19.0	

*p<.05　**p<.01　***p<.001
出典：JELS.

483人と160人であることが読み取れる。その下には，各グループの算数得点の平均値と標準偏差が記載されている。父親の学歴が高校卒の児童は平均45.5点（標準偏差18.1），四大卒の児童は平均60.3点（標準偏差19.0）となっており，両者間には15点近い差がある。この差について，母集団についても同様のことがいえるのだろうか。それを検定するために用いるのが **t 検定**である。

結果は表の一番右の列に示されている。「**t 値**」というのが，t 検定における統計量である。その数値の横にアスタリスクが３つ付いているのは，t 検定の結果，２つのグループの平均値の差が0.1％水準で有意であることを示している。母集団において，小６児童の算数得点が父親の学歴によって差がないと仮定し，その母集団からランダムにサンプルを抽出したとき，今回のサンプルから得られたような平均値の差が現れる確率は１/1000未満であるということである。これはかなり低い確率である。つまり，表 9 - 1 に見られる父親の学歴による小６児童の算数得点の差は，母集団において差がないという仮定を棄却するだけの十分に低い確率で生じうるものであるため，有意な差であると解釈されるのである。

2　読んだ本の冊数に男女差はあるか

２つのグループの平均値を比較する場面を考える

本章で学ぶ t 検定とは，先ほどの分析例のように２つのグループ（高校卒・四大卒）の平均値の差が有意かどうかに関する検定手法である。

では，グループの平均値の間に差があるかを調べる場面を考えてみよう。たとえば，部活動をしている子としていない子では50m 走の平均タイムに差があるかどうか，といった場面はどうだろうか。また，家庭での学習時間が2時間未満のグループを学習時間が短い群，それ以上のグループを学習時間の長い群というように新たにグループを定義することで，学習時間が異なる2つのグループの間で試験の平均点の差が有意と言えるかどうか，といった場面も想定できるかもしれない。

ここでは，小学生の読書量の男女差についての仮想データを用いてｔ検定の考え方を学んでいきたい。小学5年生のとある学級で，2週間に読んだ本の冊数を調査したとする（表9-2）。男女別に冊数の平均値を算出すると，男子が4.80冊で女子が5.92冊である。一見すると女子のほうが多そうだが，これは男女というグループの間に見られる差なのだろうか，それとも偶然の結果なのだろうか，ｔ検定を用いて確かめたい。

表9-2　仮想データ：2週間の間に読んだ本の量（単位：冊）

男子（A）		女子（B）	
誠	3	直美	11
健一	7	智子	5
哲也	1	由美子	7
剛	6	陽子	5
浩二	3	裕子	1
直樹	4	真由美	6
徹	4	久美子	7
健太	2	恵子	8
浩	0	美玖	9
和彦	5	幸子	5
拓海	6	亜美	8
海斗	7	菜々子	3
大輔	10	絵里香	2
翼	8		
亮太	6		

検定統計量の算出と有意差の検定——ｔ検定の考え方

第6章で説明したように，統計的検定においては，主張したい有意差とは逆の意味を持つ仮説（帰無仮説 H_0）を設定する。そして，サンプルから算出される「検定統計量」の値が観測されうる可能性の高低によって帰無仮説が反証できるかどうかを判断する。

ｔ検定で用いられる検定統計量は「t 値」と呼ばれるもので，次のような数式で求めることができる。

$$t=\frac{x_A-x_B}{\sqrt{\frac{(n_A-1)\times s_A{}^2+(n_B-1)\times s_B{}^2}{n_A+n_B-2}\times\left(\frac{1}{n_A}+\frac{1}{n_B}\right)}}\quad\cdots\cdots(9.1)$$

s：標準偏差，n：サンプルサイズ，x：平均値

２つのグループの母平均が等しい，つまり，２つのグループの間に差がない，と仮定するとき，t 値は t 分布という確率分布に従うとされている。よって t 分布を参照することにより，算出された t 値がどれほどの確率で観測されるものか，つまり「有意確率」を算出することができる。

t 値が t 分布の中心である０から離れれば離れるほど，帰無仮説のもとでサンプルから得られたデータが観測される確率は低くなる。仮説が真かどうかを判断する基準となるのが，有意水準である。図９-１に示されているように，グラフの両端から2.5％の確率にあたる部分（**棄却域**）をとった点が５％の臨界値となり，t 値がこれよりも外側にあるとき，事象が生じうる確率が５％未満であることを示す。つまり，母集団において２つのグループの平均値に差がない場合，サンプルで観察される差が生じる可能性は５％未満の低い確率であると言えるため，母集団で差がないという帰無仮説を反証することになる。

一方，t 値が臨界値を超えなければ，帰無仮説は棄却されず，サンプルで観測された差は偶然に生じうるものだと判断される。ただし，ここで気をつけねばならないのは，帰無仮説（母集団は等しい）が棄却されないことが，「差があるとは言えない」ということを示すものであり，「母集団が等しい」ということの証明にはならないということである。

また，t 分布は自由度によって異なる形状となり，自由度が大きくなるほど正規分布に近づくという特徴を持っている（図９-２）。そのため，同じ t 値であっても，自由度によって臨界値が異なるため，帰無仮説が棄却されるかどうかの判断も自由度によって違ってくる。この臨界値については t 分布表から参照することが可能である（表９-３）。観測された t 値が，t 分布表の５％水準の臨界値を超えているとき，帰無仮説は５％水準で棄却され，有意な差があるという対立仮説が採択される。つまり，「５％の有意確率（任意の有意水準）のもとでグループの平均値の差は有意である」と解釈する。なお，有意水準は，一

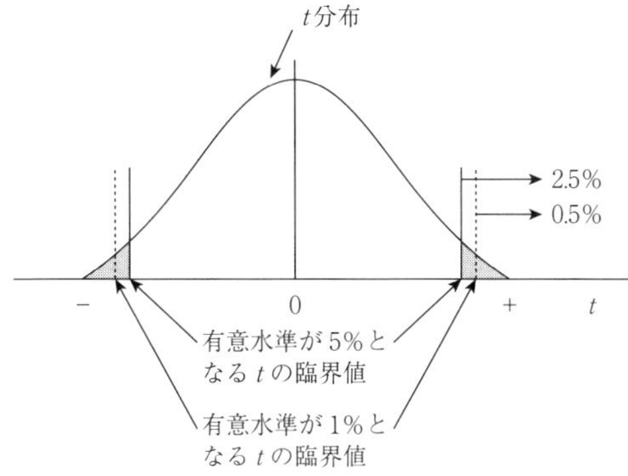

図９－１　t分布と有意水準

出典：篠原（2016：58）.

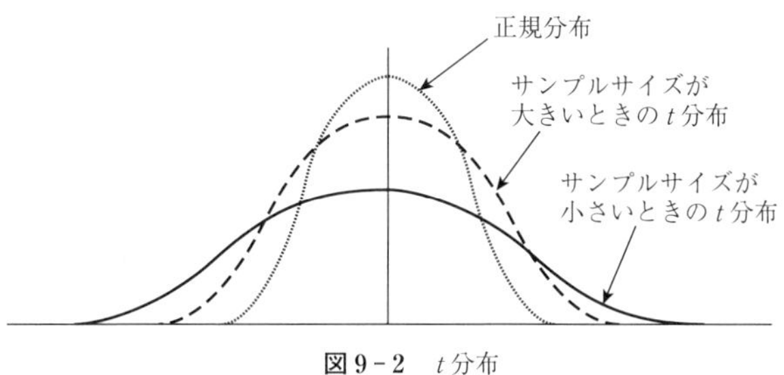

図９－２　t分布

出典：向後・冨永（2017：91）.

般的に５％水準と１％水準が用いられており，５％水準では両端から2.5%ずつとなる点が，また，１％水準では0.5%となる点がそれぞれ**臨界値**となる（両側検定のとき[(1)]）。

ｔ検定とは，ある変数について２つのグループの間に差がないことを前提とした場合に，サンプルから得られた平均値の差はどのぐらいの確率で生じうるのかを計算することによって，その差が有意と言えるかどうかを判断する検定手法なのである。

男女の読書量の差は統計的に有意といえるか

前節の考え方を踏まえて，実際に先ほどの仮想データを使って分析をしてみよう。

t検定を行う上で準備が必要な数値は，サンプルサイズ（n），平均値（x），標準偏差（s），の3つだけである。そして，この仮想データにおける男女別のサンプルサイズ（n），読んだ本の冊数の平均値（x），標準偏差（s）は下記の通りである。

男子：$n_A = 15$，平均値$(x_A) = 4.80$，標準偏差$s_A = 2.73$
女子：$n_B = 13$，平均値$(x_B) = 5.92$，標準偏差$s_B = 2.84$

確かめたいのは，サンプルの平均の差（$x_A - x_B$），つまり，このデータでいうところの「4.80－5.92＝－1.12」という値は，母集団となる男女の読書量の違い（$\mu_A \neq \mu_B$）を示すだけの意味を持つ値と言えるかということである。つまり，「男子と女子の読書量に差がある」ということを主張したいので，帰無仮説は以下のようになる。

H_0：男子と女子の読書量は等しい$(\mu_A = \mu_B)$

また，これとは逆の仮説が「対立仮説」となり，今回の分析では以下のように表される。

H_1：男子と女子の読書量は等しくない$(\mu_A \neq \mu_B)$

9.1の式に仮想データの数値を当てはめてt値を算出すると，以下のようになる。

$$t = \frac{4.80 - 5.92}{\sqrt{\frac{(15-1) \times 2.73^2 + (13-1) \times 2.84^2}{15+13-2} \times \left(\frac{1}{15} + \frac{1}{13}\right)}}$$

$$= -1.06$$

t 値が－1.06ということが分かった。t 値は一方のグループともう一方のグループの差から算出されるので，プラスかマイナスかはどちらのグループの平均値を引く数に設定するかによって変わってくる。よって，大切になってくるのは絶対値である。では，1.06という値が臨界値を超えているかどうかを確かめるため，t 分布表から臨界値を参照してみよう（表9-3）。

t検定では，各グループのサンプルサイズから1引いた数の合計，つまり「$(n_A-1)+(n_B-1)$」が自由度となる。あらかじめ各グループそれぞれの平均値が分かっているため，データの入るセルの値をランダムにとっていくと，それぞれのグループの最後のセルは自動的に決まるからである。今回の仮想データでは，男子のサンプルサイズは15，女子は13であった。よって，このデータの自由度は(15－1)＋(13－1)で26なので，自由度26のときの臨界値を確認する。

表9-3　t の臨界値

自由度	有意確率			
	10%	5％	1％	0.1%
1	6.314	12.706	63.657	636.62
2	2.920	4.303	9.925	31.598
		⋮		
25	1.708	2.060	2.787	3.725
26	1.706	2.056	2.779	3.707
27	1.703	2.052	2.771	3.690

1.06は，いずれの臨界値も超えていないことが分かる。つまり，男子と女子の平均得点の差は統計的には「有意な差ではない」いうことになる。

結果を報告する――書くべき情報，見るべき情報

「男女の読書量には統計的に有意な差がなかった」と書かれているだけでは，読み手はその結果に反論も納得もできない。論文や報告書では，その結果を読み取るに至った数値を残しておくことが必要である。

t検定では，t 値と自由度から有意確率を読み取り，2つのグループの平均値の差が有意と言えるかどうかを検定した。そのため，結果を記述する際には，少なくとも「平均値」「自由度」「t 値」「有意水準」の4つを示すことが必要

である。裏を返せば，この情報さえ書かれていれば，読み手は結果が正しいかどうかを確認し直すことができるので，分析の正確性や客観性を保証することができる。今回の仮想データの分析結果を報告すると，下記のような記述になる。

> 小学５年生のとある学級で，２週間の読書量を調べたところ，男子の平均は4.80冊（n=15），女子の平均は5.92冊（n=13）であった。男子と女子の２グループの間の読んだ本の冊数の平均の差が有意かを確かめるためｔ検定を行ったところ，t=1.06，$d.f.$=26であり，有意な差は認められなかった（$t(26)=1.06$，$n.s.$）。

なお，n は人数，t は t 値の絶対値，$d.f.$ は自由度を表す。結果の書き方については完全に決まったルールがあるわけではないため，報告によってはこの限りではないが，上で挙げた情報が示されているという点については基本的に共通しているはずである。また，*n.s.* は not significant（有意でない）の略であり，有意差がなかったことを示す一般的な略語である。

では，もし有意差が認められた場合はどのようになるだろうか。たとえば男子の平均が4.40冊，女子が6.46冊で t 値が2.06だった場合，同じ自由度26では５％有意水準で臨界値を超えているため，結果は以下のようになる。

> ２週間の読書量の平均について，男子は4.40冊（n=15），女子は6.46冊（n=13）であった。グループ間の差が有意であるかを確かめるためｔ検定を行なった結果，男子と女子の得点の差は５％水準で有意な差が認められた（$t(26)=2.06$，p<.05）。

「p<.05」というのは，５％水準で有意差が認められたことを示すものである。t 値が臨界値を超えている場合は，このように有意水準を付記する。また，図表の中では本章冒頭の表９－１のようにアスタリスクを使って示すのが一般的である。

さて，ｔ検定の手続きが一通り分かったところで，あらためて冒頭の報告

（表9-1）を読み取ってみよう。このような分析表を読む際には，2つのグループの平均値（標準偏差）から平均値の差を確認し，t 値が統計的に有意であれば，平均値の差が偶然ではないことがわかる，ということになる。表中にアスタリスクが3つ付いている。これは $p<.001$ であることを表しているので，父親の学歴によってグループ分けした児童の算数の点数に差がないと仮定したときに，ここでのサンプルの平均値の差が，0.1％未満の非常に低い確率で得られるものであることが分かるのである。

3　サンプルサイズの影響と効果量

差が統計的に有意であることと「実質的な差」

先ほど，t 分布はサンプルサイズの影響を受けると述べたが，これについて注意しておかなければならないことがある。

架空の共通テストの例を使って考えてみよう。ある都市で算数の共通テスト（100点満点）が実施された。A 区の小学6年生2,000人の平均得点は82.4点であり，B 区の小学6年生2,000人の平均得点は81.6点であった。標準偏差はそれぞれ10.3，10.7である。2つの地区の平均点の差は0.8点で，ほとんど差がないように見えるが，実際に2つの地区の平均点の差についてｔ検定を行なってみると1％水準で有意な差が認められる。これは一体どういうことだろうか。

先ほどの t 分布の臨界値の表（表9-3）を参照してみよう。自由度が大きいほど，臨界値は小さくなっている。一方，自由度が小さいほど臨界値は大きくなる。たとえば，先ほどの仮想データでは帰無仮説は棄却されなかったが，もしこれが4クラス分（4倍のサンプルサイズ）の調査だったらどうだろうか。4クラス（男子60名，女子52名）分の児童から全く同じ平均（$x_A=4.80$，$x_B=5.92$）と標準偏差（$s_A=2.73$，$s_B=2.84$）が得られた場合を考えてみよう。このとき，2つの群の平均の差（4.80－5.92）は変わらないが，自由度が110となるため，$p<.05$ で帰無仮説は棄却される。つまり，統計的に有意な差が認められる。

ｔ検定の検定結果はサンプルサイズによって左右される。それゆえ，先程の共通テストの例のように，自由度が非常に大きいとき，たとえ2つのグループの間にある実質的な平均値の差がわずかであっても，統計上は有意差が認められることがある。しかし，成績の地域差を比べたいという時，果たして「0.8点」という差はどのような意味があるのだろうか。仮説検定としての有意差を調べる以前に，グループの間に存在している差が，差として本当に意味があるものかということを考えておかねばならない。平均値の差が統計的に有意かどうかの検定を行う前に，「実質的な差」があるかどうかをあらかじめ検討しておくことが重要である。

標準化された差——効果量

繰り返しになるが，p 値はあくまでも「帰無仮説が正しいことを前提としたときに，サンプルによって観測された差が得られる確率」を表すものである。有意確率の程度は，効果の大きさを示すものではない。また，前節で述べたように，t 検定の検定結果は，サンプルサイズによって影響を受ける。そこで，サンプルサイズに左右されずに効果の大きさを示すことができるのが**「効果量」**(effect size) である。有意差検定では，調査を行う側が自由に決めることのできるサンプルサイズによって検定結果が変わってきてしまうため，最近では，検定結果とともに，効果量を報告することが推奨されるようになってきている。

効果量の式は，**「母平均の差を母標準偏差で割る」**というのが基本になっている。つまり，そもそも母集団の有する差の程度が，その散らばりに対してどの程度のものであるかを示す値である。

効果量の算出方法として，ここでは Hedges の g を紹介したい[2]。

$$g=\frac{|x_A-x_B|}{\sqrt{\dfrac{(n_A-1)\times {s_A}^2+(n_B-1)\times {s_B}^2}{n_A+n_B-2}}} \quad \cdots\cdots(9.2)$$

これは，両群の平均値の差を共通の母標準偏差の推定量で割ったものである。つまり，サンプルサイズに関係なく差の大きさを表現することができる。

効果量の解釈については，Cohen が目安を示しており，**0.2で「小さな」，0.5で「中程度の」，0.8で「大きな」効果**があるとされている（豊田 2009：37）。

しかし，決して「大きな効果」でなければ意味がないということではなく，現実のデータとして，小さな差であっても意味のある差かどうか，ということが重要になる（大久保・岡田 2012：96）。

なお，上記の式を変形すると，下記のようになるため，検定結果が示されているときには算出が容易である（豊田 2009：17）。ただし，この式については「対応のない t 検定」でのみ利用できる[(3)]。

$$効果量\ g=|t\ 値|\times\sqrt{\frac{n_A+n_B}{n_A\times n_B}}\quad\cdots\cdots(9.3)$$

ちなみに，前節で示した2都市のテストの例で効果量を求めてみると，0.07と非常に小さな値であることが分かる。このように効果量を算出することで，たとえ検定結果として有意差が示されたとしても，それが差としての大きさの程度を表すものではないということがより分かりやすくなる（豊田 2009：22-23）。

では，本章冒頭に示した表9-1の結果ではどうだろうか。父の学歴（高校卒と四大卒）を独立変数，子の算数の得点が従属変数として対応のない t 検定を行なった結果，$t=8.60$，自由度 $d.f.=641$で，$p<.001$という結果が得られた。言い換えれば，帰無仮説「父学歴によって算数の得点に差はない」という前提のもとで，実際に得られたデータが出現する可能性は0.1％の非常に低い確率であるということになる。しかし，これだけで「父親の学歴が子の成績に及ぼす効果は大きい」と言うことはできない。

そこで，このデータの効果量を求めてみることにする。t 値は8.60，父親の学歴が高校卒のグループのサンプルサイズが483，四大卒のグループが160であったので，先程の式に代入すると下記の通りとなる。

$$効果量\ g=8.60\times\sqrt{\frac{483+160}{483\times 160}}$$

ここでの効果量は0.77という値が得られた。つまり，「中程度」の効果があるということができる。

4　仮説検定の誤りについて

t 検定を繰り返すことの問題

ところで，現実には，学歴を表すグループは「高卒か大卒か」という２つだけではない。たとえば，社会調査を行う際には，中学卒，高校卒，短期大学卒，専門・各種学校卒，四年制大学卒，大学院卒のような選択肢を準備する（むろんもっと細分化することもある）。

このような関心から，表９－１の分析を拡張し，父学歴を高卒，短大・専各卒，四大卒の３つのグループ間での平均値を比較したいとする。その際に，２つのグループ間での t 検定を３回繰り返し，表９－４のような分析結果を得たとしよう。なるほど，中学３年生の算数得点は，父学歴が高卒＜短大・専各卒＜四大卒のようになっているように見える。しかし，このように t 検定を繰り返すことは，統計的分析における「適切な手続き」とはなりえない。

表９－４　３つ以上の平均値を比較した t 検定（悪い見本）

	父親の学歴		
	高校卒 (N＝483)	短大・専各卒 (N＝109)	四大卒 (N＝160)
平均値	45.5	49.9	60.3
標準偏差	18.1	15.6	19.0

t 値

高校卒－短大・専各卒：8.603***

短大・専各卒－四大卒：4.896***

高校卒－四大卒：2.578***

*p<.05 **p<.01 ***p<.001

出典：JELS.

その理由を説明しよう。まず，大前提として統計的検定は確率を取り扱っている以上，「間違う」確率を必ず含んでいる。統計的検定における「５％水準」という線引きは，「100回に５回の間違いなら許容しよう」という意味である。ただし，検定を何度も繰り返すことは，間違う確率が５％よりも大きくなってしまう。

仮に，「95％の確率で成功する」（５％の確率で失敗する）という分析結果を３回行ったとしよう。すると，その確率は，95％×95％×95％＝86％となり，分析が，少なくとも1回失敗する確率は14％（100％－86％＝14％）でかなり危険率が甘くなってしまうことがわかる。つまり，差がないのに「差がある」と間違える確率が設定した有意水準（5％水準）よりもはるかに大きくなってしまうのである。この解決方法は，次章の分散分析において解説する。

第1種の過誤と第2種の過誤

まずは，統計的検定の誤りについての用語とその意味を確認しておこう。表9－5も同時に見ながら読んでいただきたい。

第1種の過誤（type Ⅰ error）：統計的仮説検定において，帰無仮説が真であるのにもかかわらず，帰無仮説を偽として棄却してしまう誤りのこと（原因ではないものを「原因だ」としてしまった）

第2種の過誤（type Ⅱ error）：統計的仮説検定において，対立仮説が真であるのにもかかわらず，対立仮説を偽として棄却してしまう誤りのこと（原因のはずのものを無視してしまった）

表9－5　統計的検定における第1種の過誤と第2種の過誤

		検定による判断	
		帰無仮説を採択	帰無仮説を棄却
真実	帰無仮説が真	正しい判断	第1種の過誤（確率5％）
	帰無仮説が偽（対立仮説が真）	第2種の過誤（確率？％）	正しい判断

こうした統計的判断の誤りは，しばしば犯人逮捕の状況として以下のように例えられる。

第1種の過誤：無関係な人を冤罪で逮捕してしまった
第2種の過誤：真犯人を取り逃がしてしまった

それぞれの学問分野において「確立された手続き」で統計的検定を行えば，第1種の過誤を犯す確率は，有意水準未満になる。通常の統計的分析は，5％

水準，１％水準，0.1％水準で線引きして分析結果を判断する。つまり，第１種の過誤を犯す確率は最大値で５％ということになり，教育学の分野においては非常に低いといえる。それに対して，第２種の過誤を犯す確率は，統計的検定において全く制限が設けられておらず，コントロールすることもできない。

統計的検定の基本は「帰無仮説が棄却されることを期待する」というものであり，そもそもが「対立仮説が真である」という考え方からスタートしている。ただし，「帰無仮説が棄却できる」という判断は，「対立仮説の真」を保証するものではない。したがって，正確には「どちらの仮説が正しいかわからないが，対立仮説が正しいと主張することは控えておいた方が良さそうな確率である」ということなのである。これを誤解して，たとえば，平均値の差の検定で帰無仮説が棄却できなかったので「２つのグループの平均値には差がないことがわかりました」と主張することは，実は誤りなのである（岩井・保田 2007：187）。

いずれにしても，ここで理解してほしいことは，**①統計的検定には，第１種の過誤と第２種の過誤という誤りがつきまとうということ，②３つのグループ以上の平均値の差を検定する際には，第１種の過誤の危険性があるのでｔ検定を繰り返してはいけない**，という２点である。

サンプルサイズの決定――検定力分析

先ほど，第２種の過誤を犯す確率はコントロールできないと述べた。しかし，この確率が高ければ，本当は有意な差を見落としてしまうことになる。前節で求めた効果量を使って**検定力分析**を行うことで，第２種の過誤を犯す確率を求めることができる。

検定力，効果量，有意水準，サンプルサイズの４つの変数は互いに影響しあう。有意水準は５％などに設定するのが一般的であり，大きくしすぎると第１種の過誤を犯す確率が高くなってしまう。効果量は結果として得られたデータから算出される数値である。したがって，調査者が統制することができる数値はサンプルサイズということになる。サンプルサイズを増やすことで検定力はあがるが，母集団全てに調査を行うことは不可能であり，どの程度のサンプルに調査をすれば満足のいく検定力が得られるかを計画の段階で想定したうえで，調査を行うことが可能になるのである（事前の検定力分析）。

また，前節に挙げた効果量を算出することで，調査後得られたデータがどの程度の検定力を持つものなのかを調べることもできる（事後の検定力分析）。手続き上はどのようなデータであっても分析を行うことは可能ではあるが，検定としてのパワーは条件によって大きく異なってくるため，その信頼性を高めるうえで検定力分析は意義がある。

《練習問題》

以下のｔ検定での分析結果（表9-6）を見て，どのような教育問題ないし社会問題が読み取れるかを考察せよ。

なお，ここで提示されている分析結果は，実際の教育データである。2018年に実施されたOECD国際教員指導環境調査（TALIS）[(4)]における日本の小学校のデータを利用した。

従属変数は，「対象学級において，通常，以下のことに授業時間の何パーセントを費やしていますか」という質問項目に対し，①事務的業務（出欠の記録，学校からのお知らせの配付など），②学級の秩序・規律の維持，③学習指導，それぞれの割合の回答である。数値は％を表しており，すべて加算すると100％になる。

独立変数は，担当する学級について，「社会経済的に困難な家庭環境にある児童」が「いる」か「いない」かであり，それぞれの従属変数に対して対応のないｔ検定を行なった。

表9-6　対象学級において業務に費やす時間

		クラスに経済的困難な児童がいる（N=1373）	クラスに経済的困難な児童はいない（N=1149）	t 値（自由度＝2520）	効果量（Hedges の g）
事務的業務	平均値（%）	8.4	6.3	2.442*	0.098
	標準偏差	28.3	7.8		
学級の秩序・規律の維持	平均値（%）	15.7	13.2	5.091***	0.204
	標準偏差	12.8	11.8		
学習指導	平均値（%）	76.5	80.4	5.770***	0.231
	標準偏差	17.5	16.1		

*p<.05　**p<.01　***p<.001
出典：TALIS（2018）.

⑴　t 分布の両側から棄却域をとる両側検定に対し，t 分布のプラス側あるいはマイナス側からのみ棄却域をとるものを片側検定という。これは，あらかじめ「薬を飲んだ群と飲んでいない群で薬を飲んでいる群の血圧に差はない（$\mu_A=\mu_B$）」という帰無仮説に対して，「薬を飲んでいる群のほうが血圧が低い（$\mu_A<\mu_B$）」などのように，一方の平均値がもう一方の平均値よりも大きな（小さな）値をとることを対立仮説として設定する場合に用いられる。教育関係のデータにおいて片側検定が用いられることはきわめて稀なため，本書では両側検定を前提とする。

⑵　効果量についてはここでは紹介程度に留める。実際に扱う場合には，専門的に取り扱った他の著書を参照されたい。

豊田秀樹（2009）「検定力分析入門」東京図書。

清水裕士（2013）「分散分析における効果量の計算」（https://norimune.net/1512 2020年３月19日取得）。

大久保街亜・岡田謙介，2012，「伝えるための心理統計――効果量・信頼区間・検定力」勁草書房。

⑶　本書では扱わないが，たとえば「あるクラスの50ｍ走のタイムについて指導前と指導後の測定値を比較する」など，分析する２つのグループのサンプルが同一対象者でありデータに対応関係があるときには「対応のある t 検定」を用いる。本書で扱っている「対応のない t 検定」とは t 値の算出方法が異なるため，これについては別の書籍を参照されたい。

⑷　TALIS は，学校の学習環境と教員および校長の勤務環境に焦点を当てた国際調査で，ここで提示しているのは小学校教諭のデータである。

参考文献

岩井紀子・保田時男，2007，『調査データ分析の基礎――JGSS データとオンライン集計の活用』有斐閣。

向後千春・冨永敦子，2007，「統計学がわかる――ハンバーガーショップでむりなく学ぶ，やさしく楽しい統計学」技術評論社。

中西啓喜，2017，『学力格差拡大の社会学的研究――小中学生への追跡的学力調査結果が示すもの』東信堂。

お茶の水女子大学，2003～2018，『青少年期から成人期への移行についての追跡的研究』報告書各巻。

大久保街亜・岡田謙介，2012，「伝えるための心理統計――効果量・信頼区間・検定力」勁草書房。

篠原正典, 2016,「教育実践研究の方法―― SPSS と Amos を用いた統計分析入門」ミネルヴァ書房。
豊田秀樹（編著）, 2009,「検定力分析入門―― R で学ぶ最新データ解析」東京図書。

コラム６　有意差が認められなかった分析結果は無意味か

報告される結果・されない結果

「出版バイアス」という言葉がある。これは，研究報告において，仮説がうまく検証されたもの（統計的に有意差があった研究）しか公にならない可能性があることを示している。研究者は，研究成果を公表する際に他の研究者から審査を受ける（これをピア・レヴューと呼ぶ）。その時に「仮説は支持されなかった」という分析結果がパブリッシュされることはほとんどない。

たとえば，ここにＡ法という教授法を試した研究が２～３本あるとしよう。いずれもＡ法が有効だったという結果を示している。Ａ法は優れた教授法に違いない。しかし，その背後には，有意差の出なかった膨大な未発表の研究結果が存在する可能性を捨てきれないのである。

ここから言えることとして，まず読み手は報告されているデータを１つの視点からだけで解釈することの危うさを知っておくことが必要である。それと同時に，自分がデータを分析する側に回った際には，統計的な有意差の有無とその報告との関係について考えておく必要があるだろう。研究としての本質は，統計的に有意な差を探すことにあるわけではない。本書は，主にデータを読む側の視点から書かれているが，このコラムでは，報告する側の立場から検定分析における結果の意味について考えてみたい。

主張ありきのデータ分析の危険性

さて，あなたは今，自分の学校の教育を評価するために，自治体全体の学力調査の得点と自分が勤務する学校の得点とを比較しようとしている。自校と他校の２群でｔ検定を行ったところ，自校の成績のほうが平均点は高いものの，ｔ値は５％の有意水準を下回っていない。あなたは，歯痒い思いで「10％水準で有意な“傾向がある”」と書くだろうか。もしかすると，比較する学校を同じ地区内だけに限定してもう一度分析しようとするかもしれない。あるいはデータをグループに分け直し，ｔ検定をやめてχ^2検定を試みるだろうか。

研究を行うとき，通常，研究をする側にはなんらかの仮説がある。それゆえ，有意差が出たほうが都合がいい場合が多い。実際，卒業論文の提出を控えた学生から，「有意差が出ないのでこのデータは使えません」と相談を受けたことも少なくない。しかし，ここで，「有意差が出るまでデータを取り直そう」「別の分析だったら結果が出るかもしれない」となってしまっては本末転倒である。そうしてしまっては，自分の主張の正しさを訴えるためにデータを無理やりにこじつけることになりかねない。そのような結果は，“ファクト”（序章より）を示すものとは言えないだろう。

特に，教育の研究の場合，研究する側の価値観や主義主張が大なり小なり研究に反映されることがある。そもそも，A法という方法が効果的だろうという予想があるからこそ，A法に注目した研究をするのである。これは当然である。しかし，研究者自身がその自覚を怠ると，もとの仮説に固執してしまって本質を見失ってしまうことや，データから述べられること以上の主張をしてしまうといったことが起こりうる。あらかじめ準備してある“言いたいことを言う”ための分析になってしまうのでは，それは「研究」とは言えない。これは自らが研究をする際に心に留めおかねばならないことである。

仮説と異なる結果から何を見出すか

では，仮説が検証されなかったときにはどうしたらよいのだろうか。

まず，「なぜそのような結果になったのか」を考察することである。大前提として，「有意差がない」というのも，紛れもない1つの結果である。想定と違った結果が出たときに，立ち止まって改めて考えてみることで，分析の前には思いつきもしなかった全く新しい仮説が生まれることもある。場合によっては調査方法の問題点や課題が明らかになることがあるかもしれない。これらは次の研究につながる実に有意義な発見である。

そしてなにより，有意差にとらわれず，自分の手元にあるデータと向き合うことである。記述統計を見ることは，なによりもその基本である（第5章参照）。たとえば，100点満点のテストの結果が正規分布になるだろうか。下手をすると正規分布どころか，90点以上のまとまりと20点以下のまとまりのあるフタコブ型の分布になる可能性もある。「残念だが，このデータは正規分布ではないから検定分析には使えない」――果たしてそうだろうか。「我が校の生徒の成績はフタコブ型の分布になっている」という事実は，十分に「成績の二極化がある」という自校の実態を語ってくれている。それは，他校と比べて有意な差があること以上に教育的に意味のあることではないだろうか。

研究において，一朝一夕の分析で画期的な何かが明らかにできることはほぼない。いろいろな角度からの様々な知見が少しずつ積み重なって，ようやく何かが見えてくる。むしろ，簡単には見えてこないからこそ，そこに気づきがあり，研究者は次の仮説を見出すことができるのである。

研究を続けていくために

統計的な分析手法は，データに基づく議論を可能にし，時として私たちに思いもよらない発見をもたらしてくれる。それは教育という曖昧な事象を考えるうえで強力な武器になる。しかし，注意しなければならないのは，必ずしも

“思ったような”結果が出ることはないということ，そして，１つの分析結果から分かることはごくごくわずかなものだということである。

あなたが分析をする目的はなんだろうか。教育をよりよくするためではないだろうか。けっして，自分の仮説を正当化するために分析をしているわけではないということ忘れてはならない。そして，読み手としても同様に，自分の思想に合った知見だけを採用し，それだけを過信することがあってはならない。これは，扱うデータの規模や立場にかかわらず，研究という活動を行う者すべてに必要な心構えである。

第10章
大学生は学年によって勉強量が異なるのか
――3グループ以上の平均値の比較――

本章で学ぶこと

前章では2つのグループ間で母集団にも差があるかを調べるためのt検定について学んだ。本章では，2グループに限定せず，3つ以上のグループ間で，母集団に平均の差があるかどうかを検定する分散分析の手法について学ぶ。具体的には，大学生は学年によって勉強量が異なるのか，履修している授業科目数や授業以外の自主的な勉強時間に注目して検討する。

また，分散分析だけではどのグループ間に差があるのかはわからない。本章では，3つ以上のグループのどことどこに有意差があるのかを確認するための多重比較の方法としてテューキー法を紹介する。

キーワード：一元配置分散分析，全平方和，級間平方和，級内平方和，平均平方，*F*値，*F*分布，多重比較，テューキー法，テューキーの*HSD*法

1　3グループ以上の平均値を比較する表を読む

本節で使用するデータは，Benesse教育研究開発センターを中心に調査企画・分析が行われた「第2回大学生の学習・生活実態調査」(2012年) のデータである。これはインターネット調査会社に「大学生」として登録されている約7万人のうち，大学1～4年生に調査を依頼し，文部科学省「学校基本調査」の男女比，学部系統別の人数比率に近い構成のサンプルとなるよう回収を行った。有効回答数4,911名の内訳は，1年生1,225名，2年生1,227名，3年生1,223名，4年生1,236名である。[(1)]

本調査は大学生の学習・生活の実態を明らかにする目的で行われた。大学生の調査では学部による傾向の違いなどがよく取り上げられるが，ここでは学年

表10－1　学年別にみた履修科目数の平均値

	1年生（N=1184）	2年生（N=1184）	3年生（N=1203）	4年生（N=1229）	F値	多重比較
平均値	13.5	12.5	9.6	3.9	1296.376***	
標準偏差	4.2	3.9	4.4	5.6		1年＞2年＞3年＞4年

***p<.001；自由度（3,4796）

出典：第2回大学生の学習・生活実態調査より筆者作成。

によって学習の状況に違いがあるのか検討する。ここでいう学習の状況とは，端的にいえば，勉強量が異なるのかという意味である。まずは，独立変数を学年，従属変数を調査時点の学期に履修している授業科目数として分析した結果をみてみよう。

表10－1には，各学年の学生が当該学期に履修している科目数の平均値，分散分析の結果，そして多重比較の結果が示されている。各学年のN，つまりデータの個数が前述の有効回答数と異なるのは，26単位以上を欠損値扱いにして分析しているためである。大学に義務付けられている認証評価では，学生が適正な学習活動を行えるように過剰に科目を履修することなく，通年50単位を履修限度とする基準が一般的である。ほとんどの大学でそうした基準に従っているため，本調査では半期あたり25単位を限度と考えて，それより多く回答しているデータを回答ミスと判断し，無効とみなしている。

表10－1からは，1年生の履修科目数の平均が13.5科目，2年生が12.5科目，3年生が9.6科目，4年生が3.9科目となっている[(2)]。また，平均値からのデータのばらつきを意味する標準偏差もあわせて記載されている。科目数のこうした平均値の差が母集団においても当てはまるかどうかは，F値の*（アスタリスク）で確認する。読み取り方については第8章，第9章で学んだように，各学年の履修科目数には「0.1％水準で有意差がある」となる。その意味は，母集団における平均値の差が偶発的に生じるケースが0.1％未満，つまり1000分の1未満というきわめて低い確率でしか発生しないということである。通常，偶然に生じる確率が5％未満の場合，平均値の差は偶然に起こるものではないと判断される。

ただし，F値に付された*はあくまでも各学年の履修科目数の平均値に有意差があるかどうかを示すものでしかない。実際に，どの学年とどの学年の間に平均値の差があるかを確認するには，多重比較の結果を参照する必要がある。どのグループ間に差があるかは，多重比較の欄の不等号で判断する。表10-1でいえば，学年が上がるにつれて履修科目数の平均値が低下しており，各学年で差があることは明らかである。特に，３年生から急激に減少し，４年生ではわずか3.9科目である。日本の大学生は在学中に就職活動をする慣行もあることから，できるだけ早いうちに多くの単位を修得しようとし，結果，４年次での履修科目数はきわめて少なくなる。こうした傾向は経験的にも理解できるであろう。ちなみに表中では明記していないが，ここで用いた多重比較はテューキー法である。先ほどと逆の順で説明すれば，４年生よりも３年生以下，３年生よりも２年生以下，２年生よりも１年生の学生が５％水準で有意に履修科目数の平均が多いという結果を示している。

2　一元配置分散分析

なぜ「分散分析」と呼ばれるか

では，第１節で用いた分散分析について説明していこう。

分散分析（analysis of variance, ANOVA〔アノーヴァ〕と略記する）は前章のｔ検定と同様に，独立変数が質的変数で，従属変数が量的変数である場合に用いられる。しかし，ｔ検定は独立変数が２グループの場合に適用される。前章でも，親の学歴が高卒と大卒といった２つのグループ間で，母集団にも子どもの学力に差があるかをｔ検定で統計的に検定した。そして前章第４節では，３つのグループ間での平均値を比較するためにｔ検定を３回繰り返すと偶然に有意差が出る確率が５％水準よりも高くなってしまうことから，そうした方法を用いることはできないと学んだ（190ページ参照）。

そこで，３グループ以上の平均値を比較する手法として分散分析が用いられる。分散分析は２グループでも分析可能だが，ｔ検定は２グループのみにしか利用できない。また，「対応のないデータ」でも「対応のあるデータ」でも分析可能である。「対応のないデータ」とは，対象者を学年や学部など複数のグループや条件に分けたデータであり，対象者間で平均値を比較する。これに対して，「対応のあるデータ」とは，同じ対象者に事前・中間・事後といった複

表10－2　仮想データＡ：大学生の１週間あたり授業以外の自主的な勉強時間（単位：時間）

１年生	２年生	３年生	４年生
5	4.5	5.5	9
4	4	6	8
4.5	5	7.5	7
4	6	7	7.5
5.5	5	6.5	8.5

表10－3　仮想データＢ：大学生の１週間あたり授業以外の自主的な勉強時間（単位：時間）

１年生	２年生	３年生	４年生
1	5.5	2	7
7	10	9.5	9
3	2	4	2
5	7	10	12
7	0	7	10

数の時点や条件を設定して，それぞれの回答を得たデータであり，対象者内で平均値を比較する。なお，分散分析では研究仮説にもよるが，独立変数は多くとも３つまでの設定にとどめるべきとされている（田中・山際 1992：84)。このように，分散分析の扱う範囲は広く，その分析方法も多様で奥深いが，本章では最も基本的な１つの独立変数（対象者のグループによる違い）によって従属変数を説明する「対応のない一元配置分散分析」を扱う。ここでいう「一元」[(3)]とは独立変数が１つという意味である。

さて，前節では学年によって大学生の勉強量が異なるのか，履修している授業科目数の平均値を比較した。結果，学年が上がるにつれて履修科目数の平均が低くなり，少なくとも大学での授業時間は４年生が最も少ないということが明らかになった。それでは，本当に高年次の学生ほど勉強していないのであろうか。ここからは，「第２回大学生の学習・生活実態調査」の集計結果を参考に作成した仮想データを用いて，「対応のない一元配置分散分析」の考え方を説明したい。

先ほどは履修科目数を取り上げたが，勉強量を測定するのであれば授業時間外の学習時間も含むべきであろう。これには予習復習や課題など授業に関連し

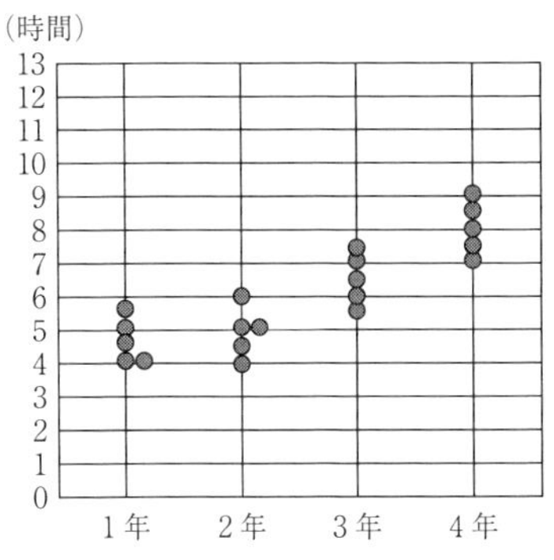

図10－1　仮想データＡのプロット

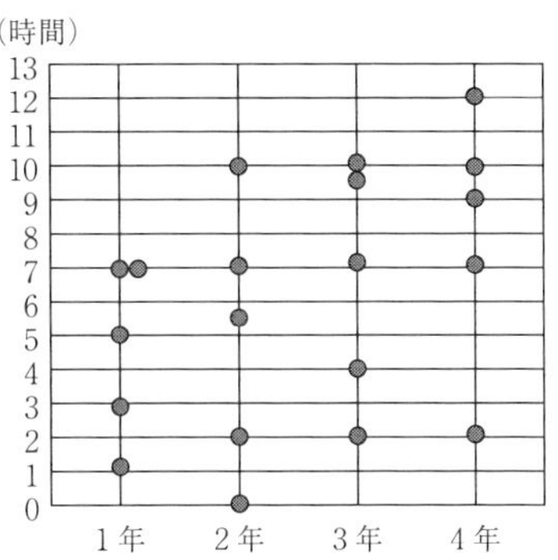

図10－2　仮想データＢのプロット

出典：山田・村井（2004：163）をもとに筆者作成。

た勉強があろうが，授業以外の自主的な勉強も考えられるだろう。そこで，ある大学から各学年５名ずつ無作為に選んだ学生に，後者の自主的な勉強時間（１週間あたり）について調査をしたとしよう。表10－２はその回答結果であり，これは後述の計算式でも用いる仮想データである。

仮想データＡから，各学年の勉強時間の平均値に母集団で差があるといえるだろうか。ひとまず，データに基づいて各学年の平均値を計算してみよう。１年生は4.6時間，２年生は4.9時間，３年生は6.5時間，４年生は8.0時間，全体の平均は6.0時間である。この平均値だけ見ると，１年生と４年生にはかなりの差があるように思われる。その一方で，１年生と２年生は0.3時間しか差がなく，この２学年にはあまり差がないように見える。

では，表10－３の仮想データＢはどうであろうか。おそらくぱっと見た数値の印象が少し異なって感じられるだろうが，同じく平均値を計算してみよう。すると，結果は先ほどとまったく同じ，１年生は4.6時間，２年生は4.9時間，３年生は6.5時間，４年生は8.0時間，全体の平均は6.0時間となる。ということは，やはり１年生と４年生の間には仮想データＡと同様に差が生じていると考えられるだろうか。

実は，分散分析を行うと，仮想データＡでは統計的な有意差がみられるが，仮想データＢでは有意差はみられない結果となる。同じ平均値であるにもかかわらず，なぜこういうことが起こるのであろうか。それはデータの印象からもわかるが，これらのデータをプロットした図10－1と図10－2から明らかになる。要するに，仮想データＡと仮想データＢでは平均値は同じであるものの，データの分散（ばらつき）の程度が異なるのである。仮想データＡは各グループ（学年）内の分散（ばらつき）が小さく，仮想データＢは各グループ（学年）内の分散（ばらつき）が大きい。分散分析は平均値の差を検定する方法であるが，この差を「分散」という統計量に換算して扱う。平均値の差の有無は平均値そのものではなく，むしろ分散が決定するのであって，これが「分散分析」と呼ばれる所以である。

説明できるばらつきと説明できないばらつき

それでは，「分散」とはどのような統計量であるか。第５章で学んだように，分散は各データの値が平均値からどれだけずれているかを示す「偏差」をそれぞれ２乗し，それらを平均した値である。データのばらつき，つまりデータがどれだけ散らばっているかという散布度の指標の１つとして挙げられる。

そこで，仮想データＡに基づき，データと平均値とのずれを見てみよう。図10－3には全体の平均値と各学年の平均値，そして１年生のデータからある回答者（dとする）のデータを抽出して，数直線上に示した。この回答者ｄは自主的な勉強時間を「４時間」と回答しており，ｄのデータは全体の平均値6.0時間から－2.0時間の差がある。この－2.0時間のずれを見ると，１年生の平均値4.6時間と全体の平均値6.0時間とのずれ（－1.4時間）と，回答者ｄのデータ4.0時間と１年生の平均値4.6時間とのずれ（－0.6時間）の合計になっていることがわかる。

すなわち，学年ごとの集団をグループとした場合，グループ平均と全体の平均の差は全体の中で各グループ（学年）が全体の平均からどれだけずれているかということを意味している。また，各値とグループ平均の差は，各グループの中で個々の値が各グループ（学年）の平均からどれだけずれているかということを意味している。グループ平均と全体の平均の差を「グループ（学年）間のずれ」，各値とグループ平均の差を「グループ（学年）内のずれ」とすると，データの個々の値と全体の平均とのずれはこの２つのずれに分解できることに

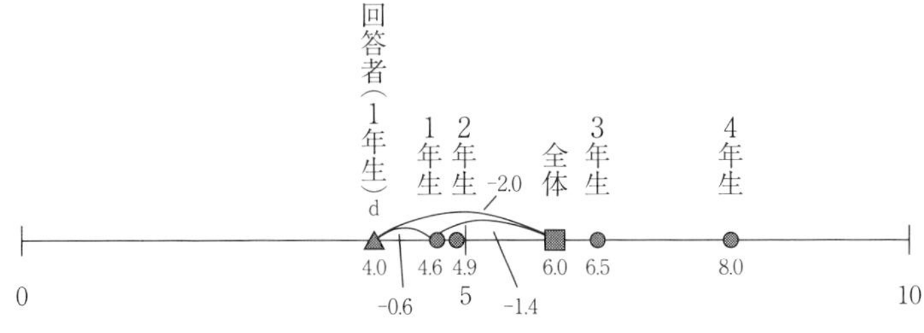

図10－3　平均値からのずれ（仮想データ A）

なる。

そこで，従属変数である y の分散の割合を推定するために，

$$\sum_{i=1}^{N}(y_i-\bar{y})^2=\sum_{j=1}^{a}\sum_{i=1}^{n_j}(y_{ij}-\bar{y})^2$$

N は全回答者数

y_i は i 番目の回答者の値

a はグループの数

n_j は j 番目のグループの回答者数

y_{ij} は j 番目のグループに属する i 番目の回答者の値

$\bar{y}$ は全体の平均

という式を考える。上記の数式の右辺は，a 個のグループそれぞれに属する回答者の値と全体の平均との差を2乗して合計することを示している。これは先に算出したグループ平均と全体平均の差，および各値とグループ平均の差を2乗して全て足し合わせて出すことから，グループ間とグループ内の2つの分散を算出することになる。これらはそれぞれ，**級間平方和**(4)（between-groups sum of squares），**級内平方和**(5)（within-group sum of squares）と呼び，それらを足し合わせたものは全平方和(6)（total sum of squares）と呼ぶ。

全平方和の計算

全平方和は SS_{TOTAL} と表し，数式で示すと次のようになる。

$$SS_{TOTAL}=\sum_{j=1}^{a}\sum_{i=1}^{n_j}(y_{ij}-\bar{y})^2$$

仮想データ A に基づけば，１年生から４年生までのデータの個々の値から全体の平均を引き，それぞれの２乗を合計する。これを計算した結果が下記である。

$$(5-6)^2+(4-6)^2+\cdots\cdots+(7.5-6)^2+(8.5-6)^2=46$$

級間平方和の計算

級間平方和は $SS_{BETWEEN}$ と表し，数式で示すと次のようになる。

$$SS_{BETWEEN}=\sum_{j=1}^{a}n_{\mathrm{j}}(\bar{y}_j-\bar{y})^2$$

$\bar{y}_j$ は j 番目のグループの平均

仮想データ A に基づけば，各学年の平均から全体の平均を引き，それぞれ２乗した結果を回答者数分（各学年５名ずつ回答）掛け合わせ，合計する。これを計算した結果が下記である。

$$5(4.6-6)^2+5(4.9-6)^2+5(6.5-6)^2+5(8-6)^2=37.1$$

級内平方和の計算

級間平方和に対して級内平方和は SS_{WITHIN} と表し，数式で示すと次のようになる。

$$SS_{WITHIN}=\sum_{j=1}^{a}\sum_{i=1}^{n_j}(y_{ij}-\bar{y}_j)^2$$

仮想データ A に基づけば，１年生から４年生までのデータの個々の値から該当する各学年の平均を引き，それぞれの２乗を合計する。これを計算した結果が下記である。

$$(5-4.6)^2+(4-4.6)^2+\cdots\cdots+(7.5-8)^2+(8.5-8)^2=8.9$$

これらの平方和の関係をみると，

$$SS_{TOTAL}=SS_{BETWEEN}+SS_{WITHIN}$$
$$46 \quad = \quad 37.1 \quad + \quad 8.9$$

となることがわかる。全平方和とはすべての回答者の値について全体の平均値からのずれを２乗して合計した値であり，１年生から４年生までの全学生の自主的な勉強時間の全体的なばらつきを意味している。上記の式によると，この全体的なばらつきはグループ間（級間）とグループ内（級内）の２つのばらつきに分解されることとなる。いいかえれば，学年間のばらつきと学年内のばらつきに分解される。級間平方和は学年というグループの違いによって説明できるばらつきを表す。これに対して，級内平方和は同じ学年というグループに属していても，個人の差や偶発的な状況によって勉強時間が長い学生もいれば短い学生もいるというばらつきを表す。この分散分析は，そもそも学年の違いによって自主的な勉強時間の平均に差があるかを検定するための分析である。後者の級内平方和は，学年による違いによって説明できない個人差や偶然の影響による部分であって，これは誤差とみなされる。したがって，分散分析ではグループの違いによって説明できるばらつきの部分が，それでは説明できない誤差によるばらつきの部分よりも十分に大きいことを確かめられれば，グループの違いによって平均の差が生じていると考えるのである。

分散分析による統計的仮説検定

分散分析の考え方をおおよそ理解できたならば，実際の統計的仮説検定の進め方を説明しよう。引き続き，データは仮想データＡを用いる。

仮想データＡから明らかにしたいことは，調査を行ったある大学の全学生という母集団において，学年の違いによって自主的な勉強時間の平均に差があるかどうかである。そこでの帰無仮説 H_0 は $\mu_A = \mu_B = \mu_C = \mu_D$ となり，A，B，C，Dの各グループの母集団の平均値が等しいということである。この例題では，グループは1～4年の各学年を意味する。これに対して，対立仮説 H_1 は H_0 ではない，つまり H_0 のどこかで等しくない（＝が≠になる）こと，具体的にはいずれかの学年間で平均値が等しくないことを示す。分散分析の場合，帰無仮説を棄却できるかどうか判断するためには検定統計量 F 値を求める必要がある。F 値が F 分布という確率分布において帰無仮説を棄却する境目となる臨界値を超える大きさであれば，帰無仮説を棄却し対立仮説を採択する。いずれかの学年間で平均値が等しくない，つまり学年の違いによって平均値に有意な差が生じていると解釈できるのである。

この F 値を求めるには，先ほど算出した級間平方和と級内平方和の値を利用する。平方和は偏差の2乗を合計した値であるが，分散はそれを通常，データの個数で割って平均を出す。しかし，分散分析ではデータの個数ではなく自由度で平方和を割って，平均平方を算出する。自由度とは自動的に値が決まってしまうデータを除いた，自由に値をとりうるデータの個数といった意味で理解するとよい。自由度は，級間では（グループ数－1），級内では（各グループにおけるデータ数－1）の合計，いいかえれば（全データ数－グループ数）である。ちなみに，全体では（全データ数－1）である。平方和は自由度が大きいほど大きな値をとる傾向にあるため，平均平方，すなわち自由度1あたりの平方和を利用するのである。

さて，前項において「分散分析ではグループの違いによって説明できるばらつきの部分が，それでは説明できない誤差によるばらつきの部分よりも十分に大きいことを確かめられれば，グループの違いによって平均の差が生じていると考える」と述べた。検定統計量 F 値とは，グループの違いによるばらつきが誤差によるばらつきよりもどの程度大きいかを示す値であり，前者の後者に対する比で示す。したがって，F 値を求めるには，先に示した自由度を用いて（級間の平均平方÷級内の平均平方）を算出する。

以上，F 値を算出するための数式をまとめると，次のようになる。

$$F = \frac{SS_{BETWEEN} / (\alpha - 1)}{SS_{WITHIN} / (N - \alpha)}$$

それでは，仮想データＡに基づいて計算してみよう。仮想データＡの自由度はそれぞれ，級間で３，級内で16，全体で19となる。これより，級間の平均平方は37.1÷3≒12.367，級内の平均平方は8.9÷16≒0.556と求められる。これらの平均平方を用いて仮想データＡのF値を算出すると，12.367÷0.556≒22.243[(7)]となる。グループの違いによるばらつきは誤差によるばらつきの実に22.243倍という値となる。

ところで，分散分析に用いる確率分布のF分布はF値を求める計算式のうちの分子と分母の２つの自由度をもち，この２つの値によって形状が変化する。分子の自由度は級間の自由度，分母の自由度は級内の自由度であることから，仮想データＡの場合，３と16になる。F分布表において帰無仮説が棄却される臨界値を確認してみると，５％の有意水準のとき，分子が３，分母が16の臨界値は3.24である。ちなみに，１％の有意水準のときは同じ自由度で臨界値は5.29である。先述のように，グループの違いによるばらつきは誤差によるばらつきの22.243倍であった。これだけ大きくなることは偶然に生じるとは考えづらく，実際，このF値22.243は臨界値を優に上回っている。したがって，グループの違い，つまり学年の違いによって，自主的な勉強時間の平均には１％の有意水準で統計的に有意な差があると結論づけられるのである。

3　多重比較

多重比較とは

分散分析はグループの間で平均に差があること，より厳密にいえば各グループの平均はすべて等しいわけではないということを検定するものである。注意をしたいのは，差があった場合に，すべてのグループ間に有意差があるということを意味するのではなく，また，どのグループとどのグループの間に差があるのかまではわからない点である。これを確認するためにはさらに**多重比較**（multiple comparison tests）を行わなければならない。

どのグループとどのグループに平均の差があるかと考えれば，すべてのグループを２つずつペアで組み合わせてｔ検定を繰り返し行えばよいと考えることもできる。しかし，ペアでｔ検定を繰り返し行った場合に，たとえばそれぞれのｔ検定で５％の有意水準を設定しても，先述のとおり検定の回数が増えるほど，そのうちの１つでも有意差が出る確率は高くなっていく。結果的に，全体として偶然に有意差が生ずる確率はもとの５％の有意水準よりも高くなり，第１種の過誤（帰無仮説が真であるにもかかわらず，それを棄却してしまう誤り）を犯す危険性が高まるのである。そこで，検定全体の有意水準が５％を超えないように検定１回あたりの有意水準を低く調節するなど，特別な検定法として開発されたのが多重比較である。

多重比較には，**テューキー**（Tukey）**法**，**ボンフェローニ**（Bonferroni）**法**，**フィッシャー**（Fisher）**の** ***LSD***（Least Significant Difference）**法**，**シェッフェ**（Scheffé）**法**，**ダネット**（Dunnett）**法**など，多様な方法がある。それぞれの方法によって考え方，適用が異なり，結果が異なる。多重比較の分析方法は奥深いが，各方法の特徴の一部を紹介すれば，ボンフェローニ法は多重比較以外にも利用できる汎用的な方法で，比較の組み合わせ数が少ない場合には優れている。しかし，組み合わせの数が増えると組み合わせごとの有意水準が厳格になり，全体として有意差が出にくくなる。フィッシャーの *LSD* 法は計算が容易で有意差も得られやすく，かつては多用された。しかし，有意差を得られやすいだけに，第１種の過誤を犯す危険性も増し，特に４グループ以上の比較では有意水準が高くなる。シェッフェ法は分散分析の事後的な検定として頑健な方法とされてきたが，ペアでの比較（一対比較）では検定力がきわめて低く，３グループ以上を同時に比較（複合比較）する際に有効な方法である。ダネット法は特定のグループとそれ以外の各グループとの比較に適用する方法である。

これらの特徴を踏まえたうえで，ここではテューキー法について紹介したい。テューキー法はすべてのグループのペア間において平均に差があるかを検定する方法である。検定手続きが容易で有意差も比較的出やすく，よく利用される代表的な方法といえる。第１種の過誤に対して厳格すぎるために第２種の過誤（帰無仮説が偽であるにもかかわらず，それを採択してしまう誤り）に甘く，検定力の低下につながる面もあるが，一般的には多重比較の方法として推奨される。

テューキー法

テューキー法では２つずつペアにしたグループ間の平均に差があるかどうか

を，分散分析の結果に基づき，ステューデント化された範囲（q）という検定統計量を算出して判定する。算出した統計量が，帰無仮説（この場合は，2つのグループ間の母集団の平均値が等しいという仮説）を棄却するための臨界値以上であれば帰無仮説を棄却し，平均値間に有意差を認めることができる。この検定統計量 q を求める式は次のようになる。なお，次式は各グループのデータの個数が等しいときに用い[(8)]，各グループの母分散も等しいと仮定して行われる。「平均値$_{大}$」は2つの平均値のうちの大きな値，「平均値$_{小}$」は小さな値を示している。

$$q=\frac{\text{平均値}_{大}-\text{平均値}_{小}}{\sqrt{\dfrac{\text{級内の平均平方}}{\text{各グループのデータの個数}}}}$$

引き続き，仮想データAを用いて多重比較を行ってみよう。各学年の学生5名ずつの自主的な勉強時間の平均は，1年生で4.6時間，2年生で4.9時間，3年生で6.5時間，4年生で8.0時間である。たとえば，この中で平均が最大の4年生と最小の1年生とを比較したい。分散分析によれば，級内平方和の平均平方は0.556である。これらの値を上記の式にあてはめると，

$$q=\frac{8.0-4.6}{\sqrt{\dfrac{0.556}{5}}}=\frac{3.4}{0.33}=10.3$$

となる。次に，帰無仮説を棄却できる臨界値をステューデント化された範囲（q）の表で確認する。臨界値は有意水準，比較するすべてのグループの数，級内の自由度の3つによって決まる。ここでは，有意水準を5％とすると，グループの数は4，級内の自由度は16であることから，臨界値は4.05となる。上記で算出した q の統計量は10.3であり，この臨界値4.05を上回っている。したがって，4年生と1年生の平均が等しいという帰無仮説を棄却し，4年生と1年生の勉強時間の平均値には有意差があるということができる。

このようにして，他の組み合わせについても平均値を比較することは可能である。しかし，もう少し簡便な方法としてテューキーの *HSD*（Honestly Significant Difference）法が挙げられる。*HSD* とは直訳すれば「正直な有意差」となり，本当に有意な差を意味する。先ほどの検定統計量 q は臨界値以上であれば，２つのグループ間の平均値に有意差が認められる。そこで先の式を利用すれば，

$$\frac{\text{平均値}_{\text{大}}-\text{平均値}_{\text{小}}}{\sqrt{\dfrac{\text{級内の平均平方}}{\text{各グループのデータの個数}}}}\geqq q\text{の臨界値}^{※}$$

※ステューデント化された範囲（q）の表に基づき，有意水準，グループの数，級内の自由度によって決まる。

となる。この式において，左辺の分母を右辺に移項してみよう。

$$\text{平均値}_{\text{大}}-\text{平均値}_{\text{小}}\geqq q\text{の臨界値}\times\sqrt{\frac{\text{級内の平均平方}}{\text{各グループのデータの個数}}}$$

HSD とはこの右辺によって求められる値である。

$$HSD=q\text{の臨界値}\times\sqrt{\frac{\text{級内の平均平方}}{\text{各グループのデータの個数}}}$$

ゆえに，

$$\text{平均値}_{\text{大}}-\text{平均値}_{\text{小}}\geqq HSD$$

となれば，２つのグループ間の平均値に有意差があることになる。つまり，最初に説明したような各組み合わせの検定統計量 q を出すための計算をいちいちしなくとも，*HSD* を１回算出すれば，あとは各組み合わせの平均値の差がわかれば有意差があるかどうかを判定できるのである。

仮想データ A では，*HSD* の値が次のように求められる。

表10－4　仮想データＡの一元配置分散分析表[9]

変動因	平方和	自由度	平均平方	F 値
級　間	37.1	3	12.367	22.243**
級　内	8.9	16	0.556	
合　計	46	19		

**p<.01

表10－5　仮想データＡの一元配置分散分析結果

	1年生（N=5）	2年生（N=5）	3年生（N=5）	4年生（N=5）	F 値	多重比較
平均値	4.60	4.90	6.50	8.00	22.243**	
標準偏差	0.65	0.74	0.79	0.79		4年＞3年＞2年＝1年

**p<.01；自由度(3,16)

$$HSD=4.05\times\sqrt{\frac{0.556}{5}}=4.05\times0.33=1.34$$

次に，それぞれのグループ間の組み合わせにおいて平均値の差（$平均値_{大}-平均値_{小}$）を算出しよう。

2年生－1年生　　4.9－4.6＝0.3
3年生－1年生　　6.5－4.6＝1.9
4年生－1年生　　8.0－4.6＝3.4
3年生－2年生　　6.5－4.9＝1.6
4年生－2年生　　8.0－4.9＝3.1
4年生－3年生　　8.0－6.5＝1.5

この結果から，2年生と1年生との差を除いて，どの組み合わせにおいても*HSD*の値1.34を上回る差になっていることがわかる。1年生と2年生の組み合わせ以外はすべて有意差があるということである。

4　分析結果の作表と記述方法

最後に，これまでの分析結果に基づき作表し，論文のなかでの記述の仕方について説明しておきたい。

第２節で行った分散分析の結果については，表10－4のような分散分析表を作成する。検定統計量 F 値を求めるための表である。分散分析では，平均との差（偏差）に注目し，その平方和を求めた。全体のばらつきを示す全平方和はグループの違いによる級間平方和とそれでは説明できない誤差とみなす級内平方和に分解される。級間の自由度は（グループ数－1），級内の自由度は（全データ数－グループ数）であり，平方和をそれぞれの自由度で除した値が平均平方である。そして，グループの違いによるばらつき（級間の平均平方）が誤差によるばらつき（級内の平均平方）よりもどの程度大きいかを比で示した検定統計量 F 値を算出する。最後に，帰無仮説が棄却される有意水準（あるいは，有意確率 p 値）を示す。

分散分析表は分散分析の結果が要約されていて便利であるが，通常は論文には記載しない。そもそも，各グループのデータの個数や平均値を示す必要があるし，また，分散分析はあくまでもどこかのグループ間の平均値に差があるかどうかを検定する分析である。有意差がある場合は多重比較を行い，どこのグループ間に平均の差がみられるのかという結果も記さなければならない。そこで，論文には表10－5のような分散分析と多重比較の結果を組み合わせた表を作成するとよい。

表10－5には，各グループ，つまり各学年のデータの個数，平均値，標準偏差が示されているとともに，F 値と有意水準も示されている。また，（級間自由度，級内自由度）という形で自由度も記されている。多重比較の結果については，ペア間ではなくまとめて不等号と等号で示されている。第３節で行った多重比較の結果，統計的に有意差がみられたペアは下記の通りとなる。４年生と３年生はどの学年とも差があるが，２年生と１年生の間には有意差はない。したがって，これらをまとめると「４年＞３年＞２年＝１年」となる。

４年＞３年，４年＞２年，４年＞１年
３年＞２年，３年＞１年

なお，多重比較の結果の示し方については，表頭と表側に各グループを挙げ，交わったセルに平均値差を記載して有意水準を記号で示す，あるいは，同様の表において不等号や等号によって大小を示す，また，平均値と標準偏差を図で示し，有意差のある部分に有意水準を記号で付すといった方法も挙げられる。

以上の結果を表とともに文章で記述すると次のようになる。

表10－5は，ある大学において，授業以外の自主的な勉強時間について調査し，各学年の1週間あたりの平均と標準偏差を示したものである。一元配置の分散分析の結果，学年による平均の差は有意であった（$F_{(3,16)}=22.243$，$p<.01$）。Tukey 法を用いた多重比較（5％水準）によると，4年生の平均値は3年生，2年生，1年生とそれぞれ有意な差が認められ，さらに3年生の平均値は4年生だけでなく，2年生，1年生とも有意な差がみられた。しかし，2年生と1年生の間の平均の差は有意ではなかった。

5　大学生の勉強量とは

分析結果はここまでとなる。こうした結果をみると，概して学年が上がるにつれて自主的な勉強時間は増加していることがわかる。ただし，2年生と1年生では統計的に有意な差はみられず，高年次と低年次とで平均に差が生じている。

ところで，ここで扱った仮想データAはある大学で調査を行ったと仮定し，本書のために作成した架空のデータであるが，学生生活の実態とまったくかけ離れているというわけではない。本章の冒頭で紹介した「第2回大学生の学習・生活実態調査」（2012年）の授業外学習時間の分布からみれば，平均値はかなり大きく見積もっているものの，学年別には同調査も今回と同様，高年次と低年次の間に勉強時間の差はみられるのである。同調査では，ふだんの時間の過ごし方について1週間あたり「3～5時間」など幅をもった選択肢で回答してもらっている。そのため，正確な平均値は算出できないが，3時間以上の選択肢を選んだ回答者の割合は1年生17.7%，2年生20.4%，3年生27.3%，4

年生28.1％となる[10]。これらの比率についてはχ^2検定の結果，0.1％水準で有意な差がみられた。

高年次の学生ほど大学の授業以外の自主的な勉強時間が多いというのは，冒頭でみたように履修している授業科目数，すなわち授業時間数が減って時間的な余裕が生じることも関係していると考えられる。また，卒業，就職が近づいてきて，各種資格・採用試験など，卒業後の進路に向けての準備の必要性などから勉強時間が増加しているとも考察できる。

本章では学年によって大学生の勉強量が異なるのかという問いを立てて，まず履修している授業科目数の平均値を比較した。学年が上がるにつれて履修科目数の平均が低くなり，高年次の学生ほど勉強していないようにみえたが，大学の授業以外の自主的な勉強時間についてはむしろ高年次の学生のほうが長く勉強している可能性が示唆された。先の調査では，履修科目数とは別に，「大学の授業などへの出席」時間も尋ねており，また「授業の予復習をやる時間」も尋ねている。高年次となれば，ゼミや卒業研究などの勉強も増えるであろう。いずれにしても，勉強量についてはこうした授業・授業外も含めた学習時間，さらには学習の質も含めてトータルに検討する必要があるといえる。

《練習問題》

(1)　本章で取り上げた対応のない一元配置の分散分析を用いて分析するのに適した出題例を考えてみよう。データの値は不要だが，独立変数と従属変数を挙げて問いの形にしてみよう。

(2)　本章に示された仮想データＢを用いて一元配置の分散分析を行い，学年によって自主的な勉強時間の平均に差がないことを確認してみよう。

---

(1)　Benesse 教育研究開発センター企画・制作（2013）より。本調査には筆者も調査企画・分析メンバーとして関わっている。本調査の報告書は，ベネッセ教育総合研究所サイトの次のページからダウンロード可能である（https://berd.benesse.jp/koutou/research/detail1.php?id＝3159 2020年４月13日閲覧）。

(2)　同報告書では巻末の基礎集計表 p.162の結果に基づき，２年生は12.4科目となっている（Benesse 教育研究開発センター企画・制作 2013：98）。しかし，再計算すると平均は12.45科目となるため，ここでは四捨五入し12.5科目とする。

(3)　「一元配置」は「一要因」ともいう。

(4)　「級間平方和」は「群間平方和」ともいう。

(5)　「級内平方和」は「群内平方和」ともいう。

(6)　「全平方和」は「全体平方和」ともいう。

(7)　なお，統計ソフト（SPSS）の計算では四捨五入した平均平方の値から算出しないため，F 値が22.232という結果となる。

(8)　グループによってデータの個数が異なる場合は，それらの調和平均を求める必要がある。調和平均とは各グループのデータ個数の逆数を平均し，さらにその平均の逆数を求めたものである。q を求める式において，各グループのデータの個数の部分に調和平均をあてはめて計算する方法はテューキー・クレーマー（Tukey-Kramer）法と呼ばれる。

(9)　この分散分析表は，本章において手計算で行った結果をまとめている。統計ソフト（SPSS）の計算では四捨五入した平均平方の値から算出しないため，F 値が22.232という結果となる。また，p 値が0.000となり，$p<.001$ の有意水準まで棄却できることがわかる。

(10)　Benesse 教育研究開発センター企画・制作（2013：53)。なお，統計ソフトで計算すると3年生は27.4％と算出される。27.3％という値は，巻末の基礎集計表p.160に掲載されている各選択肢の回答比率をそのまま合計した値とみられる。

参考文献

Benesse 教育研究開発センター企画・制作，2013，『第2回大学生の学習・生活実態調査報告書』（研究所報 VOL.66)，ベネッセコーポレーション。

ボーンシュテット＆ノーキ（海野道郎，中村隆監訳)，1990，『社会統計学――社会調査のためのデータ分析入門』ハーベスト社。

南風原朝和，2002，『心理統計学の基礎　統合的理解のために』有斐閣。

岩井紀子・保田時男，2007，『調査データ分析の基礎―― JGSS データとオンライン集計の活用』有斐閣。

向後千春・冨永敦子，2007，『統計学がわかる　ハンバーガーショップでむりなく学ぶ，やさしく楽しい統計学』技術評論社。

森敏昭・吉田寿夫編著，1990，『心理学のためのデータ解析テクニカルブック』北大路書房。

芝田征司，2017，『数学が苦手でもわかる心理統計法入門　基礎から多変量解析まで』サイエンス社。

繁桝算男・柳井晴夫・森敏昭，1999，『Q&Aで知る統計データ解析　DOs and DON'Ts』（心理学セミナーテキストライブラリ＝3）サイエンス社。

田中敏，1996，『実践心理データ解析　問題の発想・データ処理・論文の作成』新曜社。

――――・山際勇一郎，1992，『新訂　ユーザーのための教育・心理統計と実験計画法　方法の理解から論文の書き方まで』教育出版。

浦上昌則・脇田貴文，2008，『心理学・社会科学研究のための調査系論文の読み方』東京図書。

山田剛史・村井潤一郎，2004，『よくわかる心理統計』（やわらかアカデミズム・〈わかる〉シリーズ，ミネルヴァ書房。

山内光哉，1998，『心理・教育のための統計法〈第2版〉』サイエンス社。

吉田寿夫，1998，『本当にわかりやすいすごく大切なことが書いてあるごく初歩の統計の本』北大路書房。

第11章
国語の成績が良い児童ほど算数の成績が良いのか
――相関分析――

本章で学ぶこと

本章では，「勉強時間が長い児童生徒ほど学力が高い」や「身長が高い児童生徒ほど50メートル走が速い」のように，２つの量的変数の関連を調べる相関係数について学ぶ。相関係数を算出する方法はさまざまあるが，本書（本章）ではピアソンの積率相関係数を取り上げる。あわせて，相関係数を用いる際に注意すべき第３変数や外れ値についても説明する。

キーワード：相関分析，散布図，相関係数，外れ値，層別相関

1　国語と算数の成績間の関連を調べる

国語の成績が良い児童ほど，算数の成績も良い傾向にあるのだろうか。こうした２つの変数間の関連を調べるために，人口11万人強の東北地方の小都市で実施した学力調査（中西2017；お茶の水女子大学2003～2018）を用いる。ここでは，小学校６年生989名を対象とした国語科と算数科のテストの正答率（%）を取り上げる。

図11－1は，国語の正答率を縦軸，算数の正答率を横軸として，各データの値の組み合わせを座標軸に点で表現したもので，散布図または相関図と呼ばれる。たとえば，国語と算数の正答率がともに100％の児童であれば図の右上に点が記入され，国語と算数の正答率がともに50％の児童であれば，図の中央に記入される。こうして描かれた点の全体を散布図で俯瞰することによって，２つの変数間にどのような関連があるのか視覚的に読み取ることができる。

図11－1を確認してみると，全体としてやや右上がりにプロットされていることがわかるだろう。つまり，国語の正答率が高い児童は，算数の正答率も高

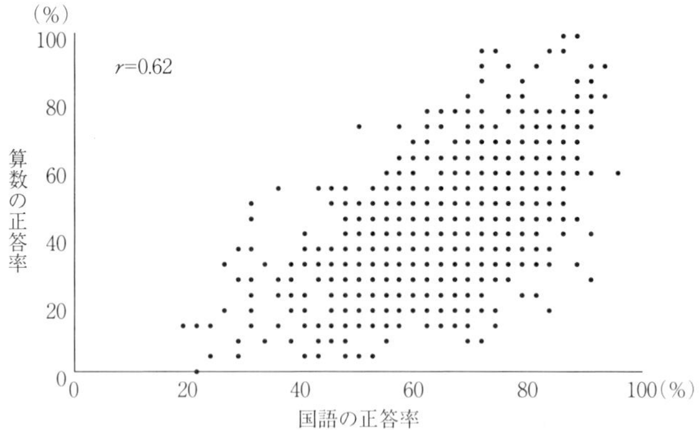

図11－1　国語の正答率と算数の正答率の散布図

出典：JELS.

いのではないかと推測することができる。

ここで推測された相関の強さを数値によって客観的に示すために用いるのが**相関係数**（記号 r）である。相関係数は，$-1 \leqq r \leqq 1$ の範囲で表され，この数値がプラスであれば正の相関を示し，数値がマイナスであれば負の相関を示す。図11－1でいえば，相関係数がプラスであれば「国語の正答率が高いほど，算数の正答率も高い」，相関係数がマイナスであれば「国語の正答率が高いほど，算数の正答率が低い」という傾向をそれぞれ表すことになる。

図11－1について，実際に国語の正答率と算数の正答率の相関係数を算出してみると，$r=0.62$ という結果となった。相関係数の数値がプラスであり，$0.4<|r|\leqq 0.7$ は，一般に「比較的強い相関あり」と判断されることから（次節で詳述），２つの変数間には「比較的強い正の相関がある」と判断することができる。したがって，国語と算数の正答率には相関があり，「国語の正答率が高いほど，算数の正答率も高い」という関係を読み取ることができるのである。

2　相関係数の算出

読書量と国語得点の関連を探る

「勉強時間が長いほど，テストの得点が高いのだろうか？」「学級規模が小さいほど，学力が高いのだろうか？」のように，データ分析では２つの変数間の関連を調べたい場合がよくある。こうした関連を探るための最も基本的な方法の１つとして相関係数を算出する。

第２章で学んだように，相関とは，２変数間の直線的な関連をいう。具体的には，「身長が高い人ほど，体重が重い」のように，一方の変数が高いと，他方の変数も高いという関係（**正の相関**），あるいは，「標高が高いほど，気温が低い」のように，一方の変数が高いと，他方の変数が低いという関係（**負の相関**）を例として挙げられる。

それでは，相関はどのような方法で調べることができるのだろうか。ある学校の小学３年生30名を対象に，１カ月に読んだ本の冊数と国語のテスト得点を調査したと仮定して考えてみよう。表11－1は，児童の名前ごとに読書量（冊）と国語のテスト得点（点）を入力したものである。

表11－1　児童の読書量と国語のテスト得点（仮想データ）

児童名	読書量	国語得点
佐藤	12	85
鈴木	11	81
高橋	10	60
田中	10	75
伊藤	14	75
渡辺	4	60
山本	3	47
中村	6	50
小林	17	78
加藤	13	81
吉田	9	78
山田	12	69
佐々木	1	21
山口	15	80
松本	6	60
井上	4	70
木村	2	45
林	7	67
斎藤	17	91
清水	15	70
山崎	2	32
森	16	73
池田	5	51
橋本	13	65
阿部	8	60
石川	5	65
山下	10	68
中島	3	60
石井	16	84
小川	4	49

出典：児童の名字は名字由来ネット「全国名字ランキング」（https://myoji-yurai.net/ prefectureRanking.htm，2020年５月14日 取得）より上位30位を引用。

散布図の作成

こうした表11－1の数値を眺めていても，相関関係が正なのか負なのか，あるいは相関がないのかを判断することは難しい。そこで，２つの変数間の関連を読み解くための第１ステップとして，図11－2のような散布図を作成するところから始める。

冒頭で触れたように，散布図（あるいは相関図）とは，片方の変数を縦軸，もう片方の変数

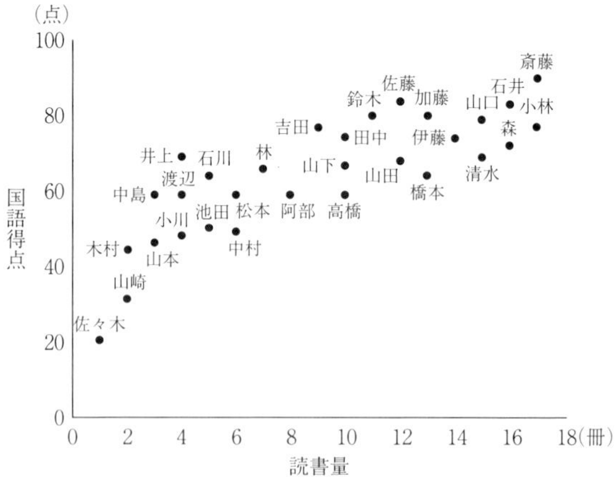

図11－2　読書量と国語得点の散布図

出典：筆者作成。

を横軸として，各データの値の組み合わせを座標軸に点で表現したものである。たとえば図11－2では，読書量を横軸，国語得点を縦軸としている。佐々木さんのように，1カ月に読んだ本の冊数が1冊で，国語のテスト得点が21点である場合，散布図のやや左下の部分に点が打たれる。

散布図を作成することで，それぞれの回答結果を1つの図で俯瞰することができるため，2つの変数間の関連を視覚的に読み取りやすくなる。ここで注目すべきポイントは，点が右上がりに配置されているか（正の相関があるか），あるいは右下がりに配置されているか（負の相関があるか）の2パターンである。

図11－2からわかるように，全体的に右上がりに点が配置されている。つまり，正の相関があると推測でき，読書量の多い児童ほど，国語のテスト得点が高いという傾向が読み取ることができるだろう。

このように散布図を作成して2つの変数の値の関連を視覚化することは，変数間の関連を直観的に把握するのに役立つ。また，散布図は相関の有無に限らず，結果を批判的に解釈するうえで特に重要となる。そのため，もし調査報告の中に散布図が提示されていれば，必ず確認するようにしよう。

相関係数による関連の数値化

ここでは，相関係数の算出方法を説明する。散布図は２つの変数間の関連を視覚的に理解することができる一方で，その関連の強さについて言及することができない。こうした問題を克服するために用いるのが相関係数である。

ピアソンの積率相関係数は，以下の数式によって求めることができる。やや複雑な数式のように見えるかもしれないが，第５章で「偏差」と「標準化」を学習した読者であれば，十分理解できるだろう。

$$\text{相関係数}r=\frac{\dfrac{\sum_{i=1}^{n}(x_i-\bar{x})(y_i-\bar{y})}{n-1}}{\sqrt{\dfrac{\sum_{i=1}^{n}(x_i-\bar{x})^2}{n-1}}\sqrt{\dfrac{\sum_{i=1}^{n}(y_i-\bar{y})^2}{n-1}}}$$

$\bar{x}$はxの平均値，$\bar{y}$はyの平均値，nは全回答者数である。まず分子は，「共分散」と呼ばれている。共分散は，各データの「横軸の偏差」$(x_i-\bar{x})$と「縦軸の偏差」$(y_i-\bar{y})$の積を合計し，その平均をとることによって求めることができる。この値がプラスであれば，散布図のデータ全体が右上がりの傾向を示し，マイナスであれば，右下がりの傾向を示す。

共分散の考え方を視覚的に理解するためには，２つの変数の平均値を基準にして散布図を４分割するとよい。図11－3は，読書量の平均値（9.0）と国語得点の平均値（65.0）に基づき散布図を４分割したものである。この図において，読書量の偏差は，散布図上のそれぞれの点と横軸との距離で示され，国語得点の偏差は，点と縦軸との距離によって示される。たとえば，読書量12冊，国語得点85点の佐藤さんの場合，読書量の偏差が３，国語得点の偏差が20となる。共分散では，２つの偏差（縦と横の距離）をかけ合わせるため，偏差の積を求めることは，四角形の面積を求めることに似ていると言える。佐藤さんの場合，３×20＝60となる。

ただし，四角形と異なり，偏差の積を求める場合は，その値にプラスやマイナスの符号がつく点に注意しよう。たとえば，佐藤さんは，読書量も国語得点も平均値より高いため，各変数の偏差はプラスの値となり，２つの偏差の積もプラスとなる。それに対して，井上さんや高橋さんは，片方の変数は平均値よ

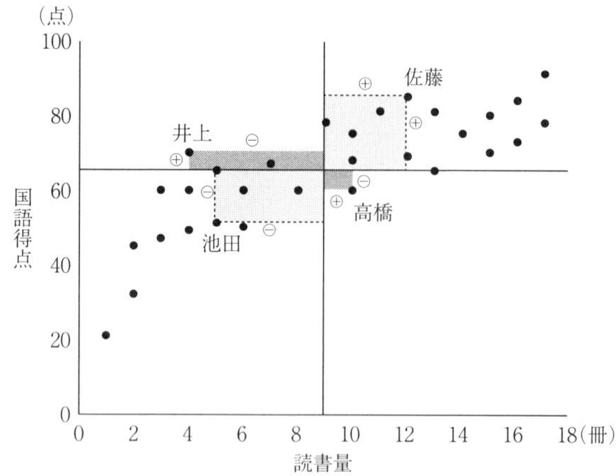

図11－3　読書量と国語得点の共分散

出典：筆者作成。

り高いものの，もう片方の変数が平均値より低い値となっている。この場合，２つの偏差の積はマイナスの値となる。一方で，池田さんの場合は，読書量も国語得点も平均値より低く，各変数の偏差はマイナスの値となるが，２つの偏差の積はマイナス同士であるためプラスになる。

こうして個々人の偏差の積を計算し，それらを合計し平均をとると，共分散の値が算出される。図11－3を見れば，４分割された領域の右上と左下にデータが集中しているので，共分散の値がプラスになることが予想されよう。実際に計算してみると共分散＝63.5で，プラスの値となった。つまり，２つの変数同士は右上がりの傾向があるといえる。

しかし，共分散は，変数の単位表記（m・cm・mm）や分散の大きさ（10点満点・100点満点）によって値が左右されてしまう。たとえば，先述の国語得点を200点満点に変えて国語得点のデータを２倍すると，得点率は同じであるのに共分散が127と２倍になってしまう。そこで必要となるのが，分母の箇所である。第５章を読んだ人であれば，標準偏差の数式であることに気づくだろう。標準偏差で割ることによって値を標準化し，単位表記や分散の大きさの影響を除くことができる。

以上の数式に基づき，実際に読書量と国語得点の相関係数を計算してみると，

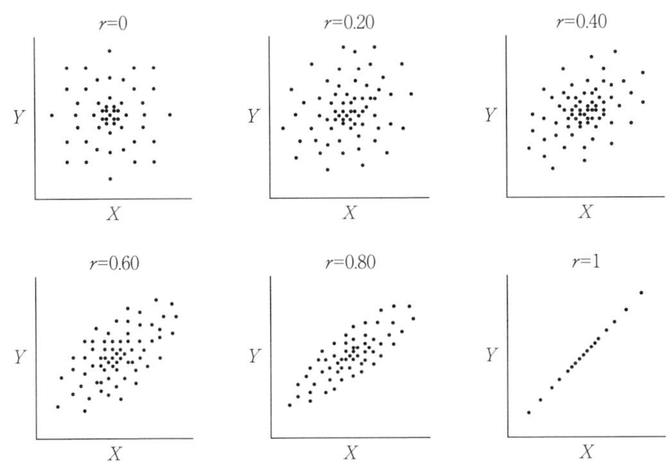

図11－4　相関係数ごとの散布図の様相

出典：吉田（1998）。

$r=0.81$となった。冒頭で述べたように相関係数は，$-1\leqq r\leqq 1$の範囲で表され，この数値がプラスに高ければ正の相関を示し，数値がマイナスに低ければ負の相関を示す。図11－4は，それぞれの相関係数の値に対応させた散布図の様相である。データによって見た目は異なるが，おおよそ図のように点が配置されることをイメージしておこう。

最後に，その数値を評価する。相関係数の評価は，学問分野によって異なるが，教育学や心理統計などでは相関関係の強さは，以下の数値が目安とされている（吉田 1998）。

$0.0\leqq|r|\leqq 0.2$：ほとんど相関なし
$0.2<|r|\leqq 0.4$：弱い相関あり
$0.4<|r|\leqq 0.7$：比較的強い相関あり
$0.7<|r|\leqq 1.0$：強い相関あり

したがって，読書量と国語得点は，「強い正の相関あり」と評価される。[(1)]

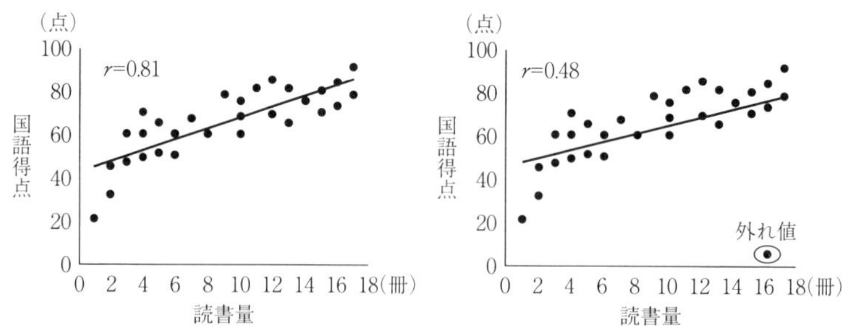

図11－5　外れ値の有無による相関係数と近似直線の違い

出典：筆者作成。

3　相関係数の分析における注意点

外れ値の影響が大きい

第５章で触れたように**外れ値**とは，他のデータから見たときに極端に大きい，あるいは小さい値のことを指す。外れ値は，平均値だけでなく，相関係数の値にも大きな影響を与えるため，分析において注意が必要である。

たとえば，読書量が16冊，国語得点が５点の児童をデータに追加して考えてみよう。図11－5は，データを加える前と後の相関係数と近似直線（２つの変数の中心的な分布傾向を示す直線）を比較したものである。右側のグラフを見ると，たった１つの外れ値によって相関係数の値や近似直線の傾きが大きく変化していることがわかるだろう。

外れ値の処理は，主に２つの考え方がある。１つは，外れ値を信頼できない情報と見なし，分析から除外するという考え方である。たとえば，国語テストにおいて児童が記入ミスをしていたり，体調不良で途中退室したりするケースが挙げられる。こうした場合，その児童が持っている本当の実力を測定していないと判断し，分析から除外するのである。

もう１つは，外れ値であっても現実のデータであるため，分析に含めるという考え方である。本を多く読む児童の中にも，国語のテスト得点が低い人がいることは決して珍しいことではないだろう。こうした外れ値が複数見られる場合，分析対象を疑うのではなく，仮説を見直すことも必要になるだろう。たと

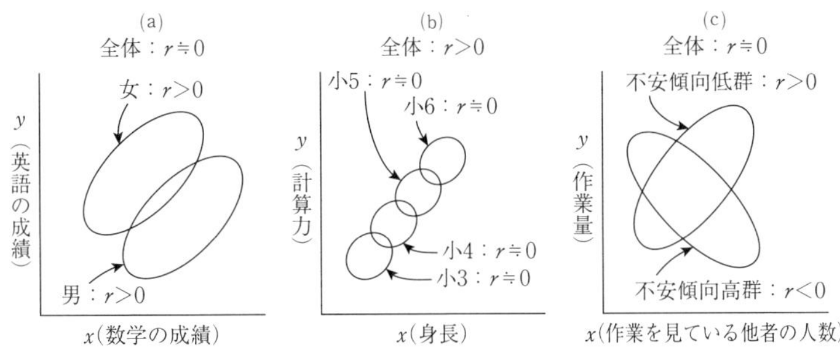

図11－6　第３変数の配慮が求められるケース

出典：森・吉田（1990）。

えば読んでいる本の量よりも，本の種類が問題になるかもしれないと考えることもできる。そこで，本の種類ごとの読書量に関する項目が新しく提案される。

どちらの考え方も間違っていないが，一般に外れ値は，分析から除外されることが多い。しかし，外れ値を見つけることに価値がある場合もあることを忘れてはいけない。外れ値を確認することを通して，仮説とは異なる児童生徒を見つける，あるいは，優れた成果を出している学校を見つけ，そうした事例を報告することも研究において意義がある。

第３変数を考慮する必要性——分割相関

第７章で詳しく学んだように，データ分析は２変数間の分析に加えて，第３変数を統制（コントロール）することが重要になる。相関係数を用いた分析の際に第３変数への配慮を欠くと，森・吉田（1990）が指摘する図11－6のような問題が発生することを知ってもらいたい。

(a)の問題は，男女別で相関係数を計算すると正の相関を示すにもかかわらず，全体で計算すると相関なしになってしまうケースである。(b)は，一見すると，身長と計算力に正の相関があるように見えるが，実際は小学校３年生から６年生のデータを混ぜたために，相関係数が高くなるケースである。この場合は，学年別に検討すると，相関なしという結果になる。(c)は，性格の特性別で計算すると，それぞれ異なる相関が見られる。しかし，全体をあわせることで相関係数が０に近くなるケースである。このように第３変数への配慮を欠いてしま

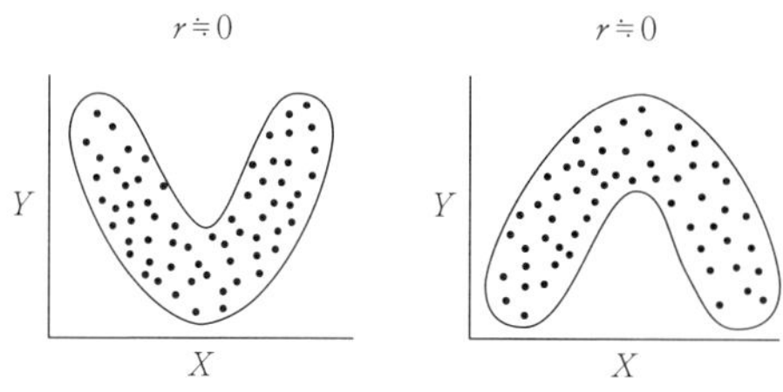

図11－7　U字型および逆U字型の曲線相関
出典：吉田（1998）。

うと，「相関があるのに，ない」あるいは「相関がないのに，ある」と誤って評価してしまうことになる。

以上のような落とし穴にはまらないためには，第３変数によって群分けし，各群で変数間の関連を検討することが必要となる。これを分割相関（または層別相関）と呼ぶ。そのため，データを読む時は，第３変数の可能性も視野に入れて検討することが大事になるだろう。

曲線相関

本章で学習した相関係数は，２つの変数間に「直線的な関連」があるかどうかを示すための指標である。ここで注意しなければならないのは，相関係数が０に近いからといって，すべての関連が否定されたわけではないということである。

たとえば図11－7のように，U字型あるいは逆U字型にデータが散布することはしばしば起こる現象である。たとえばテストの難易度とやる気の関連を考えると，中程度の難易度のテストは児童生徒のやる気が高いが，簡単すぎあるいは難しすぎるテストはやる気が低い傾向にあることが予想される。つまり，逆U字形に散布する。こうした関連は曲線相関と呼ばれ，相関係数は０に近くなる。

このように相関係数の値が０に近い場合であっても，曲線相関のような関連が見られるケースもある。したがって，相関係数の数値が０であっても，そこで分析を諦めるのではなく，散布図，あるいは第７章で学習したクロス表を活用することによって，多面的に関連を検討することが大事であると言えよう。

以上のように３つの注意点について述べてきた。これらに共通する手立ては，「散布図を確認すること」である。表計算ソフトがあれば，相関係数を簡単に計算することはできるが，外れ値や関連の特徴は，散布図を確認しなければ気づくことができない。その意味で相関分析を批判的に読むための最も重要な情報は，散布図に存在すると言っても過言ではないだろう。

4　相関係数の解釈の注意点

相関ありの範囲

程度の差こそあれ，調査をすれば何らかの相関が示されることはあるだろう。しかし，先述の相関係数によって示される関連の強さは，あくまで目安であり，調査内容や目的に応じて解釈の仕方を考えることが重要である。

調査をしたときに相関係数が$r=0.3$であった場合を考えてみよう。一般にこの結果は「弱い相関あり」と表現されるが，「強い相関あり」の結果と比べて価値がないかと言えば，決してそうではない。たとえば，暴力的なゲームの視聴回数と攻撃的行動の関連であれば，弱い相関であっても決して見過ごすことのできない問題となる。一方で，$r=0.6$のように「比較的強い相関あり」である場合も，児童生徒の人生や命に関係する調査内容であれば，解釈を慎重に検討すべきである。このように過小評価も過大評価も禁物と言える。

したがって，データを読む時は相関係数の値だけではなく，調査内容や目的を踏まえて総合的に解釈する必要がある。相関分析から最後に結論を下すのは，数値ではなく，データを読む人間であると言えるだろう。

集団における相関関係

データを適切に読むために，相関関係によって明らかにできる範囲と限界を知っておくことは重要である。たとえば南風原（2002）は，２つの変数の関係のタイプとして，以下の４つを挙げている。

①　集団における相関関係（X が大きい人ほど，Y も大きい）
②　個人内の共変関係（X が大きくなると，Y も大きくなる）
③　処理—効果関係（X を大きくすると，Y も大きくなる）
④　因果関係（X が大きいから，Y も大きい）

まず，①は「本を多く読んでいる児童ほど，国語得点が高い」のように，複数の対象者を俯瞰したときに分かる２つの変数間の関連を指している。本章のように，散布図の形を読み取ることによって調べることができる関連である。②は，「本を読むと，国語得点が高くなる」のように，片方の変数が変わると，もう片方も変化する関係である。この関係を明らかにするためには，複数時点で個人の変化を追うことが必要となる。③は，「本を多く読ませると，国語得点が高くなる」のように，片方の変数をコントロールすることによって，もう片方の変数が変化する関係である。これは，実験群・統制群のように条件を変えて比較することで調べることができる。そして④は，「本を多く読んでいるから，国語得点が高い」のように，片方の変数が原因，もう片方が結果となる関係である。これは直接的にデータで実証するのは困難であり，③やその他の手法によって推論していく性質のものとされている。

本章の相関分析で明らかにできるは，①の「集団における相関関係」だけである。そのため，読書量と国語のテスト得点に正の相関があるという結果から，「子どもに本をたくさん読ませよう」「本を多く読んでいるから国語の成績が良いのだろう」と解釈することは早計である。

このように相関分析は，２つの変数のデータさえ収集できれば簡単に実施できる一方，その分析や解釈には落とし穴がいくつか存在する。適切にデータを読むためには，以上の注意点を忘れないでおくことが大事である。

《練習問題》

小学校６年生10名の児童を対象に算数のテストを実施し，そのときに以下の項目について調査票を回集したと仮定する。下記の表はデータを整理したものである。

調査項目

・学校の授業以外で，１週間に算数を何時間勉強していますか（勉強時間）

・１週間に何時間スマホゲームやテレビゲームをしていますか（ゲーム時間）

(1)　勉強時間と算数得点，ゲーム時間と算数得点の関連を予想したうえで，２つの散布図を作成してみよう。

(2) 散布図の中に外れ値があるかどうか探してみよう。

(3) 本章の数式を参考にして相関係数を算出し，関連の強さを評価しよう。外れ値があれば，それをデータから除外すべきかどうか，自分の考えを書いてみよう。

表　算数のテスト得点と調査結果

ID	児童名	勉強時間	ゲーム時間	算数得点
1	岡本	6	10	96
2	藤原	1	8	20
3	松田	4	3	78
4	中川	5	2	75
5	石田	3	4	65
6	安藤	4	2	60
7	高田	3	2	47
8	川口	6	1	78
9	金子	2	6	55
10	村上	1	9	50

(1) 算出された相関係数が母集団でも当てはまるかどうかの検定方法もあるが，計算式が複雑なため本書では取り扱わないこととする。詳細を知りたい場合は内田（2011）の『相関分析の基本と活用』を参照のこと。

参考文献

南風原朝和，2002，『心理統計学の基礎：統合的理解のために』有斐閣。

岩井紀子・保田時男，2007，『調査データ分析の基礎――JGSSデータとオンライン集計の活用』有斐閣。

森敏昭・吉田寿夫編，1990，『心理学のためのデータ解析テクニカルブック』北大路書房。

中西啓喜，2017，『学力格差拡大の社会学的研究――小中学生への追跡的学力調査結果が示すもの』東信堂。

お茶の水女子大学，2003～2018，『青少年期から成人期への移行についての追跡的研究』報告書各巻。

内田治，2011，『相関分析の基本と活用』日科技連。

吉田寿夫，1998，『本当にわかりやすいすごく大切なことが書いてあるごく初歩の統計の本』北大路書房。

第12章
1時間勉強するとどのくらい学力は上がるのか
——回帰分析の考え方——

本章で学ぶこと

本章では回帰分析の基本的な考え方について学ぶ。回帰分析は，ある1つの変数の値を，他の変数で説明しようとするときに用いられる手法である。

人文・社会科学のデータ分析は，ほとんどが回帰分析の応用・発展になるため，第12章と第13章は本書において重要である。本章で回帰分析の基礎をしっかり把握することで，高度な分析手法が理解しやすくなる。

キーワード：回帰分析，最小二乗法，回帰係数，定数，決定係数

1　回帰分析の実際

学力は，児童生徒自身での学習によってどのくらい向上するのだろうか。こうした関心に基づいて，算数得点を従属変数に設定し，家庭での学習時間を独立変数に設定した回帰分析の結果が表12－1である。

このデータは，人口11万人強の東北地方の小都市で，市内すべての公立小学校の小学6年生を対象に実施された。分析に用いたのは，算数の学力調査，保護者に対する調査から得られたデータである。回収数は，児童が1,101人（84.3%），保護者が908人（82.5%）である。[(1)]

なお，家庭での学習時間は，小学6年生への質問紙調査において次のような質問から得たデータである。質問文は，「あなたはふだん，1日あたり家でどのくらい勉強をしますか」である。これに対し，「ほとんどしない」「30分ぐらい」「1時間ぐらい」「1時間30分ぐらい」「2時間ぐらい」「2時間30分ぐらい」「3時間ぐらい」「3時間30分ぐらい」「4時間ぐらい」の9つの選択肢か

表12－1　従属変数を算数正答率，独立変数を家庭での学習時間に設定した回帰分析の結果（小６）

	回帰係数	標準誤差
学習時間	4.444	1.068
定数	42.792	1.386
F 値	17.316	
有意確率	0.000	
R^2 値	0.017	
調整済み R^2 値	0.016	

出典：JELS.

ら回答してもらっている。そして，小６児童からの回答結果を，「ほとんどしない＝０，30分ぐらい＝0.5，１時間ぐらい＝１，１時間30分ぐらい＝1.5，２時間ぐらい＝２，２時間30分ぐらい＝2.5，３時間ぐらい＝３，３時間30分ぐらい＝3.5，４時間ぐらい＝４」として分析に用いている。

表12－1で分析結果を確認しよう。小学６年生の算数正答率について，まずは**定数**を見ると，約42.79である。これは，家で全く勉強していない場合（独立変数が０の場合）は算数正答率が約42.79点だということである。次に学習時間の**回帰係数**を見ると，約4.44である。これは，家での学習時間が１時間増えるごとに，4.44点ずつ算数得点が上がるということである。

そして表中の**「調整済み R^2 値」**（adjusted R^2）を見ると，小６児童の算数正答率の分散のうち何％が学習時間で説明できるのかがわかる。数値は0.016であるため，算数正答率の約1.6％が学習時間によって説明できるということである（1.0が100％である）。

F 値はこの分析結果が母集団についても同様のことがいえるのかどうかを検定するための統計量である。検定の結果，表12－1の分析は0.1％以下の水準で有意である。よって，小６算数得点と学習時間の関連は，偶然に起こりうる結果ではなく，母集団でも観測されることになる。

2　回帰分析の考え方

回帰分析は，ある１つの変数（従属変数）の値を，他の変数（独立変数）で説明しようとするときに最も頻繁に利用される分析技法である。回帰分析の目的は，従属変数と独立変数の関係性を具体的に明らかにすることにある。(2)

学力の高低にはなにが原因で決まっているのであろうか。親の年収，本人の学習態度，睡眠時間など，いろいろな原因が考えられる。そこで先の表12－1

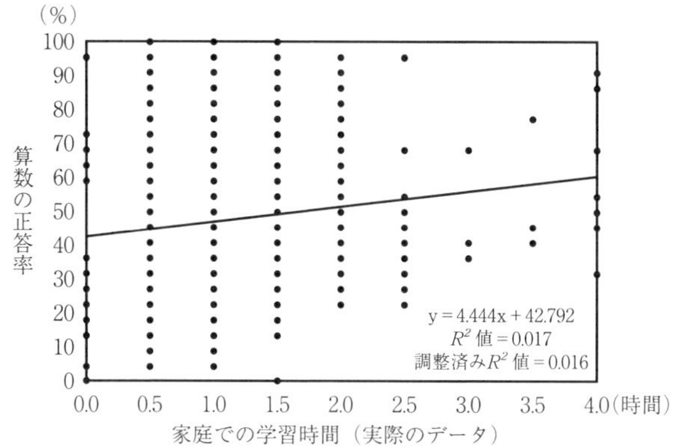

図12-1　小6の算数正答率と家庭での学習時間の回帰直線

出典：JELS.

のように，学力と家庭での学習時間の関連を知るために，小学6年生を対象とした算数学力調査と質問紙調査を行なった。児童の家庭での学習時間を x 軸，算数正答率を y 軸として散布図を描き，その上に直線を引いてみる。この線を回帰線と呼ぶ。実際には，図12-1のようになる。

このような直線を引くということは，「x（学習時間）と y（算数正答率）の関係は，本来この直線のような関数で表せる」と考えている。そして，「実際のデータがこの直線からいくらかずれているのは，何らかの誤差によるものだろう」と考える。この直線を式に直したものが以下であり，これを**回帰式**と呼ぶ。

$$y_i = \alpha + \beta x_i + u_i$$

α は定数項であり，回帰式の切片にあたる。β は回帰係数であり，傾きにあたる。また，何らかの理由で誤差が生じるので，u_i は少量の誤差を表す。

3　最適な回帰式を引き，評価するための手続き

最も良い線（最適な回帰線）を引く

散布図の中に最も良い線（最適な回帰線）を引きたい。最適な回帰線とは，

全ての点から最も近い線である。そして，その線を引けるのが最適な回帰式となる。では，全ての点から最も近い線とは，どのような線だろうか。

実際のデータ y_i と，回帰線上の予測値 $\hat{y}$ とのずれが小さければ小さいほど，「最適な回帰線」と言える。この実際のデータと予測値の差 $y_i - \hat{y}$ のことを，残差という。

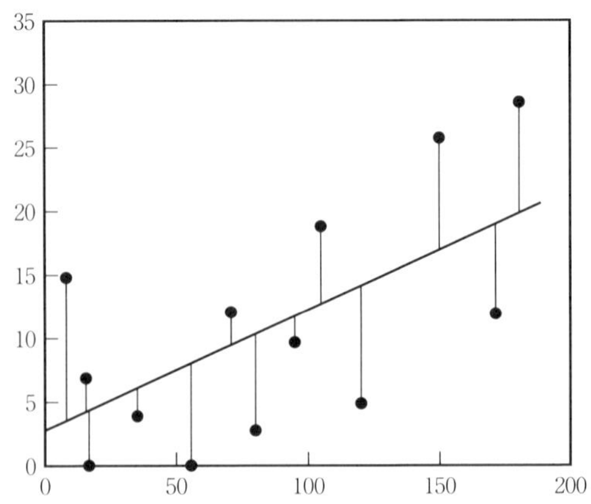

図12－2　回帰線による予測値と実際のデータとの残差

出典：岩井・保田（2007：211）をもとに作成。

残差は，予測値に対して実測値がプラスでもマイナスでも引き算で求める。残差を２乗し，全てのケースについての合計値を求めると，式は下記のようになる。

$$\sum (y_i - \hat{y})^2$$

この合計値を，**残差平方和**（residual sum of squares）と呼ぶ。最適な回帰線とは，この残差平方和の値が最小になる直線である。残差平方和を最小にすることで，最適な回帰線を決定する方法を，**最小二乗法**（method of least squares: OLS）と呼ぶ。

傾き（β）と切片（α）は，以下の手順で算出できる。

まず傾き（β）を算出する。

$$\beta = \frac{x \text{と} y \text{の不偏共分散}}{x \text{の不偏分散}}$$

ただし,

xとyの不偏共分散　$\dfrac{\sum(x_i - \bar{x})(y_i - \bar{y})}{n-1}$

xの不偏分散　$\dfrac{\sum(x_i - \bar{x})^2}{n-1}$

切片（α）は，先ほど求めた傾き（β）を利用して次の数式を解く。

$$\alpha = \bar{y} - \beta\bar{x}$$

（$\bar{x}$はxの平均値，$\bar{y}$はyの平均値）

すると，この例における最適な回帰線は，以下のようになる。

$$y = 4.444x + 42.792$$

この回帰線は，次のような予測が最適であることを意味している。

・学習時間が０のとき（xが０の場合），算数の得点は42.792点である。
・学習時間が１時間増えるごとに，点数は4.444点増える。

その線はどのくらい「良い線」であるかを評価する

最小二乗法によって，最適な回帰線が求められた。しかし，最適な回帰線であったとしても，従属変数の予測に十分な説明力（予測力）を持つとは限らない（もともと独立変数に従属変数を説明する力がない場合）。そこで，２つ目の手続きとして，その回帰線はどのくらいよい線であるか，説明力の強さを評価する。この回帰線の説明力の評価を，**決定係数**（coefficient of determination）と呼ぶ。決定係数は，０〜１（０％〜100％）の値をとり，独立変数で従属変数の値をどれだけ説明できるか，その割合を表す。つまり，独立変数が従属変数の分散をどの程度説明しているかがパーセントで分かる。

ここで，従属変数（y）の予測のために独立変数（x）の情報を用いることができないとしよう。つまり，１人１人の学習時間がわからない中で，算数の得点をなるべくズレが少ないように予測することを考える。

このとき，最適な予測方法は，常にyの平均値を予測値として用いることである。常にyの平均値を予測値とした時の残差平方和をE_1とする。これに対し，最適な回帰線を用いてyを予測した時の残差平方和をE_2とする。当然，最適な回帰線を用いた方が予測は改善されるので，E_2はE_1よりも小さくなる。最適な回帰線を用いることで解消できたずれの割合は，以下の計算式で求めることができる。

$$R^2 = \frac{E_1 - E_2}{E_1}$$

この式によって求められる割合を決定係数と呼ぶ。決定係数は，通常R^2で表記される（決定係数の計算結果がxとyの相関係数の２乗と一致するため）ただし，実際のデータ分析と論文での報告では，さらに調整を加えた**調整済み決定係数**を用いることが多い。決定係数は，母集団における実際の説明力よりもわずかに大きくなる偏りをもつ。この偏りは，標本の回答者数が少ないときや，回帰分析に用いた独立変数の個数が多い場合に無視できないほどのずれとなるので，調整が必要になる。

調整済み決定係数は，次の計算式で求まる。

$$\text{調整済み決定係数} = R^2 - \frac{k}{n-k-1}(1-R^2)$$

（nは回答者数，kは独立変数の個数）

表12－1では，調整済み決定係数（調整済みR^2値）が0.016なので，算数正答率の約1.6％が児童の家庭での学習時間に影響されていると説明できることがわかる。

決定係数がどのくらい大きければ十分なのかは，学問分野や分析対象，分析目的によって必要な説明力は異なる。よって，明確な基準はない。心理尺度で構成した変数間の関連を分析する心理学の研究であれば，説明力が20%以上は必要とされることもある。反対し，社会の大枠をとらえようとする社会調査のデータ分析で求められる説明力は，F 値が有意であれば，10%を切っていても有意義な分析と見なされることもある。このあたりは，次章，重回帰分析でそのあたりは補足することとする。

母集団でも回帰線が引けるかを統計的に判断する

最後に残された手続きは，その最適な回帰線で，母集団について説明してもよいかどうか判断することである。つまり，回帰線の説明力が統計的に有意かどうかを検定する。

最適な線を求め，それがある程度の説明力をもっているとしても，回答者の数が少なすぎるなどの理由で，母集団の推測にとっては有意でないことがある。また逆に，あまり説明力が高くないとしても，統計的には有意であり，母集団の推測にとって一定の意味を持つ場合もある。

帰無仮説 H_0：母集団については，この回帰線は説明力をもたない（$R^2=0$）
対立仮説 H_1：母集団についても，この回帰線は説明力をもつ（$R^2\neq 0$）

下の計算式で F 値を算出する。

$$F=\frac{R^2}{(1-R^2)/(n-2)}$$

この F 値が自由度［1, $n-2$］の F 分布に従うことが知られているので，これを検定統計量として利用する。F 値が十分に大きく，臨界値を超えるならば帰無仮説は棄却されるので，回帰線は母集団についても説明力をもっと見なす。計算式からわかるように，F 値が大きくなるのは，決定係数 R^2 が大きいときと，標本の回答者数 n が大きいときである。

算数の得点の例では，決定係数 R^2 が0.05で，回答者数 n が300であったので，F 値は次のような値をとる。

$$F=\frac{0.05}{(1-0.05)/(300-2)}\fallingdotseq 15.95$$

自由度［1, 300－2＝298］におけるF値＝15.95は，有意水準５％の臨界値を十分に超えている（分子の自由度が１の時，分母の自由度が3.841であれば臨界値を超えている）。回答者数は少なくないが，決定係数が0.05と決して高くないため，この回帰線は母集団についてもそれほどの説明力があるとはいえないということである。

表12－2　従属変数を算数正答率，独立変数を保護者の世帯年収に設定した回帰分析の結果（小６）

	回帰係数	標準誤差
世帯年収	0.021	0.002
定数	36.879	1.214
F値	103.801	
有意確率	0.000	
R^2値	0.101	
調整済みR^2値	0.100	

出典：JELS.

《練習問題》

表12－２は，表12－１と同じデータを使って，従属変数を算数正答率，独立変数を保護者の世帯年収に設定した回帰分析の結果である。独立変数の単位は「100万円」である。この結果について，①回帰係数，定数，調整済みR^2値について読み，②どのように解釈できるのかを考えてみよう。

---

(1)　調査の詳細は，お茶の水女子大学（2003～2018）『青少年期から成人期への移行についての追跡的研究』報告書各巻および中西啓喜（2017）『学力格差拡大の社会学的研究：小中学生への追跡的学力調査結果が示すもの』東信堂を参照のこと。

(2)　本章は，岩井・保田（2007），第17章「回帰分析の基礎」の解説に依拠し，ボーンシュテット＆ノーキ（1992）を参照しつつ執筆した。

参考文献

Bohrnstedt, George W. and Knoke, David 1988, Statistics for Social Data Analysis, F.E. Peacock Pulblisher（海野道郎・中村隆監訳，1990『社会統計学――社会調査のためのデータ分析入門』ハーベスト社）。

岩井紀子・保田時男，2007，『調査データ分析の基礎――JGSSデータとオンライン集計の活用』有斐閣。

第13章
読書は国語の成績を上げるか
——重回帰分析——

本章で学ぶこと

第12章では，独立変数が１つの場合の回帰分析を学んだ。ここでは，独立変数を２つ以上に拡張した回帰分析（重回帰分析）について解説する。この，重回帰分析を用いることで，独立変数の効果の度合いを特定できる。目的に合わせた重回帰分析の使い分けと，分析結果（特に回帰係数）の読み取り方について，事例分析を通してつかんでほしい。

キーワード：重回帰分析，回帰係数のｔ検定，信頼区間，標準化回帰係数，ダミー変数，交互作用項

1　何のために重回帰分析をするのか——単回帰分析との違い

重回帰分析は，様々な学術研究やビジネス領域において威力を発揮する強力な分析手法の１つである（西内 2013）。とはいえ，他の統計手法と同様，何かを為すための手段の１つでしかない。だとしたら，そもそも我々は，何のために重回帰分析を行うのだろうか。

前章でみたように，単回帰分析の分析目的は，ある変数（従属変数）の値を，他の１つの変数（独立変数）で説明しようとするものであった。具体的には，それらの変数間の直線的な関係を１次方程式として定式化し，実際の観測値から回帰式の傾きと切片の値をパラメタとして求めるというものだ。重回帰分析を行う目的も，基本的には単回帰分析の場合のそれと大きな相違はない。しかし，単回帰分析ではなく，あえて重回帰分析を行う理由を大別するなら，おおよそ以下の３つまとめられる。

１つ目は，ある変数（たとえば，あることを目的とした政策や処置）がアウトカ

ムとしての従属変数（たとえば，子どもの意欲や成績，健康状況など）に与える効果のうち，他の様々な交絡要因の影響を取り除いた，より**確からしい効果量を推定する**ことである。目的に対する政策効果や処置効果の正負，およびその水準を捉えることは，投資に対する効果を見極めるための重要な示唆を与えてくれる。

２つ目は，様々に想定される要因群の中から**主要因を特定する**こと（裏を返すと，主要でない要因を特定すること）である。アウトカムへの影響度が相対的に大きい要因と小さい要因とに，根拠をもって分けることができるとしたら，関心のある事象を主要な要因で説明できたり，次なる打ち手を検討したりすることができる。２つ目の目的も，１つ目と基本的には同じ重回帰分析をすることによって得られるいくつかの統計量を，適切に解釈することで可能となる。分析の目的によって，どの統計量を参照すればよいか，効果的に使い分けることが期待される。

最後の３つ目は，**予測モデル**である。従属変数とそれを説明する独立変数間に，あてはまりのよい安定したモデルが発見できたとすれば，時間的に先行する変数や安定的に観測できる変数などの組み合わせから従属変数を確度高く予測することができるだろう。すると，従属変数のなりゆきの予測値と実測値とのズレから警告を発したり，ギャップの要因を深掘りしたりすることもできるかもしれない。実際に，ビジネスやマーケティング領域ではそういった予測モデルの活用が進んでいる。ただし，関心の事象のほとんどは非線形であり，ここで扱う重回帰分析のようなシンプルな線形モデルでは，あてはまりよく表現できるもののほうが少ないと考えた方がよい。

以降では，とくに質問紙調査で取得されたデータによる教育社会学や教育心理学における分析を想定したときに，読者の関心が高いと思われる目的の１つ目と２つ目とを中心に，実際の分析上の手続きや分析結果の読み取り方について解説していく。

2　重回帰分析のモデル式と基本的な分析手順

まずは，重回帰分析の分析モデルについて，数式の形で表してみよう。頭の中だけで考えるのではなく，実際に手を動かして確認しておきたい。

はじめに，従属変数がy，独立変数が２つ（x_1，x_2）の場合を考えてみよう。

$$y_i = \beta_0 + \beta_1 x_{1i} + \beta_2 x_{2i} + u_i \quad \cdots (13.1)$$

ここで，β_0は切片であり，β_1，β_2がそれぞれ，独立変数x_1，x_2の回帰係数，uが誤差項である。次に，上のモデルを一般化するために，独立変数がk個の場合を考えると，以下のようになる。

$$y_i = \beta_0 + \beta_1 x_{1i} + \beta_2 x_{2i} + \beta_3 x_{3i} + \cdots\cdots + \beta_k x_{ki} + u_i \quad \cdots (13.2)$$

重回帰分析の式（13.1）やそれを一般化した式（13.2）は，単回帰分析よりも独立変数の数が増えるため，当然のことながらモデル式が横に長くなる。そのため，結果の解釈が単回帰分析より複雑な印象をもつかもしれない。たとえば，もともとの問題関心（どの変数に着目しているのか，どの変数とどの変数を比較したいのかなど）があいまいだと，せっかく得られた結果も十分に読み取れないことがしばしば起こる。しかし，重回帰分析も単回帰分析の場合と同様に，それぞれの独立変数と従属変数の間に直線的な関係を想定する。そして，実際のデータと直線的な関係を表す直線とのズレは何らかの誤差によるものだと捉え，その誤差が最小となるような係数を推定する。最小二乗法（OLS）と呼ばれる以上のような考え方も，単回帰分析の場合と同様である。モデル式の見た目は異なるが，単回帰分析も重回帰分析も，その基本的な考え方は変わらないことを確認しておきたい。そのうえで，重回帰分析における基本的な手続きとそのおおまかな流れを捉えておこう。以下では，岩井・保田（2007）などを参照しつつ，解説と事例分析を進めていく。

重回帰分析の基本的な手順

①最小二乗法（OLS）により，最適な回帰式を求める。

②調整済み決定係数により，①の回帰式のあてはまりの良さを評価する。

③Ｆ検定により，母集団についても，同様の回帰式が成り立つか判定する。

④母集団についても，投入した各独立変数が従属変数を説明するかどうか判定する。

→回帰係数の読み取り，回帰係数の t 検定，および信頼区間（第３節で解説）

⑤投入した各独立変数の影響を相互に比較する。

→独立変数の**標準化回帰係数**どうしの比較（第４節で解説）

このうち，④は第１節で説明した重回帰分析を行う１つ目の目的（ある政策変数や処置変数が従属変数に与える効果量を推定すること）に，⑤は２つ目の目的（従属変数に影響しやすい要因や影響しにくい要因を特定化すること）と深く関係している。以降で，具体的な分析事例を通して，重回帰分析で重要な④⑤の背景にある考え方や分析上のポイントを解説していこう。

3　回帰係数の統計的意味と検定

「読書をすること」は「国語の成績」を向上させるだろうか。また，もしそうだとしたら，どのくらいの効果がある――もっと踏み込んで言えば，毎日何分読書することが，国語の偏差値をいくつ上げる効果をもつ――のだろうか。我々は暗黙のうちに，読書は言語に関する能力を育むうえでとても有効だ，といった肯定的な認識を持ちやすい。じっさい，国際的に見ても，日本の高校生は，読書を肯定的に捉える傾向があることが知られている（国立教育政策研究所 2019b）。しかしながら，実際のところ，読書の効果を実証的に明らかにした国内の研究はかなり限られるという（猪原 2016）。そこで，日本全国の小学４～６年生，約4,000名弱に，日々の読書時間と国語の成績について聴取した質問紙調査データ（東京大学社会科学研究所・ベネッセ教育総合研究所 2019。以下では単に，JLSCP 2019と表記）を用いて，前章で学習した単回帰分析を行うことにした。

分析にあたり，用いる変数の説明をしておこう。まず，独立変数である「読書時間」（単位：10分）は，平日の１日あたりの読書時間を小学４～６年生に尋ねた回答を用いる。10分を１単位とし，「ほとんどしない」＝０，「５分」＝0.5，「10分」＝１，「15分」＝1.5，「30分」＝３，「１時間」＝６，「２時間」＝12，「３時間」＝18，「４時間」＝24，「４時間より多い」＝30のように置き換えた。

また，従属変数である「国語の成績」は，「下のほう」「真ん中より下」「真ん中くらい」「真ん中より上」「上のほう」の５段階で自己評価してもらった回答を用いた。なお，今回の分析では，回帰分析の結果が読み取りやすいように，便宜的に**偏差値**変換（平均値が50，標準偏差が10になるように再計算）している。

表13－1　従属変数を「国語の成績」，独立変数を「読書時間」とした単回帰分析（小学４～６年生）

	回帰係数	標準誤差
読書時間（単位：10分）	0.530	0.046
定数	48.925	0.184
F 値	130.098	
有意確率	0.000	
R^2 値	0.032	
調整済み R^2 値	0.032	
N	3,948	

出典：JLSCP 2019.

従属変数を「国語の成績」，独立変数を「読書時間」とした単回帰分析の結果を，表13-１に示す。まず，分析モデルのＦ検定は有意（$p<0.001$）であること，つまり母集団においても，同様の回帰式が成り立つということを確認しておこう。次に，前章で学んだ調整済み決定係数の値が0.032であることから，「読書時間」は「国語の成績」の3.2％を説明することがわかる。ごくわずかな印象を持つかもしれないが，他の調査データを用いた分析においても，おおむね同様の水準であることが知られている（たとえば，前章の単回帰分析の結果を参照)。さて，私たちの最大の関心である「読書時間」の回帰係数はどうだろうか。係数の値は0.530であることから，１日10分の読書が，「国語の成績」を0.53偏差値分上昇させると読み取れる。ここまでは，前章の単回帰分析のおさらいだ。

ところで，表13-１で確認した単回帰分析の結果を受けて我々は，「読書量は国語の成績を上昇させる」と言い切ってしまって問題ないだろうか。たとえば，「読書時間」や「国語の成績」は，小学生がふだんの家庭生活の中で，手に取って読めるような本に囲まれているかどうか，つまり読書をしやすい家庭環境に置かれているかどうかに，強く影響を受けているのではないだろうか。そうだとすれば，ほんとうに小学生の「読書時間」が「国語の成績」を向上させるかどうかは，個々の置かれている家庭環境（自宅の蔵書数）を考慮したうえで，判定を下すべきだろう。幸いにも，ここで用いた調査データには，「自宅の蔵書数」が含まれている。小学生の保護者に尋ねた回答であり，信頼性も高い。そこで，各選択肢を「９冊以下」＝５冊，「10～29冊」＝20冊，「30～49冊」＝40冊，「50～99冊」＝75冊，「100～199冊」＝150冊，「200～499冊」＝350冊，「500冊以上」＝500冊のように，冊数の幅のおよそ中央値に置き換え，単位を10冊に変換した変数を「自宅の蔵書数」（単位：10冊）とし，独立変数の１つとして付け加えることにした。

以上で，重回帰分析を行う準備は整った。単回帰分析では唯一の独立変数だった「読書時間」に加え，「自宅の蔵書数」を投入した回帰分析を行う。そうすることではじめて，「自宅の蔵書数」が「国語の成績」に与える影響を取り除いたうえで（影響を一定に保ったうえで，影響を制御〔コントロール〕したうえで，ともいう），我々がもっとも関心のある「読書時間」が「国語の成績」に与える効果を，より正しく推定することができる。

重回帰分析における回帰係数も，単回帰分析の場合と同様に，「独立変数が１単位増加したときの，従属変数の増加量」をあらわす。単回帰分析と異なるのは，繰り返しとなるが，他の変数（ここでは，「自宅の蔵書数」）の影響を取り除いたときに，着目する独立変数（ここでは，「読書時間」）の１単位分の変化が従属変数に与える効果を示すという点だ。たとえば，計量経済学の領域においては，ある社会的な課題を改善する「政策効果」であったり，医療統計学の分野においては，投薬や施術などの「処置効果」であったり，分析の領域や対象は異なるけれども，何らかの「打ち手に対する効果」を検証することがそれらに共通する分析モチベーションである。重回帰分析は，そのような効果量を統計的に評価するための有効な手段の１つと位置づけられる。

さて，今回の調査データによる重回帰分析の結果は，表13-２に示した通りである。F 検定は有意（$p<0.001$）であり，今回の重回帰モデルは母集団についてもあてはまる。そして，調整済み決定係数は0.043，すなわち，「国語の成績」は，「読書時間」「自宅の蔵書数」の２変数によってその4.3％が説明される。先ほどの単回帰分析の決定係数は0.032であったから，独立変数を１つ追加し２つになることで，「国語の成績」への説明力が若干高くなったことを表している。続いて，分析の関心である「読書時間」の回帰係数を見ると0.480であった。このあと詳しく解説するが，この回帰係数の値は，単なる偶然とは

表13-2　従属変数を「国語の成績」，独立変数を「読書時間」「自宅の蔵書数」とした重回帰分析（小学4～6年生）

	回帰係数	標準誤差	t 値	有意確率	信頼区間（95%）	
					下限	上限
読書時間(単位：10分)	0.480	0.047	10.201	0.000***	0.388	0.572
自宅の蔵書数(単位：10冊)	0.074	0.011	6.703	0.000***	0.052	0.095
定数	48.290	0.207	233.114	0.000***	47.884	48.696
F 値	87.697					
有意確率	0.000					
R^2 値	0.043					
調整済み R^2 値	0.043					
N	3,878					

注：*** は0.1%水準で有意であることを示す。
出典：JLSCP 2019.

見なせない統計的に意味のある正（プラス）の値である。そしてこのことは，「自宅の蔵書数」の影響を取り除いたとしても，「読書時間」が長いほど「国語の成績」も良好であることを意味している。また，その効果量は，1日10分の読書が国語の成績を0.48偏差値分押し上げると推定された。表13-1の単回帰分析の回帰係数（0.530）と比べて若干小さくなっているのは，新たに投入した独立変数「自宅の蔵書数」が従属変数の「国語の成績」に与える影響を，同じ重回帰モデルの中で考慮した結果の推定値だからである。ただし，その下げ幅は比較的限定的なものであることから，「読書時間」が「国語の成績」に与える効果は安定しているものと評価できる。

ここからは，重回帰分析で用いた各独立変数の回帰係数が，母集団においても重要と見なせる統計的に有意な値かどうかを確認する手順について解説しよう。回帰式全体が母集団においても同様に成り立つかどうかについての検定（F検定）とは別に，それぞれの独立変数が従属変数を説明できるかどうかを検定するのだ。そのために，1つ1つの回帰係数について，次の2つの仮説のどちらが当てはまるかを検討する。

帰無仮説 H_0：j 個目の独立変数 x_j は説明力をもたない（つまり，$\beta_j = 0$）
対立仮説 H_1：j 個目の独立変数 x_j は説明力をもつ（つまり，$\beta_j \neq 0$）

それぞれの回帰係数の推定には，誤差（ばらつき）が伴う。それを，「標準誤差」と呼ぶ。回帰係数の推定値を，この標準誤差で割った値（＝回帰係数／標準誤差）は t 分布に従うことが知られているので，各回帰係数の t 値を算出した上で検定を行う。これらの t 値が有意水準５％や１％の閾値よりも十分大きいのであれば，「帰無仮説は正しい」，すなわち「回帰係数 β_j はゼロである」という確率がとても低く，帰無仮説は棄却される。このことはつまり，「対立仮説が正しい」こと，すなわち，「回帰係数 β_j はゼロではない」ことを意味し，偶然とは見なせない統計的に意味のある回帰係数だと判定される。表13-２を見ると，「読書時間」「自宅の蔵書数」の回帰係数とも，t 値が十分に大きく，有意水準0.1％で統計的に有意な値と評価される。また，先に説明した「標準誤差」を用いることにより，各回帰係数 β_j は，β_j を中心として，信頼度95％でおよそ±２×標準誤差の範囲（この幅をもった範囲のことを，「信頼区間」という）をとりうると見なせることもおさえておきたい。表13-２を見ると，「読書時間」については，95％の確率で $\beta_1 \pm 2\times$ 標準誤差，すなわち $0.480 \pm 2 \times 0.047$ の範囲，正確な値でいうと表にある0.388（下限）〜0.572（上限）の間に値が収まる。このように，信頼度95％で常に正の値をとることは，「読書時間」は「国語の成績」に対してプラスの効果を持つことを意味している。もし，ある回帰係数の信頼区間が，マイナスの値からプラスの値にかかる場合は，その効果がポジティブな効果なのか，ネガティブな効果なのか，あるいは効果がないのかの判別がつかない。そのような独立変数は，従属変数に対して決まった影響を及ぼさない，取るに足らない変数であると考えてよい。

4　標準化回帰係数による変数どうしの比較

重回帰分析を用いる目的は，複数の独立変数を分析モデルに投入することで，着目している変数のより確からしい効果量を求めることや，従属変数に影響する要因や影響しない要因を特定化することであった。一般的に，重回帰分析に投入する独立変数の単位はばらばらのままである。したがって，各独立変数の回帰係数を単純に比較することができない。そのことを回避するための手立てとして，回帰係数に従属変数の標準偏差（S_y）と独立変数の標準偏差（S_x）の

表13-3　従属変数を「国語の成績」，独立変数を「読書時間」「自宅の蔵書数」とした重回帰分析（小学4～6年生）

	回帰係数	標準誤差	標準化回帰係数
読書時間(単位：10分)	0.480	0.047	0.162***
自宅の蔵書数(単位：10冊)	0.074	0.011	0.107***
定数	48.290	0.207	
F 値	87.697		
有意確率	0.000		
R^2 値	0.043		
調整済み R^2 値	0.043		
N	3,878		

注：*** は0.1％水準で有意であることを示す。
出典：JLSCP 2019.

比（S_x/S_y）をかけあわせることにより，単位の違いを解消した上で独立変数間の値の比較を可能にする。このように変換した回帰係数のことを，標準化回帰係数（standardized regression coefficient）と呼ぶ。なお，重回帰分析の回帰係数は偏回帰係数ともいうことから，**標準偏回帰係数**とも呼ばれる。

以上を踏まえて，具体的な分析結果を見てみよう。2つの独立変数，「読書時間」と「自宅の蔵書数」では，どちらのほうが従属変数である「国語の成績」と強く結びつくのだろうか。表13-3の結果を見ると，「自宅の蔵書数」（単位：10冊）の回帰係数は0.074となっている。これはすなわち，自宅の蔵書数が10冊多いと，国語の成績が0.074偏差値分高いということを示している。「読書時間」（単位：10分）の回帰係数が0.480であったことを踏まえると，1日10分の読書の効果（0.480）は，自宅の蔵書数が約60～70冊多いことの効果量に相当する。直感的には，読書時間の効果が大きい印象を受けるかもしれない。しかしながら，このような印象だけで，「読書時間」は「自宅の蔵書数」に比べて「国語の成績」に強く影響すると言い切ることはできない。なぜならば，「読書時間」の単位（分）と「自宅の蔵書数」の単位（冊）が異なるため，単純には比較できないからだ。重回帰分析では従属変数に対し影響することが想定される複数の独立変数から，どの要因の影響力が強く，どの要因が弱いかを判断したいときがある。そのような局面では，先に解説した各独立変数の「標準化回帰係数」を算出し，それらを比べてみよう。そうすることで，単位が異なる独立変数どうしの効果を便宜的に比較することが可能となる。今回行った分析の場合，表13-３に示した各独立変数の回帰係数と標準誤差の右隣りに示した標準化回帰係数がそれにあたる。「読書時間」は0.162,「自宅の蔵書数」は0.107となっていることから，単位の違いを考慮した場合においても，「読書時間」のほうが「自宅の蔵書数」よりも「国語の成績」に強い効果があると結論づけられる。小学生にとって，「国語の成績」を上げるためには，日々の読書習慣のほうが，家に本がたくさんある環境条件よりも，影響力が大きい。このことはつまり，子ども自身が日常的に本を読むという習慣がなければ国語の力は伸びない，という教育的な意味を含意するように思われる。

5　「国語の成績」における男女差——「男子ダミー」の投入

あくまで一般論だが，男子は女子よりも国語を好まない傾向にあることが知られている（東京大学社会科学研究所・ベネッセ教育総合研究所 2018)。また，国際的な学力調査（PISA）における「読解力」の水準についても，多くの参加国において，男子は女子よりも有意に得点が低いことが報告されている（国立教育政策研究所 2019a)。もしそうだとしたら，今回分析している「国語の成績」は，そもそも男女によって異なるのではないだろうか。じっさい，「国語の成績」（偏差値変換した値）を男女別に分けて平均をとると，男子は女子よりも，有意に低い（男子：48.6＜女子：51.4)。このことはつまり，小学生本人の読書量と見なせる「読書時間」や，「自宅の蔵書数」といった家庭の環境条件とは別に，本人の性別（の認知）が「国語の成績」に対して独立の効果をもつのではないかと予想できる。ただし，「男女」のような属性変数は，「読書時間」や「自宅の蔵書数」のような連続変数とは異なり，単純に数値で置き換えることができない。そのため，分析者が操作的に，「男子」であれば１，「女子」であれば０といった，やや特殊な変数に置き換えたうえで，分析に用いることがしばしばある。このような，０と１の２つの値しか含まない変数を**「ダミー変数」**と呼ぶ。ところで，０と１とに変換されたダミー変数は，回帰分析に用いることはできるのだろうか。結論をいうと，独立変数にダミー変数を含む重回帰分析は，連続変数のみの場合のそれと同様に行うことができる。回帰係数の読み取り方，

表13－4　従属変数を「国語の成績」，独立変数を「読書時間」「自宅の蔵書数」「男子ダミー」とした重回帰分析（小学４～６年生）

	回帰係数	標準誤差	標準化回帰係数	t 値	有意確率
読書時間(単位：10分)	0.431	0.047	0.147	9.146	0.000***
自宅の蔵書数(単位：10冊)	0.072	0.011	0.104	6.531	0.000***
男子ダミー(基準：女子)	−2.457	0.316	−0.123	−7.778	0.000***
定数	49.661	0.267		186.319	0.000***
F 値	76.378				
有意確率	0.000				
R^2 値	0.057				
調整済み R^2 値	0.056				
N	3,806				

注：*** は0.1％水準で有意であることを示す。
出典：JLSCP 2019.

回帰係数の検定などの手順も，基本的にはすべて同様であると考えてよい。ただし，ダミー変数を独立変数ではなく，従属変数として扱う場合には，本章で学ぶ重回帰分析を用いることはできない。その場合は，**ロジスティック回帰分析**や**プロビット分析**を用いる。詳しくは，コラム７を参照されたい。

表13-４に結果を示す。調整済み R^2は0.056（＝5.6％）でもっとも高くなっている。このことは，１つ前の重回帰分析のモデル式（調整済み R^2 は0.043〔＝4.3％〕）に，新たに「男子ダミー」という変数が追加されたことで，「国語の成績」に対する説明力が上がったことを示している。次に，「男子ダミー」の回帰係数を見てみると，−2.457となっている。つまり，男子は女子よりも，「国語の成績」が約2.5偏差値分も低いことを示している。このことは，男子は女子に比べて，平均的に国語に親和的でないことを示唆する先行研究の結果と整合的である。

他方，今回の分析の焦点である「読書時間」の効果については，どのように解釈できるだろうか。前節で学んだことを踏まえながら，分析結果を読み取ろう。「自宅の蔵書数」に加えて，「男子ダミー」が「国語の成績」に与える影響を取り除いた，「読書時間」の回帰係数は0.431で統計的に有意であった。また，各変数の標準化回帰係数（の絶対値）を比較すると，「読書時間」の係数がもっとも大きく0.147であった。これらの結果から，「読書時間」は「国語の成績」

に統計的にプラスの効果をもっていること，そして，他の独立変数（「男子ダミー」「自宅の蔵書数」）と比べても，「読書時間」が「国語の成績」に与える効果がもっとも大きいと結論づけられる。

6 「読書時間の効果」における男女差――交互作用項の投入

前節の分析で，「男子であること」は「国語の成績」を有意に低めること，また「読書時間」は「国語の成績」を有意に高めることはわかったが，そもそも男女それぞれで，「読書時間」が「国語の成績」に与える効果は異なるのではないだろうか。そのような仮説を検証するためには，**交互作用項**（読書時間×男子ダミー）を投入した重回帰モデルを推定すればよい。これを理解するためには，次のような具体的な数式を立てて，実際に手を動かして変形して理解するのが，面倒なようでいて最も手っ取り早い。従属変数（国語の成績）を y，独立変数（読書時間）を x_1，独立変数（自宅の蔵書数）を x_2，独立変数（男子ダミー）を x_3 と置き換えて考えてみよう。すると，交互作用項（読書時間×男子ダミー）は $x_1 \times x_3$ と表すことができる。

$$y = \beta_0 + \beta_1 x_1 + \beta_2 x_2 + \beta_3 x_3 + \beta_4 x_1 \times x_3 + u \quad \cdots (13.3)$$

ここで，β_0 は切片であり，β_1，β_2，β_3，β_4 がそれぞれ，x_1，x_2，x_3，$x_1 \times x_3$ の回帰係数，u が誤差項である。分析の焦点は，「読書時間」（x_1）の効果であるから，x_1 に着目して右辺を整理すると，

$$y = \beta_0 + \underline{(\beta_1 + \beta_4 x_3) x_1} + \beta_2 x_2 + \beta_3 x_3 + u \quad \cdots (13.4)$$

となる。この式は，「読書時間」（x_1）の効果が $\beta_1 + \beta_4 x_3$ となることを示している。ここで，x_3 は「男子」であれば 1，「女子」であれば 0 をとなるダミー変数だから，

「男子」の場合，つまり，$x_3 = 1$ を(13.4)式に代入して整理すると，

$$y=(\beta_0+\beta_3)+(\beta_1+\beta_4)x_1+\beta_2x_2+u \quad \cdots(13.5)$$

→「読書時間」(x_1)の回帰係数：$\beta_1+\beta_4$

「女子」の場合，つまり，$x_3=0$を(13.4)式に代入して整理すると，

$$y=\beta_0+\beta_1x_1+\beta_2x_2+u \quad \cdots(13.6)$$

→「読書時間」(x_1)の回帰係数：β_1

となる。以上から，男子と女子とで，読書時間の回帰係数がβ_4の分だけ，異なることがわかる。正確にいうと，(13.3)式における交互作用項（$x_1 \times x_3$）の回帰係数β_4が，t検定の結果ゼロではない，つまり統計的に有意な値だということが判明したら，男女間で，「読書時間」が「国語の成績」に与える効果は異なるということを意味する。

ここまでの準備を踏まえたうえで，表13-5を見てみよう。(13.3)式の交互作用項$x_1 \times x_3$にあたる「読書時間×男子ダミー」は，0.236で統計的有意である。このことは男子は女子よりも読書時間が長いことが有意に「国語の成績」を高める効果があるということを意味する。我々のもともとの関心は，「読書時間」が「国語の成績」に与える効果の推定である。女子の場合は，「読書時間」の回帰係数は0.356（$=\beta_1$）であった。これに対し，男子の「読書時間」の場合は，回帰係数は，0.356+0.236（$=\beta_1+\beta_4$）であるから，0.592と推定される。このことは，女子では，１日10分の読書が「国語の成績」を0.356偏差値分上昇させるのに対して，男子では，0.592偏差値分と約1.7倍も高いということを意味している。つまり，男子は女子よりも，平均的に「国語の成績」の水準は低いものの，「読書時間」の効果は，男子の方が女子よりも大きいことを表している。

以上で考察した結果を，直感的にわかりやすくなるよう可視化して示したものが，図13-1である。具体的な直線のプロットは，表13-5で推定した回帰係数を男女それぞれのモデル式(13.5)(13.6)にあてはめ，「読書時間」(x_1)にx_1=0（０分），1（10分），2（20分），3（30分）などと代入していけば求められる。なお，「自宅の蔵書数」（モデル式(13.5)(13.6)のx_2）は本来，一意に定まらない変数ではあるが，ここではいったん平均値（$x_2=9.98$〔99.8冊〕。男女差なし）

表13－5　従属変数を「国語の成績」，独立変数に交互作用項「読書時間×男子ダミー」を投入した重回帰分析（小学４～６年生）

	回帰係数	標準誤差	標準化回帰係数	t 値	有意確率
読書時間（単位：10分）	0.356	0.057	0.121	6.264	0.000***
自宅の蔵書数（単位：10冊）	0.071	0.011	0.103	6.473	0.000***
男子ダミー（基準：女子）	−2.920	0.371	−0.146	−7.863	0.000***
読書時間×男子ダミー	0.236	0.100	0.050	2.367	0.018*
定数	49.852	0.278		179.091	0.000***
F 値	58.754				
有意確率	0.000				
R^2 値	0.058				
調整済み R^2 値	0.057				
N	3,806				

注：***と*はそれぞれ0.1％，５％水準で有意であることを示す。
出典：JLSCP 2019.

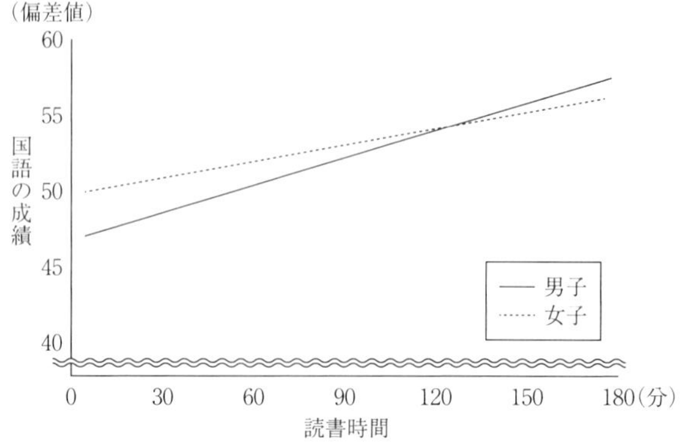

図13－1　男女別に見た「読書時間」と「国語の成績」との関係（小学４～６年生）

出典：JLSCP 2019.

を適用した。これをみると，第１に，「読書時間」が０分のとき，つまり切片の値は，男子は女子よりも「国語の成績」が低いことがわかる。そして第２に，男子のグラフは女子よりも右肩上がりで，傾きが大きいことから，「読書時間」が「国語の成績」に与える効果は，男子の方が女子よりも大きいということがわかる。ただし，男子が女子に追いつくのは，男女のグラフが交差する「読書時間」が120分あたりとなる。１日の読書時間を２時間増やすことの現実味を考えると，男女間の国語の成績にはかなり大きな落差があるといえるかもしれない。

以上，重回帰分析のごく基礎的な手順と分析結果の読み取り方について，具体的な分析事例をもとに解説してきた。ここで学んだ重回帰分析のポイントを振り返りつつ，ご自身の問題関心について実際のデータを用いて検証してほしい。

《練習問題》

表13-6は，中学生の「国語の成績」を従属変数とし，「読書時間」「自宅の蔵書数」「男子ダミー」を独立変数とした重回帰分析の結果である。この結果を，本文中で解説した小学4～6年生の結果（表13-4）と傾向を見比べてみよう。

表13-6　従属変数を「国語の成績」，独立変数を「読書時間」「自宅の蔵書数」「男子ダミー」とした重回帰分析（中学1～3年生）

	回帰係数	標準誤差	標準化回帰係数	t 値	有意確率
読書時間(単位：10分)	0.066	0.056	0.021	1.179	0.238
自宅の蔵書数(単位：10冊)	0.057	0.012	0.088	4.832	0.000***
男子ダミー(基準：女子)	−2.990	0.363	−0.149	−8.238	0.000***
定数	50.795	0.294		172.864	0.000***
F 値	32.096				
有意確率	0.000				
R^2 値	0.031				
調整済み R^2 値	0.031				
N	2,965				

注：*** は0.1％水準で有意であることを示す。
出典：JLSCP 2019.

謝　辞

＊「子どもの生活と学びに関する親子調査」（JLSCP）は東京大学社会科学研究所・ベネッセ教育総合研究所「子どもの生活と学び」研究プロジェクトが実施した調査です。データの使用にあたっては，同プロジェクトの許可を得ました。関係各位に御礼を申し上げます。

参考文献

猪原敬介，2016，『読書と言語能力――言葉の「用法」がもたらす学習効果』京都大学学術出版会。

岩井紀子・保田時男，2007，『調査データ分析の基礎―― JGSS データとオンライン集計の活用』有斐閣。

国立教育政策研究所，2019a，『OECD 生徒の学習到達度調査（PISA）――2018年調査国際結果の要約』。

――――，2019b，『OECD 生徒の学習到達度調査2018年調査（PISA2018）のポイント』。

西内啓，2013，『統計学が最強の学問である――データ社会を生き抜くための武器と教養』ダイヤモンド社。

東京大学社会科学研究所・ベネッセ教育総合研究所，2018，『子どもの生活と学びに関する親子調査2015-2018・ダイジェスト版』。

コラム7　ロジスティック回帰分析

カテゴリカルな変数を被説明変数とする分析

重回帰分析は，独立変数とモデル式によって，従属変数の値を予測するものだった。しかし世の中には，それぞれの生徒が大学へ進学したか否かといったように，カテゴリカルな変数でしか表現できない事柄も多い。そうした現象を対象に分析する場合は，重回帰分析の枠組をもう少し発展させた方が便利である。

従属変数の値が1となる確率を予測する

ロジスティック回帰分析は，０か１の二択の形式をとるダミー変数を従属変数とした回帰分析である。重回帰モデルは連続変数である従属変数の値を直接予測するモデルだったが，ロジスティック回帰モデルは，ダミー変数である従属変数の値が１となる確率を予測する。

図は，ロジスティック回帰モデルにおける，説明変数と被説明変数の関係をあらわしたグラフである。説明変数と被説明変数に正の相関がある場合，説明変数の上昇に合わせ，被説明変数が１となる確率は図のように上昇していく。負の相関がある場合は，グラフを上下に反転させたような形で，説明変数の上昇に合わせて確率は下がっていく。このようにロジスティック回帰モデルは，予測値が０（０％）から１（100％）までの間に値が収まるように作られている。

読み方はだいたい重回帰分析と同じ

ロジスティック回帰分析においても，係数と標準誤差，またそこから導かれる検定の結果を読むことが中心となる。表は，実際にロジスティック回帰分析を行った分析結果の一例である。

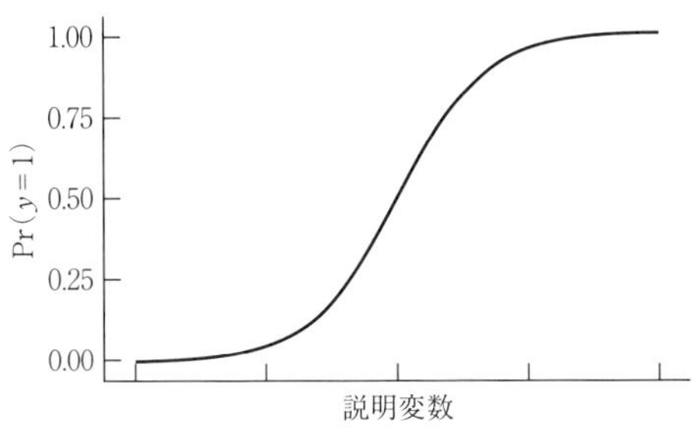

図　ロジスティック回帰モデルのグラフ

表の分析データは2009年に収集された高校２年生を対象とした調査によって得られたものである。調査とデータの詳細については，樋田大二郎ほか編『現代高校生の学習と進路――高校の「常識」はどう変わってきたか？』（学事出版，2014年）を読んでもらいたい。

表　大学進学意向を従属変数にしたロジスティック回帰分析

	B	SE	Exp(B)
定数	−11.671	0.521***	0.000
男子ダミー	0.721	0.096***	2.056
職業高校ダミー	−1.092	0.110***	0.336
高校偏差値	0.212	0.009***	1.236
高校成績	0.243	0.022***	1.275
父学歴（高卒未満）	−	−	−
父学歴（短大・専学卒）	0.245	0.158	1.277
父学歴（大学・大学院卒）	0.680	0.114***	1.974
父学歴（不明・その他）	−0.112	0.124	0.894
N	3972		
−2LL	2957.319		
Nagelkerke R^2	0.570		

*p<.05，**p<.01，***p<.001.

従属変数は生徒の大学進学意向で，大学へ進学する意向がある場合を１，ない場合を０としている。

まずみるべきは「B」の数値である。これが回帰係数の値で，値がプラスならば正の相関がある。つまり説明変数の値が大きいほど被説明変数が１をとる確率が高まるということを意味している。逆に値がマイナスならば負の相関があることになる。「SE」が標準誤差を表しており，この値を基に有意確率や95％信頼区間を計算する。係数の値が有意であれば「*」の記号をつけて表記することも多い。

表を見ると，まず男子ダミーの係数はプラスで有意である。Bの数値がプラスの値になっていて，有意確率をみても「***」となっているため，男子ダミーの効果は0.1％水準で有意であることが分かる。

次に高校の成績も同様にプラスで有意であるため，高校での成績が高い生徒ほど大学に進学するつもりである確率は高いことが分かる。父親学歴は複数のカテゴリを持っている。カテゴリ数−１個のダミー変数を使って表現する。父親学歴が高卒未満の生徒と比べた場合，父親が短大や専門学校卒の生徒は有意な効果が確認できなかったが，父親学歴が大卒・院卒の場合はプラスで有意である。

その他は，表の下の方に記載される項目として，まず「N」がある。これは分析に用いられたサンプルサイズである。また，「-2LL」は，対数尤度と呼ばれる数値に-2を掛けた数値であり，モデルのあてはまりの良さ（悪さ）を表す数値である。「Nagelkerke R^2」も同様に当てはまりについての指標で，疑似決定係数と呼ばれるものの一種である。重回帰分析でいうところの決定係数のように読むことができる。モデルによってどの程度従属変数の分散を説明できているかの目安となる。この数値はこのほかにも「Cox-Snell R^2」や「McFadden R^2」などいくつかの種類があるので，どの数値を示すかは分析者によってまちまちだ。このほか，表には登場していないが，AIC という数値が報告されることもある。AIC はモデルの予測性能を表す数値であり，複数のモデルから良いモデルを選択する場合に使われる。

係数は直接解釈するのが難しい

少し注意してほしいのは，回帰分析の結果表記されている係数の解釈である。重回帰分析のモデルは，k 番目の説明変数である x_k の値が1単位分上昇したときに，従属変数である y_i がどの程度上昇するかを表していた。しかしロジスティック回帰分析の場合，x_k の値が1上昇したら $y_i=1$ となる確率がどの程度変化するかを直接読むのは難しい。

その理由は，モデル式の複雑さにある。ロジスティック回帰分析のモデルは，次の式で表される。

$$\begin{aligned}\Pr(y_i=1) &= \text{logistic}(\beta_0+\beta_1 x_{1i}+\cdots+\beta_k x_{ki}) \\ &= \frac{1}{1+e^{-(\beta_0+\beta_1 x_{1i}+\cdots+\beta_k x_{ki})}}\end{aligned}$$

i 番目のケースの従属変数の値である y_i が1をとる確率を $\Pr(y_i=1)$ と表記する。これを予測するために，ロジスティック関数と呼ばれる関数を使う。この関数に，重回帰分析と同様の，切片と係数からなる項を投入する。この β_0 から $\beta_k x_{ki}$ までの項のことを線形予測子という。この線形予測子に対して，このロジスティック関数は$1/1+e^{-(\beta_0+\beta_1 x_{1i}+\cdots+\beta_k x_{ki})}$という操作をすることで非線形の形に変換しているのである。なお e はネイピア数という2.71…と続く定数である。そのため，x_1や x_2が1単位分上昇するごとに確率がどれほど変わるか，というのは直接は解釈しづらいし，説明変数1つの値だけでは判断はできない。e の指数部分の合計で確率が求められるためである。

したがって，論文や報告書に左頁のような表しか掲載されていない場合は，推定された係数がプラスかマイナスか，またそれが有意か有意でないか，という点のみ大雑把に読むにとどめるか，もしくは，それぞれのパラメタに具体的な値を代入して，$y_i=1$となる確率を計算することになる。

その他の回帰モデル

このように，現象やデータの特徴によって，回帰分析は様々な形で発展する。カテゴリを複数設けておいて，それぞれのカテゴリが選択される確率を分析する場合は，多項ロジスティック回帰分析という方法が用いられることもある。また，一定の順序に序列化されているようなデータに対しては，順序ロジスティック回帰分析という方法もある。また，第14章で説明するような階層構造のあるモデルに対して，マルチレベルロジスティック回帰モデルを適用することもできる。

第Ⅳ部

教育データの高度な分析手法を知る

第14章
階層的なデータをどのように分析するのか
——マルチレベル分析——

本章で学ぶこと

本章では，回帰分析の応用であるマルチレベル分析について学ぶ。本章を読むうえでは，第12章の回帰分析，特に回帰分析結果のそれぞれの数値が何を意味するのかを十分理解していることが不可欠である。

マルチレベル分析は，階層的なデータを分析する際に用いる手法であり，2000年以降，教育学，社会学，心理学などの分野で広く用いられるようになった。本章では，どういう時にマルチレベル分析が必要か，一般的な回帰分析とどのような点が異なるのか，マルチレベル分析はどのような手順で行われるのかについて学ぶ。そして，実際の教育データのマルチレベル分析結果を，どの数値に着目し，どのように解釈するのかについて理解を深める。

キーワード：階層的なデータ，入れ子構造データ，級内相関係数，ランダムインターセプトモデル，ランダムスロープモデル

1　マルチレベル分析とは何か

マルチレベル分析は，階層的な（「入れ子構造」「多水準」とも言う）データをより適切に分析するのに用いる手法である。階層的なデータとは，まず集団といった単位からサンプルを抽出し，次にその集団内部の人からサンプルを集めた（多段抽出法を用いた）データを指す。たとえば教育調査では，まず学校が抽出され，次にそれぞれの学校から一定数の生徒が抽出されている。図14－1が示すとおり，ある集団（学校）の中の個人（生徒）は，その集団のみに所属し，別の集団には属していないような入れ子構造になる。

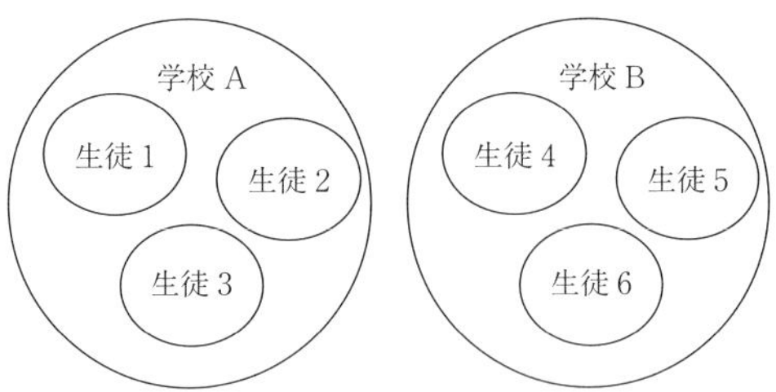

図14－1　階層的なデータの概念図

出典：筆者作成。

階層的なデータは，表14－1のように２種類のID（学校および生徒ID）があり，さらに生徒に関する情報（性別，学力など）と学校に関する情報（学校規模，学校種など）と，複数のレベルの情報が含まれている。生徒のデータは生徒間でばらつきのある値だが，学校のデータは同じ学校に通う生徒は同一の値となる。教育調査では生徒と学級・学校，組織調査では社員と企業，国際調査では世帯と国家など，社会科学では多くのデータがミクロとマクロ双方の情報を含み，階層化されている。マルチレベル分析は，このような集団単位と個人単位の両方の情報を持つ階層的なデータを適切に分析できる手法である。

表14－1　階層的なデータ

学校ID	生徒ID	性別（女子 =1 男子 = 0）	学力（点数）	学校規模（人数）	学校種（私立 =1 公立 = 0）
1	001	1	70	450	0
1	002	1	92	450	0
1	003	0	85	450	0
2	004	0	63	630	1
2	005	1	87	630	1
2	006	0	95	630	1

出典：筆者作成。

2　なぜマルチレベル分析を用いるのか

このような階層的なデータを分析する際に，通常の回帰分析を用いると２つ問題が生じる。１つは，**生態学的誤謬**（Ecological Fallacy）（Robinson, 1950）と言われるものである。これは，個人レベルの分析結果から集団レベルの変数間の関連について推論を行ったり，集団レベルの分析結果から個人レベルの変数間の関連について推論を行ったりすると，誤った結論を導く可能性があるということである。

たとえば，図14－2は，３つの学校の生徒の学校外学習時間と学力の関連を（●は学校Ａに通う生徒，▲は学校Ｂに通う生徒，■は学校Ｃに通う生徒をあらわす）プロットしたものである。細い点線は，それぞれの学校内の生徒の学校外学習時間と学力の関連をあらわしている。太い点線は，それぞれの学校の平均学習時間と平均学力（＋で表示）の回帰線で，学校ごとの学習時間と学力の関連を示したものである。各学校内の生徒レベルに着目すると正の相関がみられ，生徒の学習時間が長い程，生徒の学力が高い。一方，学校レベルに着目すると負の相関がみられ，学習時間の平均値が高い学校程，学力の平均値は低い。このような場合，集団レベルの分析結果を，そのまま個人レベルに当てはめてしまうと，明らかに誤った結論を導いていることが分かる。

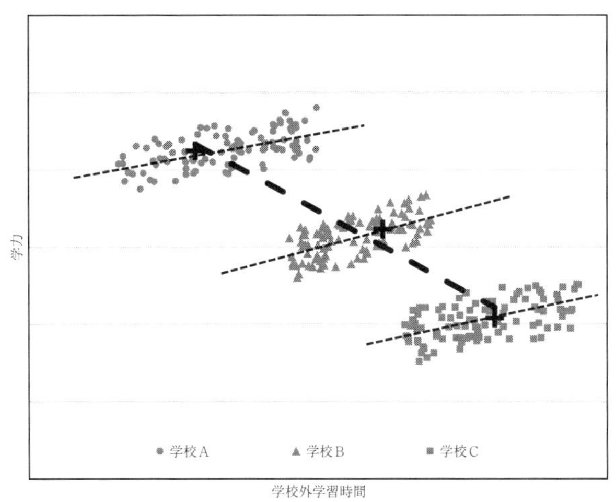

図14－2　生態学的誤謬

出典：筆者作成。

もう１つの問題点として，通常の回帰分析では，個体間における誤差項の独立（独立変数で説明できない従属変数の変動は，ランダムにちらばっていること）を仮定しているが，階層的なデータではこの仮定が満たされなくなる。たとえば同じ学校に通う生徒は，学校で共通の経験（教員，授業など）をしたり，同じ学区に住むために家庭環境が似ていたりと，様々な特性が似通っている。よって，10校から100人ずつ抽出して調査を行うのは，まったくランダムにばらばらの学校から1,000人を抽出して調査を行うのに比べて，情報量が少ない。

すなわち階層的なデータは，通常の回帰分析を用いるとサンプルサイズを過大に見積もってしまうことにより，標準誤差が小さく評価され，独立変数の影響力を過大に推定してしまう（独立変数が統計的に有意でなくても有意であるという結論を導く）可能性があるということである。

3　マルチレベル分析の有用性

ここまでマルチレベル分析を用いる必要性を統計学的観点から説明してきたが，マルチレベル分析には集団単位と個人単位の解釈を区別して，それぞれに解釈できるという概念的メリットもある。

たとえば生徒のSESと学力の関連を例にとってみよう。生徒レベルのSESは，生徒の家庭における有形（保護者の所得など），無形（保護者の教養など）の資源が生徒に与える影響を指す。学校レベルのSES（学校の平均SES）は，学校の資源や規範（恵まれた家庭環境の子どもが多く通う学校は学校設備が豊かである，あるいは勉強熱心な生徒が多い，勉強に専念できる授業環境であるなど）の代替指標と捉えられる。言い換えれば，前者は生徒自身の家庭環境によってもたらされる学力格差であり，後者は生徒がどの学校に通うかによる学力格差である。マルチレベルの利点はまさに，これら2つの要素が混在しているSES効果を，生徒レベルと学校レベルの効果に分解するところにある。

4　マルチレベル分析のステップ

マルチレベル分析は，これまで説明してきたようにデータのレベルが複数あることを意味しているが，**ミクロな単位（たとえば生徒）をレベル1**といい，より**マクロな単位（たとえば学校）をレベル2**と呼ぶ。マルチレベル分析では，まず従属変数の分散をグループ内の分散（個人独自の変動）と，グループ間の分散に分ける。そのうえで，グループ内の分散をレベル1の独立変数，グループ間の分散をレベル2の独立変数により説明できるのかをモデルにしていく。

ステップ1：ヌル・モデルからICCを算出する

マルチレベルの第1ステップは，従属変数の分散をレベル1（グループ内の分散）とレベル2（グループ間の分散）に分けることである。そのためには，式(14.1)(14.2)のように，独立変数を投入しない**ヌル・モデル**（null model）を設定する。たとえば従属変数が学力の場合，学校内の学力のばらつきと，学校間の学力のばらつきに分解するということである。

なお，マルチレベルでは，添字iはレベル1の単位（生徒）をあらわし，添字jはレベル2の単位（学校）をあらわす。つまり学力ijは，j番目の学校に属するi番目の生徒の学力を意味する。

$$\text{レベル1}\quad \text{学力}_{ij} = \beta_{0j} + r_{ij} \qquad (14.1)$$

$$\text{レベル2}\quad \beta_{0j} = \gamma_{00} + \mu_{0j} \qquad (14.2)$$

β_{0j}は学校jの学力の平均値，γ_{00}は全体の学力平均値を指す。

レベル1の式は学校jに属する生徒iの学力は，学校jの学力平均値と生徒のばらつきから推計されることを意味する。レベル2の式は，学校jの学力平均値は，全体の学力平均値と学校のばらつきから推計されることを意味する。マルチレベルの特徴は，学校ごとに異なる（言い換えれば学校内に類似性がある）ことを考慮するために，生徒レベルの誤差項r_{ij}に加えて，学校レベルの誤差項μ_{0j}を設定するという点である。

従属変数の分散を，集団間と集団内の分散に区別したうえで，次に**級内相関係数**（Intraclass Correlation Coefficient: ICC）を式(14.3)のように計算する。ICCは，従属変数の全体の分散の内，どの程度集団間に分散があるのかをあらわす指標である。ICCは0から1の値をとり，ICCが高い場合は集団内の類似性が高いことを意味する。逆にICCが低い場合は同じ集団に属する個人も類似性が少ないということなので，そもそもマルチレベル分析を用いる必然性が低いということになる。

$$\mathrm{ICC}=\frac{\text{集団レベルの分散}}{\text{集団レベルの分散}+\text{個人レベルの分散}} \tag{14.3}$$

ステップ2：ランダムインターセプトモデル

マルチレベルでは従属変数の分散を個人と集団レベルに分解するように，独立変数の効果もそれぞれのレベルでモデルに投入していく。たとえば，家庭背景による学力格差に関心がある場合，学力を従属変数とし，生徒個人のSESをレベル1の独立変数としてモデルに投入する。

ランダムインターセプトモデル（Random Intercept Model）は，切片，つまり学力の平均値のみが学校ごとに異なると仮定したモデルである（図14-4）。これに対して通常の回帰分析は，学校ごとの類似性をそもそも考慮しない仮定のため，図14-3のように全サンプルで1つの回帰線になる。つまりマルチレベル分析は，学校ごとに回帰分析を行い，160校あれば160個の回帰分析の式をまとめて1つの式であらわすということである。

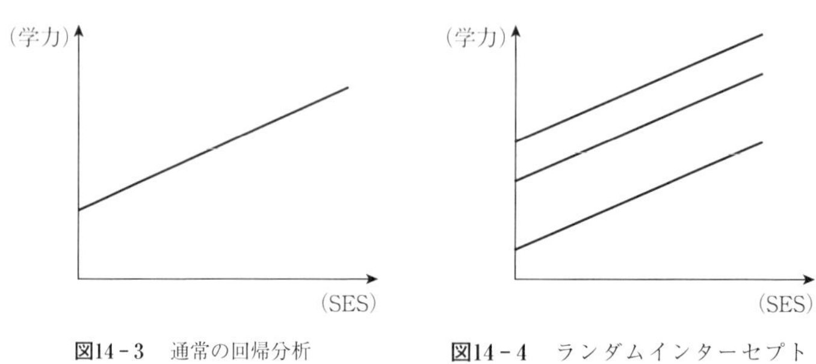

図14-3　通常の回帰分析

図14-4　ランダムインターセプトモデル（Random Intercept Model）

式で違いを確認すると，通常の回帰分析は式（14.4），ランダムインターセプトモデルは式（14.5）（14.6）（14.7）で現わせる。学力やSESは生徒により異なるので ij が，切片（β_0）は学校ごとに回帰分析を行い推定されるので，j だけが付いている。また学校ごとに切片が異なると仮定するので，μ_{0j} が加わることが確認できる。

通常の回帰分析の式

学力$_i = \beta_0 + \beta_1$ 生徒の SES$_i$ + r$_i$　　　(14.4)

ランダムインターセプトの式

レベル1　学力$_{ij} = \beta_{0j} + \beta_{1j}$ 生徒の SES$_{ij}$ + r$_{ij}$　　　(14.5)

レベル2　$\beta_{0j} = \gamma_{00} + \mu_{0j}$　　　(14.6)

$\beta_{1j} = \gamma_{10}$　　　(14.7)

ステップ3：ランダムスロープモデル

ランダムスロープモデル（Random Slope Model）は，切片が集団ごとに異なるのみならず，レベル1のSESの係数（SESと学力の関連）が学校ごとに異なると仮定したモデルである。図14-5のように，生徒のSESと学力の関連は学校ごとに異なり，関連が強い学校もあれば，弱い学校もあると仮定する。

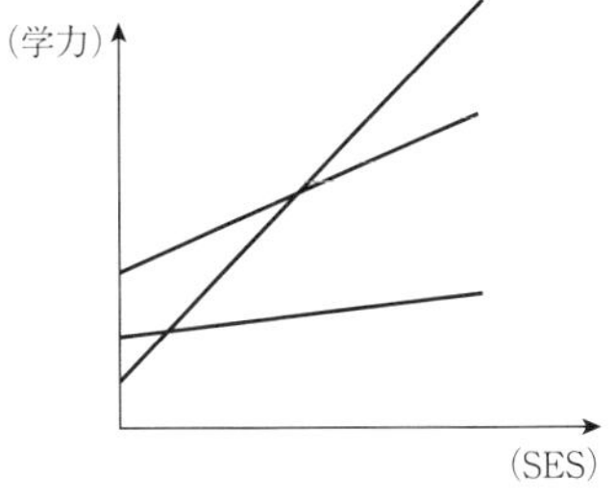

図14-5　ランダムスロープモデル（Random Slope Model）

式であらわすと，式（14.5）（14.6）（14.8）のとおりである。μ_{0j} に加え μ_{1j}，つまり係数（β_{1j}）に対しても学校ごとの誤差項が加わることが確認できる。

ランダムスロープの式

レベル1　学力$_{ij} = \beta_{0j} + \beta_{1j}$ 生徒の SES$_{ij}$ + r$_{ij}$　　　(14.5)

レベル2　$\beta_{0j} = \gamma_{00} + \mu_{0j}$　　　(14.6)

$\beta_{1j} = \gamma_{10} + \mu_{1j}$　　　(14.8)

なお，マルチレベル分析の回帰式には，**「固定効果」**と**「ランダム効果」**と呼ばれるものが含まれている。固定効果は，定数として得られるもので，切片や回帰係数がこれに含まれる。上記式でいうと，β_{0j}，β_{1j}，γ_{00}，γ_{10}である。ランダム効果は確率的に変動するもので，誤差項がこれにあたる。上記式でいうと，r_{ij}，μ_{0j}，μ_{1j} である。マルチレベル分析では，学校ごとの差異を前提として，切片や係数にランダム効果を設定するというのが特徴である。またランダム効果に着目して，モデルの説明率を計算するが，詳細は後述する。

ステップ4：レベル1の切片や係数のばらつきをレベル2の独立変数で説明する

ここまで学校ごとに（切片や係数が）異なるという前提に立つマルチレベル分析の考え方とステップを説明してきたが，マルチレベルの醍醐味はさらに，学校ごとのばらつきが何によるのか，先行研究や理論から独立変数を考えモデルに加えて説明していくところにある。式で表すと以下のようになる。

レベル1　$学力_{ij} = \beta_{0j} + \beta_{1j} 生徒の SES_{ij} + r_{ij}$　(14.5)

レベル2　$\beta_{0j} = \gamma_{00} + \gamma_{01} 学校規模_{j} + u_{0j}$　(14.9)

$\beta_{ij} = \gamma_{10} + \gamma_{11} 学校規模_{j} + u_{1j}$　(14.10)

たとえば，学校規模が大きい学校ほど，学力平均値が高いのかという問いを立てられる（式14.9）。学校レベルの変数には，学校調査票の項目がそのまま用いられる場合もあれば，生徒調査票の項目を用いて学校ごとに平均値や割合を算出して，学校レベルの変数とすることも可能である。

さらにランダムスロープモデルでは，レベル1の変数の関連をレベル2の変数によって説明する，いわゆる**クロスレベル交互作用**をモデルに組み込むことが可能である。

たとえば，生徒のSESと学力の関連（家庭背景による学力格差）は，小規模校よりも大規模校で強いのかという問いに答えられる（式14.10）。あるいはPISA調査のように国家という**レベル3**がある調査では，生徒のSESと学力の関連は，GDPが高い（低い）国ほど強いのだろうかというような問いも検証可能になる。つまりマクロの状況や環境によりミクロでの現象が異なるのかという，きわめて社会学的な問いに答えることが可能になるというのがマルチレベルの醍醐味と言えよう。

ステップ5：センタリング

最後に，マルチレベル分析で重要となる独立変数のセンタリング（中心化）について，説明しておこう。マルチレベル分析ではレベル1の切片や係数がレベル２の従属変数になるため，レベル１の独立変数の位置（0がどこにあるか）により，切片や係数の意味が異なってくるという複雑さがある。なぜならば，回帰分析では従属変数の値は独立変数がすべて０であった場合の予測値であるからである。

たとえば，**集団平均中心化**（Group-mean Centering）とは，レベル１の独立変数について，各集団の平均値を引いた値に変換することである。この処理により，独立変数の０は各学校の平均値に変換されるので，β_{0j}（切片）は各学校の独立変数が平均値だった時の従属変数の予測値になる。独立変数のセンタリングは，これ以外にも**全体平均中心化**（Grand-mean Centering），他の値に基づいて中心化，センタリングをしないという４つの選択肢がある。必要に応じて分析者は使い分けるが，ここでは主要な考え方２点に絞って説明しておこう。

レベル１で独立変数の集団平均中心化（生徒のSESの値から各学校の平均SESの値を引く処理）を行い，かつレベル２で同じ独立変数の平均値（学校平均SES）を入れた場合，その変数は直接，集団内の効果と集団間の効果に分解される。つまりレベル１から推計されるγ_{10}は集団内の効果（学校内におけるSESの高い生徒と低い生徒の学力差），レベル２から推計されるγ_{01}は集団間の効果（平均SESが高い学校と低い学校の平均学力の差）になるので解釈しやすく，この選択肢を用いる分析が多い。さらに文脈効果（同じSESの生徒の内，１人は平均SESが高い学校，もう１人は平均SESが低い学校に通った場合の学力差）を，これらの差（$\gamma_{01}-\gamma_{10}$）から算出することも可能である。この３つの解釈と関係は，独立変数をどのようにセンタリングするかにより異なってくる。

レベル２のセンタリングはレベル１ほど致命的ではないため，センタリングをしないという選択をする場合が多い。ただし，クロスレベル交互作用（レベル１の係数が集団ごとにランダムであると仮定し，レベル２の変数で説明するモデル）を用いる場合は，交互作用の解釈を容易にするため，また多重共線性の問題を回避するために，全体平均中心化を用いることが多い[(1)]。

5　マルチレベル分析結果の解釈

ここで，実際のデータを用いたマルチレベル分析結果を見ながら，今までの復習をしてみよう。データはPISA2018である。日本のサンプルは，183の学校からの6,055人の生徒を含む。従属変数の学力には，読解力のスコア（PISA2000のOECD諸国の生徒の平均が500，標準偏差が100になるように標準化された値）を用いる。

独立変数のSESには，保護者の学歴，保護者の職業，家庭の所有物を合成して作成されたESCS（Economic Social Cultural Status：ESCS）指標を用いる。OECD諸国の生徒の平均が0，標準偏差が1になるように標準化された値である。また学校変数として用いる平均SESは学校ごとに（その学校から35人の生徒がサンプルに含まれている場合は35人の生徒の）SESの平均値を算出，学校種をあらわす私立ダミーは，学校が私立校であれば1，公立校であれば0の値を取る変数である。

問1：日本の15歳児（高校1年生）の学力は，学校間でどの程度異なるのだろうか。

この問いに答えるためには，ヌル・モデルを用いて，学力を学校間と学校内の分散に分けて，ICCを算出する（表14-2）。

表14-2　日本の高校1年生の学力の学校間分散と学校内分散（PISA2018）

	日本
学校レベルの分散	3587.22
個人レベルの分散	5839.14
全体の分散	9426.37
ICC	38%

出典：PISA2018より筆者作成。

表14-2から，日本では学力の分散の内，38%が学校間にあると解釈をできる。比較のためにフィンランドのICCを同様に算出すると，8%である（フィンランドでは15歳児は中等教育に在籍しているという日本との差異があるので解釈には注意が必要であるが，全体の分散は同程度である）。すなわち，日本ではどの学校に通うかにより周囲の生徒の学力が大きく異なる一方，フィンランドではどの学校に通っても大きく異ならず，学力の高い生徒も低い生徒も周囲にいるという

ことである。

問２：どのような学校が，平均学力が高いのか。恵まれた家庭環境の生徒が多く通う学校は，平均学力が高いのか。私立校は公立校よりも，平均学力が高いのか。

この問いに答えるためには，ランダムインターセプトモデルを用いる。学校内の生徒のSES効果を統制したうえで，学校の平均SESや学校種（公立か私立か）が学校の平均学力と有意な関連があるのかに着目する（表14-３）。

表14-３　日本の生徒の学力の規定要因：ランダムインターセプトモデル　（PISA2018）

固定効果	係数	標準誤差
学校レベル		
切片	519.39	(2.84)***
私立ダミー	−56.67	(5.03)***
学校平均SES	147.67	(6.23)***
生徒レベル		
SES	7.68	(2.10)***
ランダム効果	分散	*df*
学校レベル	795.33	180***
生徒レベル	5814.53	

出典：PISA2018より筆者作成。

表14-３で学校平均SESの係数が統計的に有意であることから，学校の平均SESが学校の平均学力と関連がある（学校の平均SESが１単位高いと，学校の平均学力が147.67点高い）ことが確認できる。生徒レベルのSESの係数7.68は，学校内で生徒のSESが学力に及ぼす影響を示しているが，日本の高校１年生においては，学校レベルのSESの方が各段に影響力が大きいことが確認できる。さらに，学校の平均SESを統制すると，私立校の平均学力が公立校の平均学力より低いことが確認できる。

またランダム効果を用いて，モデルの説明率を計算することができる。マルチレベル分析における説明率の考え方は，独立変数を投入していないヌルモデルに比べて，独立変数を入れることによりどれだけ分散が縮小したかという考え方であるが，ここでもレベル１とレベル２を分けて計算する。

たとえば学校レベルの学力の分散は，ヌル・モデルでは3,587.22，学校平均SESと私立ダミーを投入したモデルでは795.33である。学校レベルのSESと学校種は，学校ごとの学力の違いの78%（(3,587.22−795.33)/3,587.22=.78）を説明していると計算される。つまり，学校ごとの学力の違いの大部分が，どのような家庭環境の生徒がその学校に通うか，また学校種（公立・私立）により説明されるということである。

問３：学校内におけるSES効果は，学校ごとに異なるのか。たとえば，私立校は公立校に比べて，学校内における家庭背景による学力格差が大きいのか。

この問いに答えるためにはランダムスロープモデルを用いる。生徒レベルのSESの係数（傾き）は学校ごとに異なると仮定し，レベル２でSES係数を従属変数とし，独立変数として私立ダミーを投入する。結果は表14-４のとおりである。

表14-４では，SES×私立ダミーのクロスレベル交互作用項に着目してみよう。統計的に有意であることから，公立校と私立校では学校内におけるSESによる学力格差の程度が異なることが確認できる。

具体的には，生徒レベルのSES係数は私立ダミーが０（＝公立校）の時の推定値なので，公立校におけるSES効果が4.50であるのに対して，私立校におけるSES効果は14.12（4.50+9.62）と推計される。公立校においては，生徒のSESが１単位異なると学力に4.50ポイントの差があるのに対して，私立校においては生徒のSESが１単位異なると学力に14.12ポイントの差があることを意味する。私立校に高SESの生徒が集中しているのは主に都市部の現象であり，全国レベルでみるとSESのばらつきは私立校の方が大きく，ゆえに学校内におけるSES効果も高くなっていると推測される。

以上のように，マルチレベル分析を用いると，階層的なデータを分析する際に，より適切に分析できるのみならず，独立変数の効果を集団内と集団間の効

表14－4　日本の生徒の学力の規定要因：ランダムスロープモデル　(PISA2018)

固定効果	係数	標準誤差
学校レベル		
切片	519.41	(2.84)***
私立ダミー	−56.73	(5.03)***
学校平均SES	147.88	(6.25)***
生徒レベル		
SES	4.50	(2.32)***
SES×私立ダミー	9.62	(4.16)***
ランダム効果	分散	*df*
学校レベル　切片	797.31	180***
学校レベル　傾き	156.26	181
生徒レベル	5740.45	

出典：PISA2018より筆者作成。

果に分けて分析したり，集団内の現象が集団の特徴により異なってくるのかといった問いに答えられるのである。

《練習問題》

(1)　表14－2は，高校における学力のICCを示している。全国学力・学習状況調査を用いて小学校における学力のICCを計算すると4～8％である。日本の小学校と高校の学力のICCの違いが何を意味するのか，説明してみよう。

(2)　表14－3の生徒レベルの「SES」と学校レベルの「学校平均SES」の係数を，それぞれ解釈してみよう。またこれらが，OLS回帰分析を行った時の「SES」の係数と比べて，どのような違う意味を持つのか考えてみよう。

---

(1)　ここでは紙面の都合上限定的な説明のみしているが，センタリングに関する詳細な説明に関しては，Raudenbush & Brykの『Hierarchical Linear Models: Applications and Data Analysis Methods』pp.31-35, 134-149および三輪哲・林雄亮（編）の『SPSSによる応用多変量解析』「16章　マルチレベル分析」pp.260-264を参照すること。

参考文献

Raudenbush, S. & A. Bryk, 2002, *Hierarchical Linear Models: Applications and Data Analysis Methods*, Sage Publications.

Robinson, W. S., 1950, Ecological correlations and the behavior of individuals, *American Sociological Review*, 15, p.351–357.

清水裕士，2014，『個人と集団のマルチレベル分析』ナカニシヤ出版。

鳶島修治，2014,「16章　マルチレベル分析」三輪哲・林雄亮（編）『SPSS による応用多変量解析』オーム社，p.253–277。

上川一秋, 2006,「異なる分析レベルの因果を同時に考える――階層線形モデル（HLM）」数理社会学会（監）与謝野有紀（他）編『社会の見方，測り方――計量社会学への招待』勁草書房，p. 373–382。

第15章
一度獲得した学力はどう変化するのか
——パネルデータの分析——

本章で学ぶこと

同一の個人を追跡し，複数時点で調査して構築したデータをパネルデータと呼ぶ。教育の営みが，子どもの発達や成長のプロセスを見守ることだとすれば，一度だけの調査データで把握できる事象は限定的である。一時点だけのデータを用いた分析結果は，単に推定値が偏っているだけではなく，得られた結果が誤りであることも珍しくない。本章では，学力データを例に，なぜパネルデータの分析する必要があるのかを学んでもらいたい。

キーワード：パネルデータ，成長曲線モデル，固定効果モデル，ランダム効果モデル，観察されない異質性，サンプル脱落

1　パネルデータを使えばどんな「良いこと」があるのか

因果推論を補強するパネルデータ

ここで，第2章で紹介した**「因果関係成立の3条件」**を思い起こしてもらいたい。すなわち，以下の3条件である。個人を追跡した構築するパネルデータは，3つの条件いずれを満たすためにも適している。

因果関係成立の3条件

①独立変数の変化は，従属変数の変化よりも前に生じている（時間的先行）
②独立変数と従属変数の間に共変関係がある
③他の変数を統制（コントロール）しても（他の変数の値を固定しても）共変関係が観察される

１つ目の「時間的先行」について，パネルデータが条件を満たしやすいことはわかりやすいだろう。たとえば，小５や小６の学力を小４の情報から説明できることになる。データの時間的先行が確定するため，分析モデルを組むことも容易になる。

また，そもそも人の記憶はあまりあてにならないことが多い。たとえば，記憶をたどって回答してもらう**回顧法**や**遡及調査法**によって，高校生に中学時代の自身の学力（成績）の自己評価や学習状況を回顧的に回答してもらいデータを得たとする。しかし，現在自身の在籍する高校を考慮し，「○○高校に入学できたということは，中学校でも学力が高かったし，たくさん勉強もしたのだ」といった具合に，現状が回顧的な情報に影響を与えてしまう場合がある。このように回答傾向が現在の状況などから影響を受けることを**「リコール・バイアス」**（recall bias）と呼ぶが，パネルデータを用いることによってこうした回答傾向を回避することが可能となる。

しかし特筆すべきは，３つ目の「他の変数を統制」についてパネルデータがきわめて優れているという点である。たとえば，「家庭で毎日何時間勉強すれば，学力が何点上がるのか」ということを知りたいとしよう。その時，児童生徒の知能や性格などの要因が学力と学習時間の両方に影響を与えてしまい，純粋な学習時間の効果を推定できない。こうした特殊な要因を**「観察されない異質性」**（unobserved heterogeneity）と呼ぶのだが，パネルデータを分析することで，観察されない異質性を除去した推定値を得ることができるのである（北村 2005）。

教育研究におけるパネルデータの利用方法

パネルデータは，同一の児童生徒を追跡したデータである。そのため，過去の学力が次の時点の学力とどのくらい関連するのかについて把握することができる。最も シンプルな分析は，散布図を作成することである[(1)]。合わせて，相関係数（第11章）や R^2 値（第12章）を算出してみても良い。

図15－1は，小学３年生の算数正答率を横軸に，小学６年生の算数正答率を縦軸に設定して作成した散布図および近似線である。相関係数は .600，R^2 値は .360である。つまり，一度獲得した学力は，次の時点の学力と強い相関関係

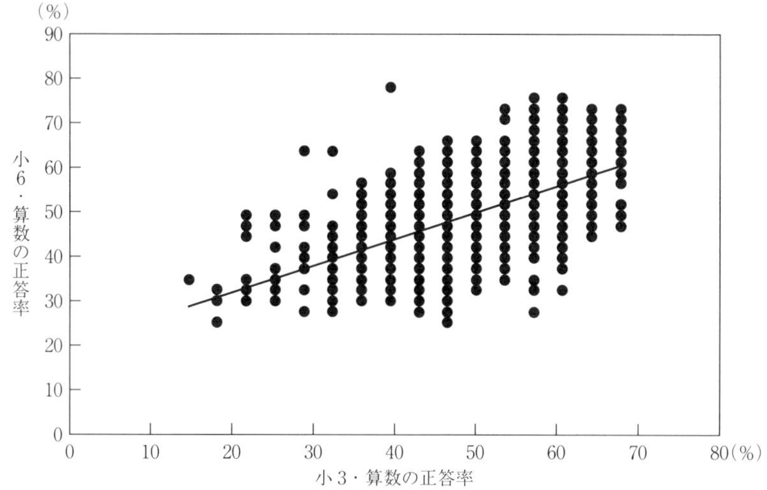

図15-1　小3時点と小6時点での算数正答率の散布図

出典：JELS.

にあることがわかる。

このように散布図を作成したり相関係数を算出するだけでも示唆に富んだ分析は可能である。しかし，より発展的な分析手法を用いることで，より多くの情報を引き出すことが可能となる。そして，パネルデータの発展的な分析手法は，大きく以下の2つの流れがある。

第1は，発達心理学における手法を用い，従属変数の軌道（trajectory＝推移）を把握することである。学力パネルデータで考えるのであれば，どのような児童生徒の学力が伸びやすいのか，といったことを明らかにすることができる。

第2は，計量経済学における手法を用い，独立変数の従属変数に対するより厳密な推定値を得ることを目的としたものである。たとえば，「家庭で毎日何時間勉強すれば，学力が何点上がるのか」といったことを重回帰分析よりも厳密に知ることができる。

2　成長曲線モデル

マルチレベル分析と成長曲線モデル

パネルデータの分析の１つの手法に**成長曲線モデル**（growth curve model）がある。**潜在曲線モデル**（latent curve model）や**潜在成長曲線モデル**（latent growth curve model）などと呼ばれることもあるがすべて同じである。この手法を用いることによって，学力に初期的な格差や学年の上昇にともなった格差の変化があるのかどうかを明らかにすることができる。

成長曲線モデルは，数式的には前章で扱ったマルチレベルモデルとまったく同じである。少しおさらいしておくと，マルチレベルデータ（階層的データ）には２つの種類がある。複数の国や学校といった**グループごとに収集したデータ**（Clustered Data），同じ子どもの身長を追跡的に測定した**縦断的データ**（Longitudinal Data）である。前章で扱ったのは Clustered Data だったが，本章で扱うのは Longitudinal Data ということになる。

マルチレベルモデルにおけるレベル１に該当するのが下記の数式（15.1）である。算数・数学正答率 y_{it} は，個人ごとに異なる切片（a_i）に加え，個人ごとに異なる傾き（β_i）と，個人 i の t 時点の観察時点である T_{it} によって決まると考える。

$$y_{it} = a_i + \beta_i T_{it} + e_{it} \quad (15.1)$$

数式（15.2）と数式（15.3）が，マルチレベルモデルにおけるレベル２に該当する。数式（15.2）は，個人別の切片（a_i）が，児童生徒の家庭背景や性別（x_i）と，そのそれぞれの傾き（γ^a）によって規定されることを想定している。なお，$\gamma_0{}^a$ は個人別の切片の切片である。

$$a_i = \gamma_0{}^a + x_i \gamma^a + e_{ai} \quad (15.2)$$

数式（15.3）は，個人別の傾き（β_i）が，児童生徒の家庭背景や性別（x_i）

と，そのそれぞれの傾き（γ^{β}）によって規定されることを想定している。なお，$\gamma_0{}^{\beta}$ は個人別の傾きの切片である。(2)

$$\beta_i = \gamma_0{}^{\beta} + x_i \gamma^{\beta} + e_{\beta i} \quad (15.3)$$

つまり，レベル1を個人内の各観察時点（年齢や学年）におけるデータ，レベル2を性別や家庭背景など個人でほとんど変わらない属性と考える。初期値（切片）が個人間でばらついており（random intercept model），成長速度（傾き）も個人間で異なる（random coefficient model），というモデルを想定するのである。

成長曲線モデルの結果の読み方

表15－1は，学力スコア（算数・数学正答率）についての独立変数に不変変数を設定した成長曲線モデルの結果である。

モデル適合度　表の下段は，分析モデル適合度を示している。RMSEA（Root Mean Square Error of Approximation）は，0.05以下が良いモデルで，0.1以上は適合度が良くないモデルとされる。CFI（Comparative Fit Index）と TLI（Tucker-Lewis Index）は，1に近いほどモデルの当てはまりが良く，0.9以上が良いモデルとされる（豊田 2007；Bollen and Curran 2005）。こうした指標を確認すると，表15－1の分析モデルの適合度は高いといえる。

表15－1では，RMSEA の推定値が0.05を少し上回っているものの，CFI と TLI は0.9を超えており，十分に適切な分析モデルだといえる。

切片と傾きの共分散　切片と傾きの共分散は，正であれば初期値（切片）が高いほど変化量も大きいことを示し，負であれば初期値が低いほど変化量も大きいことを表す。表15－1では，負に有意であるため，初期値で算数・数学正答率が低い児童生徒ほど，変化しやすいことがわかる。

独立変数の推定値　独立変数の結果の読み方は，回帰分析と全く同じである。切片について有意なのは，親学歴である。この結果は，算数・数学正答率の初期値は，両親非大卒に比べて父母いずれか大卒の方が約2.04ポイント高く（p<.01），両親非大卒に比して両親大卒の方が約4.64ポイン

表15－1　算数・数学正答率についての成長曲線モデル

	切片		傾き	
	推定値	標準誤差	推定値	標準誤差
切片	48.335	0.584***	0.371	0.291
親学歴（基準カテゴリー：両親非大卒）				
父母いずれか大卒	2.039	0.752***	0.319	0.375
両親大卒	4.640	0.735***	0.983	0.367***
学歴不明	－1.104	1.191	0.466	0.594
性別（基準カテゴリー：女子）				
男子	－0.539	0.579	0.043	0.289
調査地域（基準カテゴリー：東北エリア）				
関東エリア	0.787	0.595	－1.383	0.297***
切片と傾きの共分散	－5.451	2.562*		
標準化係数（相関係数）	－0.283			
モデル適合度				
RMSEA		0.032		
CFI		0.995		
TLI		0.984		
分析ケース数		1085		

*p<.05 **p<.01 ***p<.001
出典：JELS.

ト高い（p<.001）ということを示している。

また，傾きについて統計的に有意な変数は，両親非大卒を基準とした両親大卒ダミーであり，１％水準で正に有意である。つまり，出身社会階層が高い児童生徒ほど，時間とともに算数・数学正答率が約0.98ポイント上昇するのである。

このようにして得られた推定値をもとに図15－2のような図にすることによって，親学歴による算数・数学正答率の推移をわかりやすく示すことができる。

3　計量経済学における固定効果モデルおよびランダム効果モデル

固定効果モデルのイメージ

パネルデータのもう１つの分析手法は，計量経済学における**固定効果モデル**

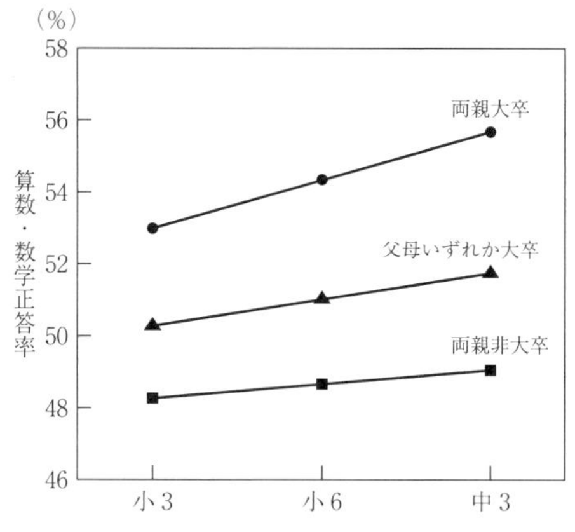

図15－2　図化した成長曲線モデル

出典：JELS.

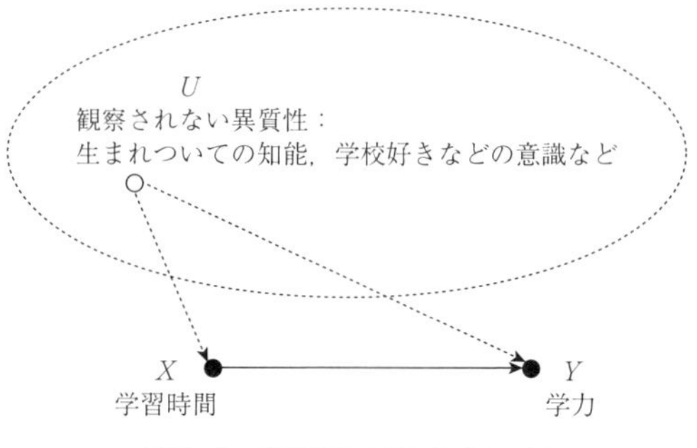

図15－3　固定効果モデルのイメージ

(Fixed Effect Model) および**ランダム効果モデル** (Random Effect Model) である。特に，固定効果モデルは最も基本になる手法の１つである。ここでは，まず固定効果モデルの基本的なイメージを図15－3からつかんでもらいたい。

固定効果モデルでは，図15－3における点線で囲まれた部分である「観察されない異質性（U）」の影響を除去したうえで，学習時間（X）が学力（Y）に与える影響を明らかにすることである。[(3)]

第13章（重回帰分析）で学んだように，通常の回帰分析では，従属変数と独立変数との関係を偏りなく推定するためには，独立変数以外に従属変数と関連がある要素はすべて統制しなければならない。しかし，児童生徒の知能や性格などの特殊性は，実際には指標化が難しい。たとえば，児童生徒のパーソナリティや知能の情報を質問紙調査によって得ることはできるだろうか。調査票や質問項目を工夫するある程度の側面までは可能かもしれないが，人間の「個性」のようなものすべてを質問紙調査によって変数化し，回帰モデルに組み込むことは事実上不可能である。

そのため従来の回帰分析では，誤差項の中に，観察されない異質性が混在したまま，独立変数と従属変数との関係が推定されていることになる。こうした問題は，パネルデータを利用した固定効果モデルによって対応できることが知られている。

固定効果モデル

固定効果モデルの考え方を中澤（2012）に依拠しつつ数式でも解説しておこう。たとえば，小中学生の家庭での学習時間が算数・数学正答率に与える影響の推定値を求めたいとする。その時，通常の回帰分析であれば，下記の数式（15.4）となる。

$$y_i = \beta_0 + \beta_1 x_i + u_i \quad (15.4)$$

複数時点にわたるクロスセクションデータを統合し，通常の最小二乗法による回帰モデルは**プールド回帰モデル**（Pooled Regression Model）とされるが，このモデルにおいては，投入した独立変数や統制変数以外の要因は考慮されず，モデルに投入した変数以外はすべてが誤差として扱った推定値が算出されることになる。

本来，従属変数と独立変数との関係をバイアスなく推定するためには，独立変数以外に従属変数と関連がある要素はすべて統制しなければならない。しかし児童生徒の性格や知能など個人の特殊性（＝観察されない異質性）は，実際には指標化が難しいだけでなく，本来考慮すべき要因にもかかわらずモデルに組み込むことも困難である。そのため通常の重回帰分析では，誤差項の中に，観察されない異質性が混在したまま，独立変数と従属変数との関係が推定されていることになる。

固定効果モデルは，観察されない異質性の影響を除去し，従属変数と独立変数との関係について不偏推定量を導出する手法である。

まず t 時点の個体 i に対して，1つの独立変数 x をもつ数式（15.5）のようなモデルを考える。

$$y_{it}=\beta_0+\beta_1 x_{it}+e_i+u_{it} \quad (15.5)$$

数式（15.5）では，誤差項を，観察されない異質性 e_i と独立変数でも観察されない異質性でもない u_{it} を分割している。e_i には時点を表す添字 t がなく，観測時点間で変化しない確定的な値だという前提が置かれている。

次に各個体について，観測時点 $t=1$ ～T の独立変数，従属変数，誤差の平均を用いて，式（15.6）のような回帰モデルを構築する。

$$\bar{y}_i=\beta_0+\beta_1 \bar{x}_i+e_i+\bar{u}_i \quad (15.6)$$

数式（15.6）より，観察されない異質性である e_i は，観測時点の間は一定値をとることが確認できる。最後に，数式（15.5）から数式（15.6）を引き，数式（15.7）を導出する。

$$y_{it}-\bar{y}_i=\beta_1(x_{it}-\bar{x}_i)+(u_{it}-\bar{u}_i) \quad (15.7)$$

数式（15.7）より，構築された回帰モデルから観察されない異質性 e_i が除去され，独立変数と従属変数の関係を示す回帰係数（ここでは β_1）は不偏推定量となる。これが固定効果モデルの考え方である。

ランダム効果モデル

もうひとつはランダム効果モデルである。先の数式（15.5）を再掲しよう。

$$y_{it}=\beta_0+\beta_1 x_{it}+e_i+u_{it} \quad (15.5)$$

先の固定効果モデルでは，e_i を確定的な値と考えるとしたが，ランダム効果モデルでは，e_i を確率的な要因として誤差項 u に含めて推定する。ランダム効果モデルの数式はやや難解であるため専門的な解説は本章の参考文献などを参照されたいが，固定効果モデルとランダム効果モデルの違いは，以下のように整理できる。

①「観察されない異質性」を確率的だとみなすかどうか
②「観察されない異質性」と独立変数との間に相関があることを許容するかどうか
③時間とともに変わらない変数を分析に含めることができるかどうか

ランダム効果モデルを用いれば，固定効果モデルとは異なり性別や社会階層といった不変の属性要因の推定値を得ることもできる。よって，不変の属性要因に関心を向けることが多い教育社会学では，ランダム効果モデルの方が関心に適した分析手法といえる。

ただし，計量経済学におけるパネルデータ分析は固定効果モデルが基本であり，ランダム効果モデルから得られる推定値は，プールド回帰モデルと固定効果モデルの中間的である。つまり，属性変数の推定値を得るためにはランダム効果モデルを用いたいのだが，そのために推定値が偏ってしまうことになる。

固定効果モデルとランダム効果モデルの選択――モデル間検定

それでは，教育社会学の分析においては，どのような条件の下でならばランダム効果モデルを用いて良いのだろうか。結論を先取りすれば，固定効果モデルとランダム効果モデルそれぞれで得られる推定値を比較検定し，モデル間に統計的な有意差が観測されなければ，ランダム効果モデルを用いても構わないことになる。こうしたモデル間の推定値の差を統計的に検討するためにモデル間比較を行う。

各モデル間比較のための手法を図15－4にまとめた。[(4)]

①プールド回帰モデルと固定効果モデルの比較はＦ検定

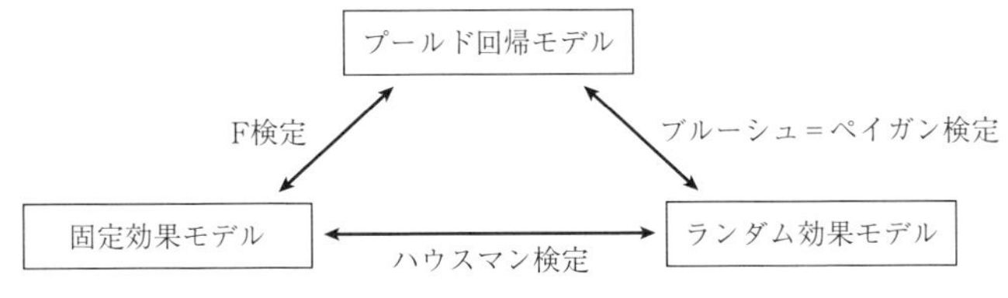

図15-4　モデル間比較検定のまとめ

出典：松浦（2015）。

②プールド回帰モデルとランダム効果モデルの比較は**ブルーシュ＝ペイガン（Breusch and Pagan）検定**

③固定効果モデルとランダム効果モデルの比較を**ハウスマン（Hausman）検定**

より具体的には，①F検定の結果が有意ならば固定効果モデルが採択され，②ブルーシュ＝ペイガン検定の結果が有意ならばランダム効果モデルが採択され，③ハウスマン検定の結果が有意ならば固定効果モデルが採択されることになる。

つまり，分析の結果，ハウスマン検定によって検定結果が有意ではないという結果が得られるとしよう[(5)]。そうすれば，①「観察されない異質性」と独立変数との間にほとんど相関がないと仮定しても差し支えがなく，②固定効果モデルとランダム効果モデルでの係数にはほとんど差がないため，ほとんど同じ推定を行えている。③そうであれば，属性要因の個人間効果も考慮可能なランダム効果推定の方がすぐれた（研究関心に適した）分析手法ということになる（中澤 2012：30）。

つまり，ブルーシュ＝ペイガン検定が有意となり，かつハウスマン検定が有意にならないという結果が得られれば，ランダム効果モデルが採択され，分析の関心である，算数・数学正答率に対する学習時間と社会階層の影響の両方を把握することが可能となる。

固定効果モデル・ランダム効果モデルの分析結果をどう読むか

さて，先にランダム効果モデルが採択されれば，「算数・数学正答率に対する学習時間と社会階層の影響の両方を把握することが可能となる」とは書いたものの，独立変数における可変変数と不変変数の「影響」は意味合いが異なっていることは強調しておきたい。すなわち，可変変数の推定値は「個人内での変化」を意味しており，不変変数の推定値は「個人間での差異」を表しているのである。

具体的な分析結果から見ていこう。表15－3は，算数・数学正答率を従属変数とした分析結果である[(6)]。まず重要な点は，得られた推定値が，固定効果モデルおよびランダム効果モデルを用いたことにより，観察されない異質性を取り除いた結果だということである。

最初に表15－3の下部分に表記したモデル間比較の検定結果を確認しよう。まず，F 検定とブルーシュ＝ペイガン検定が有意であるため，固定効果モデルとランダム効果モデルがプールド回帰モデルよりも適切なモデルであることがわかる。

次にハウスマン検定を確認すると，結果は有意ではないため，固定効果モデルとランダム効果モデルの推定値の間には統計的な有意差はない。よって，今回の分析では，「ランダム効果モデルの結果を参照しても良い」ということになる。

可変変数の推定値＝個人内での変化

では，ランダム効果モデルの推定値を解釈していこう。学習時間の効果については，0.1％水準で有意であり，学習時間は通時的に正答率の相対的位置にプラスに有意な影響を与えている。具体的には，学習時間が１時間長いと，正答率の個人内偏差値を約1.2（60分×0.019）上昇させるということを意味している。

また，中３ダミーの符号条件がマイナスで有意であり，小３時に比して中３時（高校受験時）では相対的な算数・数学正答率が下がったと解釈できる。

不変変数の推定値＝個人間での差異

ランダム効果モデルにおいて，不変変数について確認すると，親学歴は統計的に有意である。推定値を見ると，両親非大卒の児童生徒と比べれば，父母いずれか大卒の場合は約2.4ポイント，両親大卒の場合は約5.5ポイント，の算数・数学正答率が高いということである。これらの数値は，親学歴間で児童生徒の算数・数学正答率に「有意な差がある」ということを意味している[(7)]。

表15-3　算数・数学正答率の推定値

	プールド回帰モデル		固定効果モデル		ランダム効果モデル	
	推定値	標準誤差	推定値	標準誤差	推定値	標準誤差
学年（基準：小3）						
小6	−0.255	0.416	−0.186	0.274	−0.207	0.274
中3	−1.204	0.450**	−0.881	0.312**	−0.980	0.307**
学習時間	0.023	0.003***	0.017	0.003***	0.019	0.003***
性別（基準：女子）						
男性	−0.332	0.341	omitted		−0.364	0.498
両親学歴（基準：両親非大卒）						
父母いずれか大卒	2.350	0.447***	omitted		2.354	0.654***
両親大卒	5.438	0.438***	omitted		5.483	0.639***
学歴不明	−0.274	0.603	omitted		−0.283	0.882
調査エリア(基準：東北エリア)						
関東エリアダミー	−0.278	0.353	omitted		−0.343	0.512
定数	47.350	0.466***	49.172	0.240***	47.601	0.558***
R^2 値						
within	—		0.015		0.015	
between	0.068		0.023		0.088	
overall	—		0.018		0.068	
sigma_u	—		8.460		7.288	
sigma_e	—		6.349		6.349	
rho	—		0.640		0.569	
Number of obs	3255		3255		3255	
Number of groups	—		1085		1085	
F test	F(1084,2167)	=	5.31			
(*Pooled vs. Fixed*)	Prob.	=	0.000			
Breusch and Pagan test	chibar2(01)	=	1045.19			
(*Pooled vs. Random*)	Prob.	=	0.000			
Hausman test	chi2(3)	=	3.24			
(*Fixed vs. Random*)	Prob.	=	0.356			

*p<.05 **p<.01 ***p<.001
出典：JELS.

モデル統計量　固定効果モデルとランダム効果モデルの決定係数は2つwithin，between，overallの3種類が出力される。ここで最も重要な情報はR^2（within）であり，個人内の変動だけをみたときの従属変数の分散説明率である。なお，R^2（between）は，個人間の分散説明率（通常の回帰モデルのR^2値と同じ）であり，R^2（overall）は，個人内分散と個人間分散の両方を勘案したものである。

次に，sigma_u，sigma_e，rho について確認しよう。**sigma_u** は個体特有効果（数式（15.5）の e_i）の標準偏差，**sigma_e** は残差（数式（15.5）の u_{it}）の標準偏差，それら2つの相関比が **rho** である。ここで重要なのは rho であり，この数値が大きいほど固定効果モデルを用いた方が良いということを意味している[(8)]。

推定値の解釈の注意点　表15－3に提示した推定値は，観察されない異質性を取り除いた上での結果であるということは繰り返して強調しておく。そして，①学習時間が増加するほど算数・数学正答率が上昇すること（**個人内の変化**），②両親非大卒の児童生徒に比べて，親学歴が高い児童生徒ほど算数・数学正答率が高い（**個人間の差異**）という結果が得られている。

注意されたいのは，ランダム効果モデルによって得られる不変変数の推定値は，「両親大卒ほど学力が高くなる」のような変化を意味してはいないということである。もちろん研究の目的にもよるが，不変変数による従属変数の変化に関心を置くのであれば成長曲線モデルを用いることを推奨する。

4　パネル調査におけるサンプル脱落およびデータ欠損への配慮

ここまで述べてきた通り，パネルデータはクロスセクションデータでは得られないメリットを多分に含む。しかし一方で，サンプルの脱落が問題となる。パネル調査はその継続過程において脱落していく調査対象者が発生することが避けられない。これを**サンプル脱落**（sample attrition）と呼ぶが，特定な脱落傾向が見られる場合には，「偏った」分析結果が得られる可能性がある。そのため，パネルデータは分析前に，接続可能なデータの傾向を把握し，分析のために欠損しているするデータを確認する必要がある（北村 2005）。

基本的にパネル調査のデータ欠損には，①調査対象者が協力しない／接触できない，という場合の Unit nonresponse，②回答してくれてはいるが，質問項目ベースで見ると部分的に回答してくれない，という場合の Item nonresponse の2つがある。

欠損データのメカニズムには次の3つがあることが知られている。1つ目は，

Missing Completely At Random（MCAR）である。これは脱落サンプルが完全にランダムな場合であり，また脱落が発生するメカニズムはどのような要因にも依存しないとされる。2つ目は，Missing At Random（MAR）である。これは脱落が観察可能な変数にのみ依存することを意味する。3つ目が，Non-ignorable ないし Missing At No Random（MANR）と呼ばれるものである。これは脱落サンプルが脱落時点以降の情報などの観測不可能なものに依存している場合である。これらのような欠損データへの対応であるが，いずれの欠損パターンを想定するかによって対応が異なる。

まず，MCAR を仮定する場合には，①分析で用いる変数がすべて揃っているデータセットに限定して分析を行う。ただし，多くの対象者の情報を失うことにもなるため，データの代表性を失うこともある。②もうひとつは，平均値や前時点における回答情報を代入し，対応することがある。

次に，MAR を仮定する場合には，プロビットモデルや傾向スコアなどの推定手法を用いて，追跡回答者の属性（性別，社会階層など）を推計し，その回答確率を用いて重みづけし，欠損データを補う。(9)

しかし，どのような手法を用いるにせよ，サンプル脱落・データ欠損は少ないことが望ましい。そのためには，サンプル脱落の少ない調査になるように調査の設計段階で熟慮と議論を重ねておくことが重要なのである。

《練習問題》

(1)　表15－1の切片・傾きと表15－3のランダム効果のそれぞれについて，「両親大卒」のダミー変数の推定値を解釈してください。

(2)　(1)の解釈を踏まえ，自分自身の研究関心にとっては，発達心理学的手法と計量経済学的手法のどちらが適切か考えてみてください。

---

(1)　本章で用いるデータは，「青少年期から成人期への移行についての追跡的研究 Japan Education Longitudinal Study（JELS）」（研究代表：お茶の水女子大学・耳塚寛明）の一部である。算数・数学正答率は，平均値50，標準偏差10として「偏差値化」している。分析データと変数の詳細は，中西（2017）を参照のこと。

(2)　各数式の e_{it}, e_{ai}, $e_{\beta i}$ は，それぞれの誤差項である。

(3)　東京大学社会科学研究所 SSJDA 研究成果報告会2015において藤原翔が配布した資料より着想を得た。

(4)　基本的に，パネルデータを用いればプールド回帰が採択されるということはめったにない。

(5)　中澤（2012：30）が解説するように，ハウスマン検定の帰無仮説は「ランダム効果モデルが真」であり，「推定の基本は固定効果モデルであり，一定の条件を満たせばランダム効果モデルが許容できる」という論理である。つまり，パネルデータ分析は固定効果モデルでの推定値がもっとも優先されるということである。これは重要なので理解しておく必要がある。

(6)　計量経済学では，表15－3のように複数の分析モデルの結果を提示し，推定値の相違や頑健性を示す。自身の仮説検証にとって有利な分析結果だけを示すことを避けるためにも必要な作業であると考える。

(7)　性別には有意差がなく，本データでは算数・数学正答率の男女間格差は統計的にはほとんどないと読める。

(8)　rho の数値の高低の判断には，絶対的な基準があるわけではない。

(9)　以上は坂本（2015）による整理を参照している。なお，ここではかなり簡略化して記述したが，MAR を仮定した場合の対応はより細分化された手法がいくつもある。具体的には，岩崎（2002）などに詳しい。

参考文献

Bollen, A. Kenneth and Patrick J. Curran, 2005, *Latent Curve Models: A Structural Equation Perspective*, Wiley-Interscience.

岩崎学，2002，『不完全データの統計解析』エコノミスト社。

北村行伸，2005，『パネルデータの分析』岩波書店。

小杉考司・清水裕士編，2014，『M-plus と R による構造方程式モデリング入門』北大路書房。

Kreft, Ita and Jan de Leeuw, 1998, *Introducing Multilevel Modeling*, Sage Publications Ltd.（＝2006，小野寺孝義翻訳『基礎から学ぶマルチレベルモデル――入り組んだ文脈から新たな理論を創出するための統計手法』ナカニシヤ出版）.

松浦寿幸，2015，『Stata によるデータ分析入門　第２版』東京図書。

三輪哲，2013，「パネルデータ分析の基礎と応用」『理論と方法』28(２)，pp.355-366。

Muthén, L.K. and Muthén, B.O., 1998-2012, *Mplus User's Guide*. Seventh Edition.

中西啓喜，2017，『学力格差拡大の社会学的研究――小中学生への追跡的学力調査結果が示すもの』東信堂。
中澤渉，2012,「なぜパネルデータを分析するのが必要なのか――パネルデータ分析の特性の紹介」『理論と方法』27(1)，pp.23-40。
坂本和靖，2015,「サンプル脱落がもたらす推計バイアスに関する考察」『2015 Japanese Stata User Group Meeting』配布資料（2015年8月28日）。
柴田里程，2015,『データ分析とデータサイエンス』近代科学社。
清水裕士，2014,「個人と集団のマルチレベル分析」ナカニシヤ出版。
豊田秀樹，2007,『共分散構造分析 Amos編――構造方程式モデリング』東京図書。

あとがき

教育はデータサイエンスと妙に相性の悪いことがある。おそらく，人々が思い描く美しい教育的物語とデータから導かれる悲劇的な実態がかけ離れており，しばしば不快でさえあるからだろう。比較的最新の学術書であっても「まえがき」や「あとがき」に，データ収集の段階で学校現場から批判的な意見を向けられた体験が書かれていたり，それを踏まえて「教育をすべて数値化できるとは考えてはない」などの注釈が述べられたうえで教育データ分析の重要性が主張されていたりする。これは今に始まったことでもなく，筆者自身も経験している。おそらく，教育とデータを結び付けて議論する際，我々は未来永劫にわたりこの「言い訳」を続けないといけないのだろう。そういった意味で，教育をデータで読み解くことは，我々が信じていたい美しい教育的物語を疑う作業でもある。

しかし，そんなことより危惧すべきは，教育を数値化することでデータが「独り歩き」することだろう。本書でも紹介したように，学力や学級状況の調査結果が教員評価に用いられることもあれば，不動産会社により「学力の高い街！」のように利用されることもある。本書を通じて，本質的な問題が「教育を数値化すること」にあるのではなく，「教育データの活用方法」にあるのだということを初学者が考えるきっかけにしてもらえればと願う。

さて，筆者が“統計学”を学び始めたのは修士課程に入学した頃である。学部時代は英語学を専攻しており，教職科目の教育心理学の授業で学んだ統計では，標準偏差や標準得点なども理解が深まらなかった。教育心理学を担当いただき，恩師でもある木村直人先生（拓殖大学，当時）には，「標準偏差をあれ以上簡単に教えることはできない」と言われたことを思い返せば，よく統計のテキストを編集するまで勉強を続けられたものである。大学院時代に，院生仲間と互いに拙い統計の知識を語り合いながら理解を深めていったことが今では本当に懐かしい。本書は，そんな自身の苦労を思い出しながら，どうすれば初学者に統計を理解してもらえるのかを目指して出版を計画した。

本書の刊行まで，耳塚寛明先生に監修していただきながらも，筆者のような若輩者が編者を務めさせていただいた。浜野隆先生，大多和直樹先生，杉谷祐美子先生，垂見裕子先生は，筆者がゼミや授業でご指導いただいた先生方であり，こうした先生方にご執筆いただけたのは非常に身に余る思いである。さらに，西島央先生，岡部悟志先生，若手メンバーである西野勇人先生，中村駿先生，前田菜摘先生にもご執筆に加わっていただいた。特に若手メンバーが，懸命に勉強しながら執筆する様子は，かつての筆者自身がそうであったようなひたむきさを思い出した。

本書は，執筆者一覧に掲載されていない方々にもご意見をいただきながら完成に至った。名前を挙げて感謝を述べたい。早稲田大学人間科学学術院で同僚であった神長伸幸先生，佐野雅規先生には統計の理解と文章表現の曖昧さについてご指摘いただいた。また福田紗耶香氏（現・長崎大学）には，教育学を専攻する院生の立場からご意見をいただいた。そして，ミネルヴァ書房の中川勇士氏は，筆者の意図を汲んでくださり企画・出版に至るまでの全ての工程にご協力くださった。本書に関わってくださったすべての方々に心からの感謝を申し上げたい。

執筆者を代表して

中 西 啓 喜

付記

本書の図表に「JELS」と表記したデータは，お茶の水女子大学21世紀 COE プログラム「誕生から死までの人間発達科学」，お茶の水女子大学グローバル COE プログラム「格差センシティブな人間発達科学の創成」教育・社会的格差領域，JSPS 科研費（16330164，19330185，21330190，18H00984（研究代表：耳塚寛明），16300230，18300245（研究代表：牧野カツコ），20K13911（研究代表：中西啓喜）の助成を受けた。

χ^2 分布表

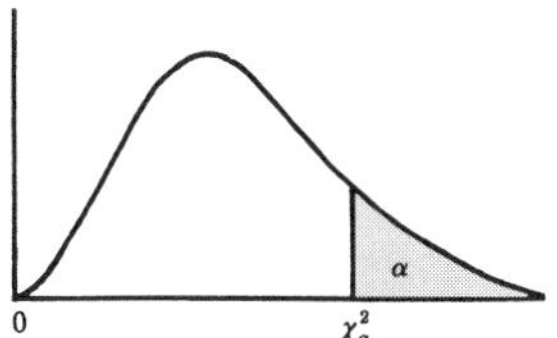

df	有意水準 (α)					
	.100	.050	.025	.010	.005	0.001
1	2.7055	3.8414	5.0238	6.6349	7.8794	10.828
2	4.6051	5.9914	7.3777	9.2103	10.5966	13.816
3	6.2513	7.8147	9.3484	11.3449	12.8381	16.266
4	7.7794	9.4877	11.1433	13.2767	14.8602	18.467
5	9.2363	11.0705	12.8325	15.0863	16.7496	20.515
6	10.6446	12.5916	14.4494	16.8119	18.5476	22.458
7	12.0170	14.0671	16.0128	18.4753	20.2777	24.322
8	13.3616	15.5073	17.5346	20.0902	21.9550	26.125
9	14.6837	16.9190	19.0228	21.6660	23.5893	27.877
10	15.9871	18.3070	20.4831	23.2093	25.1882	29.588
11	17.2750	19.6751	21.9200	24.7250	26.7569	31.264
12	18.5494	21.0261	23.3367	26.2170	28.2995	32.909
13	19.8119	22.3621	24.7356	27.6883	29.8194	34.528
14	21.0642	23.6848	26.1190	29.1413	31.3193	36.123
15	22.3072	24.9958	27.4884	30.5779	32.8013	37.697
16	23.5418	26.2962	28.8454	31.9999	34.2672	39.252
17	24.7690	27.5871	30.1910	33.4087	35.7185	40.790
18	25.9894	28.8693	31.5264	34.8058	37.1564	42.312
19	27.2036	30.1435	32.8523	36.1908	38.5822	43.820
20	28.4120	31.4104	34.1696	37.5662	39.9968	45.315
21	29.6151	32.6705	35.4789	38.9321	41.4010	46.797
22	30.8133	33.9244	36.7807	40.2894	42.7956	48.268
23	32.0069	35.1725	38.0757	41.6384	44.1813	49.728
24	33.1963	36.4151	39.3641	42.9798	45.5585	51.179
25	34.3816	37.6525	40.6465	44.3141	46.9278	52.620
26	35.5631	38.8852	41.9232	45.6417	48.2899	54.052
27	36.7412	40.1133	43.1944	46.9680	49.6449	55.476
28	37.9159	41.3372	44.4607	48.2782	50.9933	56.892
29	39.0875	42.5569	45.7222	49.5879	52.3356	58.302
30	40.2560	43.7729	46.9792	50.8922	53.6720	59.703
40	51.8050	55.7585	59.3417	63.6907	66.7659	73.402
50	63.1671	67.5048	71.4202	76.1539	79.4900	86.661
60	74.3970	79.0819	83.2976	88.3794	91.9517	99.607
70	85.5271	90.5312	95.0231	100.425	104.215	112.317
80	96.5782	101.879	106.629	112.329	116.321	124.839
90	107.565	113.145	118.136	124.116	128.299	137.208
100	118.498	124.342	129.561	135.807	140.169	149.449

出典：ボーンシュテットとノーキ（海野・中村監修）『社会統計学——社会調査のためのデータ分析入門』。

正規分布表

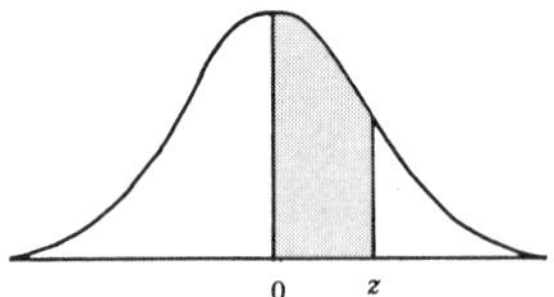

z	.00	.01	.02	.03	.04	.05	.06	.07	.08	.09
0.0	.0000	.0040	.0080	.0120	.0160	.0199	.0239	.0279	.0319	.0359
0.1	.0398	.0438	.0478	.0517	.0557	.0596	.0636	.0675	.0714	.0753
0.2	.0793	.0832	.0871	.0910	.0948	.0987	.1026	.1064	.1103	.1141
0.3	.1179	.1217	.1255	.1293	.1331	.1368	.1406	.1443	.1480	.1517
0.4	.1554	.1591	.1628	.1664	.1700	.1736	.1772	.1808	.1844	.1879
0.5	.1915	.1950	.1985	.2019	.2054	.2088	.2123	.2157	.2190	.2224
0.6	.2257	.2291	.2324	.2357	.2389	.2422	.2454	.2486	.2517	.2549
0.7	.2580	.2611	.2642	.2673	.2704	.2734	.2764	.2794	.2823	.2852
0.8	.2881	.2910	.2939	.2967	.2995	.3023	.3051	.3078	.3106	.3133
0.9	.3159	.3186	.3212	.3238	.3264	.3289	.3315	.3340	.3365	.3389
1.0	.3413	.3438	.3461	.3485	.3508	.3531	.3554	.3577	.3599	.3621
1.1	.3643	.3665	.3686	.3708	.3729	.3749	.3770	.3790	.3810	.3830
1.2	.3849	.3869	.3888	.3907	.3925	.3944	.3962	.3980	.3997	.4015
1.3	.4032	.4049	.4066	.4082	.4099	.4115	.4131	.4147	.4162	.4177
1.4	.4192	.4207	.4222	.4236	.4251	.4265	.4279	.4292	.4306	.4319
1.5	.4332	.4345	.4357	.4370	.4382	.4394	.4406	.4418	.4429	.4441
1.6	.4452	.4463	.4474	.4484	.4495	.4505	.4515	.4525	.4535	.4545
1.7	.4554	.4564	.4573	.4582	.4591	.4599	.4608	.4616	.4625	.4633
1.8	.4641	.4649	.4656	.4664	.4671	.4678	.4686	.4693	.4699	.4706
1.9	.4713	.4719	.4726	.4732	.4738	.4744	.4750	.4756	.4761	.4767
2.0	.4772	.4778	.4783	.4788	.4793	.4798	.4803	.4808	.4812	.4817
2.1	.4821	.4826	.4830	.4834	.4838	.4842	.4846	.4850	.4854	.4857
2.2	.4861	.4864	.4868	.4871	.4875	.4878	.4881	.4884	.4887	.4890
2.3	.4893	.4896	.4898	.4901	.4904	.4906	.4909	.4911	.4913	.4916
2.4	.4918	.4920	.4922	.4925	.4927	.4929	.4931	.4932	.4934	.4936
2.5	.4938	.4940	.4941	.4943	.4945	.4946	.4948	.4949	.4951	.4952
2.6	.4953	.4955	.4956	.4957	.4959	.4960	.4961	.4962	.4963	.4964
2.7	.4965	.4966	.4967	.4968	.4969	.4970	.4971	.4972	.4973	.4974
2.8	.4974	.4975	.4976	.4977	.4977	.4978	.4979	.4979	.4980	.4981
2.9	.4981	.4982	.4982	.4983	.4984	.4984	.4985	.4985	.4986	.4986
3.0	.4987	.4987	.4987	.4988	.4988	.4989	.4989	.4989	.4990	.4990

出典：ボーンシュテットとノーキ（海野・中村監修）『社会統計学——社会調査のためのデータ分析入門』。

スチューデントの t 分布表

A．両側検定の場合

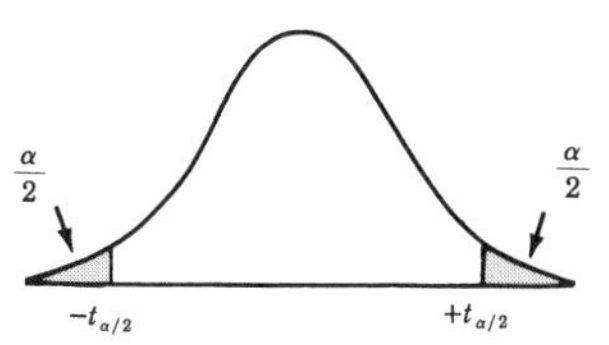

B．片側検定の場合

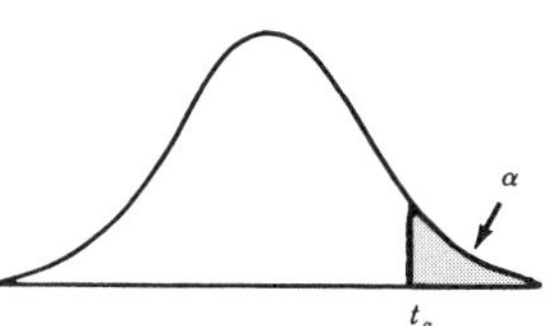

	有意水準					
両側検定 df	.20	.10	.05	.02	.01	.001
片側検定	.10	.05	.025	.01	.005	.0005
1	3.078	6.314	12.706	31.821	63.657	636.619
2	1.886	2.920	4.303	6.965	9.925	31.598
3	1.638	2.353	3.182	4.541	5.841	12.941
4	1.533	2.132	2.776	3.747	4.604	8.610
5	1.476	2.015	2.571	3.365	4.032	6.859
6	1.440	1.943	2.447	3.143	3.707	5.959
7	1.415	1.895	2.365	2.998	3.499	5.405
8	1.397	1.860	2.306	2.896	3.355	5.041
9	1.383	1.833	2.262	2.821	3.250	4.781
10	1.372	1.812	2.228	2.764	3.169	4.587
11	1.363	1.796	2.201	2.718	3.106	4.437
12	1.356	1.782	2.179	2.681	3.055	4.318
13	1.350	1.771	2.160	2.650	3.012	4.221
14	1.345	1.761	2.145	2.624	2.977	4.140
15	1.341	1.753	2.131	2.602	2.947	4.073
16	1.337	1.746	2.120	2.583	2.921	4.015
17	1.333	1.740	2.110	2.567	2.898	3.965
18	1.330	1.734	2.101	2.552	2.878	3.922
19	1.328	1.729	2.093	2.539	2.861	3.883
20	1.325	1.725	2.086	2.528	2.845	3.850
21	1.323	1.721	2.080	2.518	2.831	3.819
22	1.321	1.717	2.074	2.508	2.819	3.792
23	1.319	1.714	2.069	2.500	2.807	3.767
24	1.318	1.711	2.064	2.492	2.797	3.745
25	1.316	1.708	2.060	2.485	2.787	3.725
26	1.315	1.706	2.056	2.479	2.779	3.707
27	1.314	1.703	2.052	2.473	2.771	3.690
28	1.313	1.701	2.048	2.467	2.763	3.674
29	1.311	1.699	2.045	2.462	2.756	3.659
30	1.310	1.697	2.042	2.457	2.750	3.646
40	1.303	1.684	2.021	2.423	2.704	3.551
60	1.296	1.671	2.000	2.390	2.660	3.460
120	1.289	1.658	1.980	2.358	2.617	3.373
∞	1.282	1.645	1.960	2.326	2.576	3.291

出典：ボーンシュテットとノーキ（海野・中村監修）『社会統計学——社会調査のためのデータ分析入門』。

F分布表

ν_2 \ ν_1	1	2	3	4	5	6	7	8	9	10
1	161.4	199.5	215.7	224.6	230.2	234.0	236.8	238.9	240.5	241.9
2	18.51	19.00	19.16	19.25	19.30	19.33	19.35	19.37	19.38	19.40
3	10.13	9.55	9.28	9.12	9.01	8.94	8.89	8.85	8.81	8.79
4	7.71	6.94	6.59	6.39	6.26	6.16	6.09	6.04	6.00	5.96
5	6.61	5.79	5.41	5.19	5.05	4.95	4.88	4.82	4.77	4.74
6	5.99	5.14	4.76	4.53	4.39	4.28	4.21	4.15	4.10	4.06
7	5.59	4.74	4.35	4.12	3.97	3.87	3.79	3.73	3.68	3.64
8	5.32	4.46	4.07	3.84	3.69	3.58	3.50	3.44	3.39	3.35
9	5.12	4.26	3.86	3.63	3.48	3.37	3.29	3.23	3.18	3.14
10	4.96	4.10	3.71	3.48	3.33	3.22	3.14	3.07	3.02	2.98
11	4.84	3.98	3.59	3.36	3.20	3.09	3.01	2.95	2.90	2.85
12	4.75	3.89	3.49	3.26	3.11	3.00	2.91	2.85	2.80	2.75
13	4.67	3.81	3.41	3.18	3.03	2.92	2.83	2.77	2.71	2.67
14	4.60	3.74	3.34	3.11	2.96	2.85	2.76	2.70	2.65	2.60
15	4.54	3.68	3.29	3.06	2.90	2.79	2.71	2.64	2.59	2.54
16	4.49	3.63	3.24	3.01	2.85	2.74	2.66	2.59	2.54	2.49
17	4.45	3.59	3.20	2.96	2.81	2.70	2.61	2.55	2.49	2.45
18	4.41	3.55	3.16	2.93	2.77	2.66	2.58	2.51	2.46	2.41
19	4.38	3.52	3.13	2.90	2.74	2.63	2.54	2.48	2.42	2.38
20	4.35	3.49	3.10	2.87	2.71	2.60	2.51	2.45	2.39	2.35
21	4.32	3.47	3.07	2.84	2.68	2.57	2.49	2.42	2.37	2.32
22	4.30	3.44	3.05	2.82	2.66	2.55	2.46	2.40	2.34	2.30
23	4.28	3.42	3.03	2.80	2.64	2.53	2.44	2.37	2.32	2.27
24	4.26	3.40	3.01	2.78	2.62	2.51	2.42	2.36	2.30	2.25
25	4.24	3.39	2.99	2.76	2.60	2.49	2.40	2.34	2.28	2.24
26	4.23	3.37	2.98	2.74	2.59	2.47	2.39	2.32	2.27	2.22
27	4.21	3.35	2.96	2.73	2.57	2.46	2.37	2.31	2.25	2.20
28	4.20	3.34	2.95	2.71	2.56	2.45	2.36	2.29	2.24	2.19
29	4.18	3.33	2.93	2.70	2.55	2.43	2.35	2.28	2.22	2.18
30	4.17	3.32	2.92	2.69	2.53	2.42	2.33	2.27	2.21	2.16
40	4.08	3.23	2.84	2.61	2.45	2.34	2.25	2.18	2.12	2.08
60	4.00	3.15	2.76	2.53	2.37	2.25	2.17	2.10	2.04	1.99
120	3.92	3.07	2.68	2.45	2.29	2.17	2.09	2.02	1.96	1.91
∞	3.84	3.00	2.60	2.37	2.21	2.10	2.01	1.94	1.88	1.83

出典：ボーンシュテットとノーキ（海野・中村監修）『社会統計学

(α=.05)

12	15	20	24	30	40	60	120	∞
243.9	245.9	248.0	249.1	250.1	251.1	252.2	253.3	254.3
19.41	19.43	19.45	19.45	19.46	19.47	19.48	19.49	19.50
8.74	8.70	8.66	8.64	8.62	8.59	8.57	8.55	8.53
5.91	5.86	5.80	5.77	5.75	5.72	5.69	5.66	5.63
4.68	4.62	4.56	4.53	4.50	4.46	4.43	4.40	4.36
4.00	3.94	3.87	3.84	3.81	3.77	3.74	3.70	3.67
3.57	3.51	3.44	3.41	3.38	3.34	3.30	3.27	3.23
3.28	3.22	3.15	3.12	3.08	3.04	3.01	2.97	2.93
3.07	3.01	2.94	2.90	2.86	2.83	2.79	2.75	2.71
2.91	2.85	2.77	2.74	2.70	2.66	2.62	2.58	2.54
2.79	2.72	2.65	2.61	2.57	2.53	2.49	2.45	2.40
2.69	2.62	2.54	2.51	2.47	2.43	2.38	2.34	2.30
2.60	2.53	2.46	2.42	2.38	2.34	2.30	2.25	2.21
2.53	2.46	2.39	2.35	2.31	2.27	2.22	2.18	2.13
2.48	2.40	2.33	2.29	2.25	2.20	2.16	2.11	2.07
2.42	2.35	2.28	2.24	2.19	2.15	2.11	2.06	2.01
2.38	2.31	2.23	2.19	2.15	2.10	2.06	2.01	1.96
2.34	2.27	2.19	2.15	2.11	2.06	2.02	1.97	1.92
2.31	2.23	2.16	2.11	2.07	2.03	1.98	1.93	1.88
2.28	2.20	2.12	2.08	2.04	1.99	1.95	1.90	1.84
2.25	2.18	2.10	2.05	2.01	1.96	1.92	1.87	1.81
2.23	2.15	2.07	2.03	1.98	1.94	1.89	1.84	1.78
2.20	2.13	2.05	2.01	1.96	1.91	1.86	1.81	1.76
2.18	2.11	2.03	1.98	1.94	1.89	1.84	1.79	1.73
2.16	2.09	2.01	1.96	1.92	1.87	1.82	1.77	1.71
2.15	2.07	1.99	1.95	1.90	1.85	1.80	1.75	1.69
2.13	2.06	1.97	1.93	1.88	1.84	1.79	1.73	1.67
2.12	*2.04*	*1.96*	*1.91*	*1.87*	*1.82*	*1.77*	*1.71*	*1.65*
2.10	2.03	1.94	1.90	1.85	1.81	1.75	1.70	1.64
2.09	2.01	1.93	1.89	1.84	1.79	1.74	1.68	1.62
2.00	1.92	1.84	1.79	1.74	1.69	1.64	1.58	1.51
1.92	1.84	1.75	1.70	1.65	1.59	1.53	1.47	1.39
1.83	1.75	1.66	1.61	1.55	1.50	1.43	1.35	1.25
1.75	1.67	1.57	1.52	1.46	1.39	1.32	1.22	1.00

——社会調査のためのデータ分析入門』。

F 分布（つづき）

ν_2 \ ν_1	1	2	3	4	5	6	7	8	9	10
1	4052	4999.5	5403	5625	5764	5859	5928	5982	6022	6056
2	98.50	99.00	99.17	99.25	99.30	99.33	99.36	99.37	99.39	99.40
3	34.12	30.82	29.46	28.71	28.24	27.91	27.67	27.49	27.35	27.23
4	21.20	18.00	16.69	15.98	15.52	15.21	14.98	14.80	14.66	14.55
5	16.26	13.27	12.06	11.39	10.97	10.67	10.46	10.29	10.16	10.05
6	13.75	10.92	9.78	9.15	8.75	8.47	8.26	8.10	7.98	7.87
7	12.25	9.55	8.45	7.85	7.46	7.19	6.99	6.84	6.72	6.62
8	11.26	8.65	7.59	7.01	6.63	6.37	6.18	6.03	5.91	5.81
9	10.56	8.02	6.99	6.42	6.06	5.80	5.61	5.47	5.35	5.26
10	10.04	7.56	6.55	5.99	5.64	5.39	5.20	5.06	4.94	4.85
11	9.65	7.21	6.22	5.67	5.32	5.07	4.89	4.74	4.63	4.54
12	9.33	6.93	5.95	5.41	5.06	4.82	4.64	4.50	4.39	4.30
13	9.07	6.70	5.74	5.21	4.86	4.62	4.44	4.30	4.19	4.10
14	8.86	6.51	5.56	5.04	4.69	4.46	4.28	4.14	4.03	3.94
15	8.68	6.36	5.42	4.89	4.56	4.32	4.14	4.00	3.89	3.80
16	8.53	6.23	5.29	4.77	4.44	4.20	4.03	3.89	3.78	3.69
17	8.40	6.11	5.18	4.67	4.34	4.10	3.93	3.79	3.68	3.59
18	8.29	6.01	5.09	4.58	4.25	4.01	3.84	3.71	3.60	3.51
19	8.18	5.93	5.01	4.50	4.17	3.94	3.77	3.63	3.52	3.43
20	8.10	5.85	4.94	4.43	4.10	3.87	3.70	3.56	3.46	3.37
21	8.02	5.78	4.87	4.37	4.04	3.81	3.64	3.51	3.40	3.31
22	7.95	5.72	4.82	4.31	3.99	3.76	3.59	3.45	3.35	3.26
23	7.88	5.66	4.76	4.26	3.94	3.71	3.54	3.41	3.30	3.21
24	7.82	5.61	4.72	4.22	3.90	3.67	3.50	3.36	3.26	3.17
25	7.77	5.57	4.68	4.18	3.85	3.63	3.46	3.32	3.22	3.13
26	7.72	5.53	4.64	4.14	3.82	3.59	3.42	3.29	3.18	3.09
27	7.68	5.49	4.60	4.11	3.78	3.56	3.39	3.26	3.15	3.06
28	7.64	5.45	4.57	4.07	3.75	3.53	3.36	3.23	3.12	3.03
29	7.60	5.42	4.54	4.04	3.73	3.50	3.33	3.20	3.09	3.00
30	7.56	5.39	4.51	4.02	3.70	3.47	3.30	3.17	3.07	2.98
40	7.31	5.18	4.31	3.83	3.51	3.29	3.12	2.99	2.89	2.80
60	7.08	4.98	4.13	3.65	3.34	3.12	2.95	2.82	2.72	2.63
120	6.85	4.79	3.95	3.48	3.17	2.96	2.79	2.66	2.56	2.47
∞	6.63	4.61	3.78	3.32	3.02	2.80	2.64	2.51	2.41	2.32

$(\alpha = .01)$

12	15	20	24	30	40	60	120	∞
6106	6157	6209	6235	6261	6287	6313	6339	6366
99.42	99.43	99.45	99.46	99.47	99.47	99.48	99.49	99.50
27.05	26.87	26.69	26.60	26.50	26.41	26.32	26.22	26.13
14.37	14.20	14.02	13.93	13.84	13.75	13.65	13.56	13.46
9.89	9.72	9.55	9.47	9.38	9.29	9.20	9.11	9.02
7.72	7.56	7.40	7.31	7.23	7.14	7.06	6.97	6.88
6.47	6.31	6.16	6.07	5.99	5.91	5.82	5.74	5.65
5.67	5.52	5.36	5.28	5.20	5.12	5.03	4.95	4.86
5.11	4.96	4.81	4.73	4.65	4.57	4.48	4.40	4.31
4.71	4.56	4.41	4.33	4.25	4.17	4.08	4.00	3.91
4.40	4.25	4.10	4.02	3.94	3.86	3.78	3.69	3.60
4.16	4.01	3.86	3.78	3.70	3.62	3.54	3.45	3.36
3.96	3.82	3.66	3.59	3.51	3.43	3.34	3.25	3.17
3.80	3.66	3.51	3.43	3.35	3.27	3.18	3.09	3.00
3.67	3.52	3.37	3.29	3.21	3.13	3.05	2.96	2.87
3.55	3.41	3.26	3.18	3.10	3.02	2.93	2.84	2.75
3.46	3.31	3.16	3.08	3.00	2.92	2.83	2.75	2.65
3.37	3.23	3.08	3.00	2.92	2.84	2.75	2.66	2.57
3.30	3.15	3.00	2.92	2.84	2.76	2.67	2.58	2.49
3.23	3.09	2.94	2.86	2.78	2.69	2.61	2.52	2.42
3.17	3.03	2.88	2.80	2.72	2.64	2.55	2.46	2.36
3.12	2.98	2.83	2.75	2.67	2.58	2.50	2.40	2.31
3.07	2.93	2.78	2.70	2.62	2.54	2.45	2.35	2.26
3.03	2.89	2.74	2.66	2.58	2.49	2.40	2.31	2.21
2.99	2.85	2.70	2.62	2.54	2.45	2.36	2.27	2.17
2.96	2.81	2.66	2.58	2.50	2.42	2.33	2.23	2.13
2.93	2.78	2.63	2.55	2.47	2.38	2.29	2.20	2.10
2.90	2.75	2.60	2.52	2.44	2.35	2.26	2.17	2.06
2.87	2.73	2.57	2.49	2.41	2.33	2.23	2.14	2.03
2.84	2.70	2.55	2.47	2.39	2.30	2.21	2.11	2.01
2.66	2.52	2.37	2.29	2.20	2.11	2.02	1.92	1.80
2.50	2.35	2.20	2.12	2.03	1.94	1.84	1.73	1.60
2.34	2.19	2.03	1.95	1.86	1.76	1.66	1.53	1.38
2.18	2.04	1.88	1.79	1.70	1.59	1.47	1.32	1.00

F 分布（つづき）

ν_2 \ ν_1	1	2	3	4	5	6	7	8	9	10
1	4053*	5000*	5404*	5625*	5764*	5859*	5929*	5981*	6023*	6056*
2	998.5	999.0	999.2	999.2	999.3	999.3	999.4	999.4	999.4	999.4
3	167.0	148.5	141.1	137.1	134.6	132.8	131.6	130.6	129.9	129.2
4	74.14	61.25	56.18	53.44	51.71	50.53	49.66	49.00	48.47	48.05
5	47.18	37.12	33.20	31.09	29.75	28.84	28.16	27.64	27.24	26.92
6	35.51	27.00	23.70	21.92	20.81	20.03	19.46	19.03	18.69	18.41
7	29.25	21.69	18.77	17.19	16.21	15.52	15.02	14.63	14.33	14.08
8	25.42	18.49	15.83	14.39	13.49	12.86	12.40	12.04	11.77	11.54
9	22.86	16.39	13.90	12.56	11.71	11.13	10.70	10.37	10.11	9.89
10	21.04	14.91	12.55	11.28	10.48	9.92	9.52	9.20	8.96	8.75
11	19.69	13.81	11.56	10.35	9.58	9.05	8.66	8.35	8.12	7.92
12	18.64	12.97	10.80	9.63	8.89	8.38	8.00	7.71	7.48	7.29
13	17.81	12.31	10.21	9.07	8.35	7.86	7.49	7.21	6.98	6.80
14	17.14	11.78	9.73	8.62	7.92	7.43	7.08	6.80	6.58	6.40
15	16.59	11.34	9.34	8.25	7.57	7.09	6.74	6.47	6.26	6.08
16	16.12	10.97	9.00	7.94	7.27	6.81	6.46	6.19	5.98	5.81
17	15.72	10.66	8.73	7.68	7.02	6.56	6.22	5.96	5.75	5.58
18	15.38	10.39	8.49	7.46	6.81	6.35	6.02	5.76	5.56	5.39
19	15.08	10.16	8.28	7.26	6.62	6.18	5.85	5.59	5.39	5.22
20	14.82	9.95	8.10	7.10	6.46	6.02	5.69	5.44	5.24	5.08
21	14.59	9.77	7.94	6.95	6.32	5.88	5.56	5.31	5.11	4.95
22	14.38	9.61	7.80	6.81	6.19	5.76	5.44	5.19	4.99	4.83
23	14.19	9.47	7.67	6.69	6.08	5.65	5.33	5.09	4.89	4.73
24	14.03	9.34	7.55	6.59	5.98	5.55	5.23	4.99	4.80	4.64
25	13.88	9.22	7.45	6.49	5.88	5.46	5.15	4.91	4.71	4.56
26	13.74	9.12	7.36	6.41	5.80	5.38	5.07	4.83	4.64	4.48
27	13.61	9.02	7.27	6.33	5.73	5.31	5.00	4.76	4.57	4.41
28	13.50	8.93	7.19	6.25	5.66	5.24	4.93	4.69	4.50	4.35
29	13.39	8.85	7.12	6.19	5.59	5.18	4.87	4.64	4.45	4.29
30	13.29	8.77	7.05	6.12	5.53	5.12	4.82	4.58	4.39	4.24
40	12.61	8.25	6.60	5.70	5.13	4.73	4.44	4.21	4.02	3.87
60	11.97	7.76	6.17	5.31	4.76	4.37	4.09	3.87	3.69	3.54
120	11.38	7.32	5.79	4.95	4.42	4.04	3.77	3.55	3.38	3.24
∞	10.83	6.91	5.42	4.62	4.10	3.74	3.47	3.27	3.10	2.96

(α = .001)

12	15	20	24	30	40	60	120	∞
6107*	6158*	6209*	6235*	6261*	6287*	6313*	6340*	6366*
999.4	999.4	999.4	999.5	999.5	999.5	999.5	999.5	999.5
128.3	127.4	126.4	125.9	125.4	125.0	124.5	124.0	123.5
47.41	46.76	46.10	45.77	45.43	45.09	44.75	44.40	44.05
26.42	25.91	25.39	25.14	24.87	24.60	24.33	24.06	23.79
17.99	17.56	17.12	16.89	16.67	16.44	16.21	15.99	15.75
13.71	13.32	12.93	12.73	12.53	12.33	12.12	11.91	11.70
11.19	10.84	10.48	10.30	10.11	9.92	9.73	9.53	9.33
9.57	9.24	8.90	8.72	8.55	8.37	8.19	8.00	7.81
8.45	8.13	7.80	7.64	7.47	7.30	7.12	6.94	6.76
7.63	7.32	7.01	6.85	6.68	6.52	6.35	6.17	6.00
7.00	6.71	6.40	6.25	6.09	5.93	5.76	5.59	5.42
6.52	6.23	5.93	5.78	5.63	5.47	5.30	5.14	4.97
6.13	5.85	5.56	5.41	5.25	5.10	4.94	4.77	4.60
5.81	5.54	5.25	5.10	4.95	4.80	4.64	4.47	4.31
5.55	5.27	4.99	4.85	4.70	4.54	4.39	4.23	4.06
5.32	5.05	4.78	4.63	4.48	4.33	4.18	4.02	3.85
5.13	4.87	4.59	4.45	4.30	4.15	4.00	3.84	3.67
4.97	4.70	4.43	4.29	4.14	3.99	3.84	3.68	3.51
4.82	4.56	4.29	4.15	4.00	3.86	3.70	3.54	3.38
4.70	4.44	4.17	4.03	3.88	3.74	3.58	3.42	3.26
4.58	4.33	4.06	3.92	3.78	3.63	3.48	3.32	3.15
4.48	4.23	3.96	3.82	3.68	3.53	3.38	3.22	3.05
4.39	4.14	3.87	3.74	3.59	3.45	3.29	3.14	2.97
4.31	4.06	3.79	3.66	3.52	3.37	3.22	3.06	2.89
4.24	3.99	3.72	3.59	3.44	3.30	3.15	2.99	2.82
4.17	3.92	3.66	3.52	3.38	3.23	3.08	2.92	2.75
4.11	3.86	3.60	3.46	3.32	3.18	3.02	2.86	2.69
4.05	3.80	3.54	3.41	3.27	3.12	2.97	2.81	2.64
4.00	3.75	3.49	3.36	3.22	3.07	2.92	2.76	2.59
3.64	3.40	3.15	3.01	2.87	2.73	2.57	2.41	2.23
3.31	3.08	2.83	2.69	2.55	2.41	2.25	2.08	1.89
3.02	2.78	2.53	2.40	2.26	2.11	1.95	1.76	1.54
2.74	2.51	2.27	2.13	1.99	1.84	1.66	1.45	1.00

フィッシャーの Z 変換

r	Z	r	Z	r	Z	r	Z	r	Z
.000	.000	.200	.203	.400	.424	.600	.693	.800	1.099
.005	.005	.205	.208	.405	.430	.605	.701	.805	1.113
.010	.010	.210	.213	.410	.436	.610	.709	.810	1.127
.015	.015	.215	.218	.415	.442	.615	.717	.815	1.142
.020	.020	.220	.224	.420	.448	.620	.725	.820	1.157
.025	.025	.225	.229	.425	.454	.625	.733	.825	1.172
.030	.030	.230	.234	.430	.460	.630	.741	.830	1.188
.035	.035	.235	.239	.435	.466	.635	.750	.835	1.204
.040	.040	.240	.245	.440	.472	.640	.758	.840	1.221
.045	.045	.245	.250	.445	.478	.645	.767	.845	1.238
.050	.050	.250	.255	.450	.485	.650	.775	.850	1.256
.055	.055	.255	.261	.455	.491	.655	.784	.855	1.274
.060	.060	.260	.266	.460	.497	.660	.793	.860	1.293
.065	.065	.265	.271	.465	.504	.665	.802	.865	1.313
.070	.070	.270	.277	.470	.510	.670	.811	.870	1.333
.075	.075	.275	.282	.475	.517	.675	.820	.875	1.354
.080	.080	.280	.288	.480	.523	.680	.829	.880	1.376
.085	.085	.285	.293	.485	.530	.685	.838	.885	1.398
.090	.090	.290	.299	.490	.536	.690	.848	.890	1.422
.095	.095	.295	.304	.495	.543	.695	.858	.895	1.447
.100	.100	.300	.310	.500	.549	.700	.867	.900	1.472
.105	.105	.305	.315	.505	.556	.705	.877	.905	1.499
.110	.110	.310	.321	.510	.563	.710	.887	.910	1.528
.115	.116	.315	.326	.515	.570	.715	.897	.915	1.557
.120	.121	.320	.332	.520	.576	.720	.908	.920	1.589
.125	.126	.325	.337	.525	.583	.725	.918	.925	1.623
.130	.131	.330	.343	.530	.590	.730	.929	.930	1.658
.135	.136	.335	.348	.535	.597	.735	.940	.935	1.697
.140	.141	.340	.354	.540	.604	.740	.950	.940	1.738
.145	.146	.345	.360	.545	.611	.745	.962	.945	1.783
.150	.151	.350	.365	.550	.618	.750	.973	.950	1.832
.155	.156	.355	.371	.555	.626	.755	.984	.955	1.886
.160	.161	.360	.377	.560	.633	.760	.996	.960	1.946
.165	.167	.365	.383	.565	.640	.765	1.008	.965	2.014
.170	.172	.370	.388	.570	.648	.770	1.020	.970	2.092
.175	.177	.375	.394	.575	.655	.775	1.033	.975	2.185
.180	.182	.380	.400	.580	.662	.780	1.045	.980	2.298
.185	.187	.385	.406	.585	.670	.785	1.058	.985	2.443
.190	.192	.390	.412	.590	.678	.790	1.071	.990	2.647
.195	.198	.395	.418	.595	.685	.795	1.085	.995	2.994

出典：ボーンシュテットとノーキ（海野・中村監修）『社会統計学――社会調査のためのデータ分析入門』。

索　引

（＊は人名）

ア　行

カ　行

サ 行

タ　行

ナ　行

ハ　行

マ 行

ヤ 行

ラ 行

ワ 行

英 数

執筆者紹介（所属，執筆分担，執筆順）

耳塚寛明（まえがき）
監修者紹介参照

中西啓喜（序章・第１章～第４章・第12章・第15章・あとがき・コラム１・コラム４）
編著者紹介参照

西野勇人（東日本国際大学健康福祉学部専任講師，第３章・第６章・コラム２・コラム７）

西島　央（青山学院大学コミュニティ人間科学部教授，第４章）

浜野　隆（お茶の水女子大学基幹研究院教授，第５章）

大多和直樹（お茶の水女子大学基幹研究院准教授，第７章・第８章・コラム５）

前田菜摘（早稲田大学人間科学学術院助教，第９章・コラム６）

杉谷祐美子（青山学院大学教育人間科学部教授，第10章）

中村　駿（武蔵野大学教育学部講師，第11章・コラム３）

岡部悟志（ベネッセ教育総合研究所主任研究員，第13章）

垂見裕子（武蔵大学社会学部教授，第14章）

《監修者紹介》

耳塚寛明（みみづか・ひろあき）

1953年　生まれ。
1981年　東京大学大学院教育学研究科博士課程単位取得退学。
現　在　青山学院大学コミュニティ人間科学部　学部特任教授。お茶の水女子大学名誉教授。
主　著　『教育格差の社会学』有斐閣（編著）2014年
　　　　『平等の教育社会学』勁草書房（共編著）2019年
　　　　『学力格差の処方箋』勁草書房（共編著）2021年

《編著者紹介》

中西啓喜（なかにし・ひろき）

1983年　生まれ。
2013年　青山学院大学教育人間科学研究科博士後期課程修了。博士（教育学，青山学院大学）。
現　在　桃山学院大学社会学部准教授。
主　著　『学力格差拡大の社会学的研究――小中学生への追跡的学力調査結果が示すもの』（単著）東信堂，2017年。
　　　　『半径５メートルからの教育社会学』（共著）大月書店，2017年。
　　　　「固定効果モデルによる学級規模が学力に与える効果推定――全国学力・学習状況調査における学校パネルデータを利用した実証分析」（共著）『教育社会学研究』第104巻，2019年。

教育を読み解くデータサイエンス
――データ収集と分析の論理――

2021年５月31日　初版第１刷発行　〈検印省略〉
2022年５月20日　初版第２刷発行

定価はカバーに
表示しています

監修者　耳　塚　寛　明
編著者　中　西　啓　喜
発行者　杉　田　啓　三
印刷者　中　村　勝　弘

発行所　株式会社　ミネルヴァ書房
607-8494　京都市山科区日ノ岡堤谷町１
電話代表（075）581-5191番
振替口座　01020-0-8076番

中村印刷・藤沢製本

ISBN978-4-623-09172-0
Printed in Japan